LA MEDALLA MILAGROSA

Su origen, historia, circulación, RESULTADOS

P. ALADEL, C.M.

SENSUS FIDELIUM PRESS

Carthage, North Carolina

DEDICACIÓN

A: La compasivísima Virgen María, madre de Dios, sin pecado concebida.

Oh María, sin pecado concebida, Virgen incomparable, augusta Madre de Jesús, que nos has adoptado como hijos tuyos y nos has dado tantas pruebas de tu ternura maternal, ¡dígnate aceptar este librito, débil muestra de nuestra gratitud y amor!

Que sirva para atraer y unir inviolablemente a Ti los corazones de cuantos lo lean.

Oh María, sin pecado concebida, ruega por nosotros que recurrimos a ti.

DECLARACIÓN DEL AUTOR.

En conformidad con el decreto del Papa Urbano VIII, declaramos que los términos milagro, revelación, aparición y otras expresiones de naturaleza similar aquí empleadas, no tienen, en nuestra intención, más que un valor puramente histórico, y que sometemos sin reservas todo el contenido de este libro al juicio de la Sede Apostólica.

PREFACIO DEL EDITOR AMERICANO.

Desde la hora en que el Discípulo Amado tomó a la Santísima Virgen entre los suyos, los seguidores de su Divino Hijo siempre han sentido por ella un afecto reverencial por encima de todas las demás criaturas. La han considerado como el ideal de todo lo que es verdadero y puro y dulce y noble en la vida cristiana, y la han honrado como la más favorecida de los mortales, la más grande de los santos, la obra maestra del Todopoderoso. La peculiar veneración que le tributaban los Apóstoles fue recogida por los primeros cristianos, que la miraban con temor a causa de su gran dignidad; y cuando murió, su memoria fue bendecida. Pero la muerte no pudo separarla de aquellos que, en la persona de San Juan, le habían sido dados por hijos. Seguía viviendo para la Iglesia. Desde que los fieles se refugiaron en las Catacumbas hasta el siglo V, cuando el Concilio de Éfeso sancionó solemnemente el homenaje que se le rendía como Madre de Dios, su intercesión fue invocada con frecuencia; y desde entonces, la devoción hacia Ella ha ido en aumento hasta nuestros días, cuando las naciones de la tierra se unen para proclamarla Bienaventurada.

Con frecuencia, María ha dado pruebas evidentes de la complacencia que siente por la devoción de sus fieles y del poder que posee para acceder a sus peticiones. Se han obtenido súbitamente gracias pedidas por su mediación; en sus santuarios se han obrado maravillas en forma de curaciones y conversiones; se han evitado catástrofes; se ha hecho cesar plagas; y, para coronar todos sus favores, se han producido apariciones en las que se ha mostrado, radiante con el resplandor del Cielo, a sus fieles servidores; y, en algunos casos, ha dejado algo así como el escapulario, la Medalla Milagrosa y la fuente en la gruta de Lourdes, como recuerdos de su visita.

Estas manifestaciones de su solicitud maternal han sido últimamente más frecuentes, más conocidas y más eficaces que nunca. A medida que se acerca el fin y aumentan los peligros, su ansiedad por la santificación de los suyos rompe sus lazos y la impulsa a encontrar nuevos caminos hacia el corazón de los hombres. Entre las más recientes de estas manifestaciones, la Medalla Milagrosa es una de las más notables. En este libro se cuenta cómo se originó, con qué rapidez y amplitud ha circulado y cuán gloriosamente ha cumplido su misión. No se podría haber escrito una historia más interesante y edificante. A todos los hijos de María, tanto en América como en otras partes, les será bien recibida, y para ellos ha sido preparada esta edición por

EL EDITOR.

4 de mayo de 1880.

CONTENTS

SOR CATALINA, HIJA DE LA CARIDAD-SU NACIMIENTO-VIDA TEMPRANA-VOCACIÓN-ENTRADA EN LA COMUNIDAD-APARICIÓN DE LA SANTÍSIMA VIRGEN-LA MEDALLA-LA HERMANA CATALINA ES ENVIADA AL HOSPITAL DE ENGHIEN-SU VIDA HUMILDE Y OCULTA-SU MUERTE.

Es una suposición ampliamente acreditada, que aquellos que son favorecidos con comunicaciones sobrenaturales deben tener algo extraordinario en su persona y modo de vida. Es fácil atribuirles un ideal de perfección que, en cierta medida, los distingue de la mayoría de la humanidad. Pero si, en algún momento, se presenta la ocasión de probar que tal suposición es errónea, si descubrimos en estos confidentes divinos debilidades o sólo flaquezas, nos asombramos y nos sentimos tentados de escandalizarnos. Entre los cristianos que sólo conocían a San Pablo por su reputación, algunos se sintieron decepcionados al conocerlo más de cerca; decían que su aspecto era demasiado poco agraciado y su lenguaje demasiado poco refinado para un apóstol. ¿No se escandalizaban los judíos de que Nuestro Señor comiera y bebiera como los demás, de que sus padres fueran pobres, de que viniera de Nazaret y de que conversara con pecadores? Tan cierto es que siempre estamos dispuestos a juzgar por las apariencias.

No es así con Dios. Él ve las profundidades de nuestros corazones, y a menudo lo que parece despreciable a los ojos del mundo, es grande a los Suyos. Él valora especialmente la sencillez y la pureza. Las cualidades exteriores, los dones del intelecto, el nacimiento y la educación, son de poco valor para Él, y cuando tiene una misión importante que confiar, es ordinariamente a personas que no poseen estas calificaciones. Así, Él despliega Su sabiduría y poder, utilizando lo que es débil, para lograr grandes resultados. A veces elige como instrumentos a sujetos incluso imperfectos, permitiéndoles cometer faltas para mantenerlos en la humildad y convencerlos de que los favores que reciben no se deben a sus propios méritos, sino que son dones de la pura bondad de Dios.

Estas observaciones preludian naturalmente la biografía de Sor Catalina; explican de antemano las dificultades que podrían surgir en la mente del lector ante el contraste entre una vida tan sencilla y ordinaria y las gracias derramadas sobre ella.

Sor Catalina (Zoé Labouré) nació el 2 de mayo de 1806, en un pueblecito de la Costa de Oro, llamado Fain-les-Moutiers, de la parroquia de Moutiers-Saint-Jean. Este último lugar, particularmente querido por San Vicente, no estaba lejos de la cuna de San Bernardo, ese gran siervo de María, ni del lugar donde Santa Chantal pasó una parte de su vida, como si en el suelo, así como en la sangre, hubiera una predisposición a ciertas cualidades o virtudes hereditarias.

Sus padres, cristianos sinceros, eran muy apreciados. Cultivaban su granja y disfruta-ban de esa competencia que surge del trabajo rural unido a la sencillez de vida. Dios había bendecido su unión con una familia numerosa, siete hijos y tres hijas.

A temprana edad, los hijos abandonaron el techo paterno; la pequeña Zoé, con sus hermanas, permaneció bajo la mirada de la madre, pero a esta madre, Dios se la quitó antes de que Zoé hubiera cumplido los ocho años. Ya capaz de sentir la magnitud de este sacrificio, le pareció como si la Santísima Virgen quisiera ser su única Madre.

Una tía, que vivía en Rémy, se llevó a Zoé y a la hermana menor a vivir con ella; pero el padre, un hombre piadoso, que en su juventud había pensado incluso en abrazar el estado eclesiástico, prefirió tener a las niñas bajo su propia mirada, y al cabo de dos años fueron llevadas a casa.

Otro motivo le impulsó a actuar así. La hermana mayor pensaba seriamente en dejar a su familia para entrar en la Comunidad de las Hijas de la Caridad, y el pobre padre no podía soportar la idea de confiar su casa a manos mercenarias. Y así, a una edad en la que otros niños sólo piensan en sus deportes, Zoé se acostumbró al trabajo duro.

A los doce años, con un corazón puro y ferviente, hizo la Primera Comunión en la iglesia de Moutiers-Saint-Jean. En adelante, su único deseo era ser únicamente de Aquel que acababa de entregarse a ella por primera vez.

Muy pronto, la hermana mayor dejó la casa para postularse en Langres; y Zoé, ahora pequeña señora de la casa, se ocupaba de la cocina, con la ayuda de una mujer para los trabajos más duros. Llevaba la comida a los campesinos y nunca rehuyó ningún deber por laborioso o severo que fuera.

Moutiers-Saint-Jean posee un establecimiento de las Hermanas de San Vicente de Paúl. Zoé iba a verlas tan a menudo como se lo permitían sus deberes domésticos, y la buena Hermana Sirvienta, que la quería mucho, animaba a la niña en su laboriosa vida; sin embargo, ésta nunca hablaba a la Hermana de su creciente vocación, sino que esperaba, con una secreta impaciencia, hasta que su hermana (dos años menor que ella) pudiera hacerse cargo de la casa. Fue a ella a quien Zoé confió sus más queridos deseos, y entonces comenzó para las dos esa tierna intimidad de vida, de puro trabajo y deber, y cuyas únicas relajaciones eran la asistencia a los oficios de la iglesia parroquial.

Las dos jóvenes, creyéndose capaces de prescindir de la criada, la despidieron, y ahora compartían entre ellas todo el trabajo. Zoé, que era muy tranquila y digna de confianza, vigilaba todo con la máxima atención y cuidaba de su hermana con la ternura de una madre.

Una de sus ocupaciones favoritas era el cuidado del palomar, en el que siempre había de setecientas a ochocientas palomas. Tan fielmente cumplía este deber que todas la conocían, y en cuanto aparecía venían volando a su alrededor en forma de corona. Era, dice su hermana, un espectáculo encantador: la inocencia atraía a los pájaros, que son su símbolo.

En su juventud, la vemos ya modesta de porte, seria de carácter, piadosa y recogida en la iglesia parroquial a la que asistía regularmente, arrodillada sobre las frías piedras incluso en invierno. Y no era ésta la única mortificación que practicaba; a la fatiga corporal, añadió desde su más tierna juventud la de ayunar todos los miércoles y sábados. Lo hizo durante mucho tiempo sin que su padre lo supiera; al fin, descubriendo el piadoso ardid de su hija, trató de disuadirla; pero todos sus reproches no pudieron vencer su amor a la penitencia, creyendo ella que era su deber preferir la voz interior de Dios a la de su padre.

En todo esto discernimos claramente el carácter de la futura Hermana, con sus virtudes y defectos. Por un lado, vemos la verdadera sencillez, el desinterés, la aplicación constante a los deberes más laboriosos bajo la salvaguardia de la inocencia y el fervor; por otro, una disposición acostumbrada a gobernar, y que no podía ceder sin una lucha interior.

Durante esta vida de trabajo rural, nunca perdió de vista su vocación. Varias veces le pidieron su mano en matrimonio, pero ella respondió invariablemente que, largamente unida a Jesús, su buen Salvador, no deseaba otro esposo que Él. Pero, ¿había elegido ya la Comunidad en la que entraría? Es dudoso, especialmente cuando consideramos el siguiente acontecimiento de su vida, que la impresionó profundamente, y siempre permaneció grave en la memoria de su querida hermana que lo relató.

Estando todavía en casa de su padre, en Fain-les-Moutiers, tuvo un sueño, que podemos considerar como una inspiración de Dios y una preparación para su vocación.

Le pareció que se encontraba en la capilla del Purgatorio de la iglesia del pueblo. Un anciano sacerdote de venerable aspecto y notable semblante apareció en la capilla y comenzó a vestirse para la Misa; ella asistió a ella, profundamente impresionada por la presencia de aquel sacerdote desconocido. Al final de la misa, él le hizo una señal para que se acercara, pero ella, asustada, retrocedió, sin dejar de mirarle.

Al salir de la iglesia, fue a visitar a un enfermo del pueblo. Allí se encuentra de nuevo con el anciano sacerdote, que se dirige a ella con estas palabras: "Hija mía, está bien cuidar a los enfermos; ahora huyes de mí, pero un día estarás contenta de venir a verme. Dios tiene sus designios sobre ti, no lo olvides". Asombrada y llena de miedo, la joven seguía huyendo de su presencia. Al salir de la casa, le pareció que sus pies apenas tocaban el suelo, y justo en el momento de entrar en su casa despertó y reconoció que lo que había pasado era sólo un sueño.

Tenía ya dieciocho años y apenas sabía leer y mucho menos escribir; como sin duda era consciente de que esto sería un obstáculo para ser admitida en una Comunidad, obtuvo el permiso de su padre para visitar a su cuñada, que tenía un internado en Châtillon, y recibir allí un poco de instrucción. Su padre, temiendo perderla, consintió a regañadientes su partida.

Ocupada incesantemente con los pensamientos de la visión que ya hemos relatado, habló de ella al Cura de Châtillon, quien le dijo: "Creo, hija mía, que este anciano es San Vicente, que te llama a ser Hija de la Caridad". Habiéndola llevado su cuñada a ver a las Hermanas en Châtillon, al entrar en su salón se quedó asombrada al contemplar un cuadro, el retrato perfecto del sacerdote que le había dicho en sueños: "Hija mía, ahora huyes de mí, pero un día tendrás la dicha de venir a verme. Dios tiene sus designios sobre ti, no lo olvides". Inmediatamente preguntó el nombre del original, y cuando le dijeron que era San Vicente, el misterio se desvaneció; comprendió que era él quien iba a ser su Padre.

Esta circunstancia no apagó el ardor de sus deseos. Permaneció poco tiempo con su cuñada. La humilde campesina no se sentía a gusto entre las jóvenes de la escuela, y no aprendió nada.

Fue entonces cuando conoció a la hermana Victoire Séjole, que más tarde se hizo cargo de la casa de Moutiers-Saint-Jean. Joven ya, consagrada a Dios y a sus pobres, Sor Victoire adivinó el candor de esta alma y sus sufrimientos; suplicó inmediatamente a su Hermana Sirviente que admitiera sin demora a Zoé como postulante, ofreciéndose a dedicarle cuidados particulares, instruyéndola en todo lo que le era indispensable como Hija de la Caridad.

Pero Zoé no podía aprovecharse todavía del interés que la buena Hermana Victoire se había tomado por ella; esta felicidad debía comprarse muy cara.

Cuando informó a su padre de sus intenciones, el corazón del pobre padre se rebeló; ya había dado a su hija mayor a la familia de San Vicente, y ahora, sacrificar a la que durante años había dirigido tan sabiamente su casa, parecía realmente superior a sus fuerzas. Pensó en un medio de disuadirla de sus planes y creyó encontrarlo enviándola a París, a casa de uno de sus hijos que tenía un restaurante, diciéndole que buscara, mediante diversas distracciones, apagar en el corazón de la hermana toda idea de su vocación. Tiempo de prueba y sufrimiento para la joven aspirante, que, lejos de perder el deseo de consagrarse a Dios, sólo suspiraba más ardientemente por el feliz día en que pudiera abandonar el mundo.

Pensó entonces en escribir a su cuñada de Châtillon, interesándose por el asunto. Ésta, conmovida por esta muestra de confianza, hizo que Zoé fuera a verla, y finalmente obtuvo el consentimiento del padre. Zoé se hizo postulante en la casa de las Hermanas de Châtillon a principios de 1830.

Zoé Labouré estaba muy contenta de encontrar, por fin, el fin de aquellas duras pruebas que habían durado casi dos años. El 21 de abril de 1830, llegó a ese refugio tan deseado, el Seminario[1].

Contempladla, pues, en posesión de todo lo que había sido el objeto acariciado de sus deseos y afectos desde la más tierna infancia. Su alma podía ahora dilatarse en la oración y en la gozosa conciencia de estar enteramente consagrada al servicio de su Dios.

Durante todo el Seminario, tuvo la dicha de tener por Director de su conciencia a Juan María Aladel, de venerada memoria, sacerdote de eminente piedad, excelente juicio y gran experiencia, austero como un ermitaño, infatigable en el trabajo, verdadero hijo de San Vicente de Paúl. Fue para ella un prudente guía en los extraordinarios caminos a los que

Dios la había llamado. Supo mantenerla a raya contra las ilusiones de la imaginación y, sobre todo, contra las seducciones del orgullo, al mismo tiempo que la animaba a caminar por las sendas de la perfección mediante la práctica de las virtudes más sólidas. M. Aladel no la perdió de vista, ni siquiera después de haber sido enviada al Hospital d'Enghien. Con ello ganó mucho para su propia santificación y para la misión que le había sido confiada.

Informado por ella de los designios de Dios, se dedicó sin reservas a la propagación de la devoción a María Inmaculada, y durante los últimos años de su vida, a extender entre las jóvenes educadas por las Hermanas de San Vicente, la asociación de Hijos de María. Murió en 1865, once años antes que su hija espiritual[2].

Tres días antes de la magnífica ceremonia del traslado de las reliquias de San Vicente de Paúl a la capilla de San Lázaro, fiesta que fue la señal de una vida renovada para la Congregación de la Misión, la Hermana Labouré fue favorecida con una visión profética. El mismo Dios que había llamado a Vicente del cuidado de los rebaños de su padre para hacer de él un vaso de elección, iba ahora a confiar a una pobre campesina los secretos de su misericordia. Vamos a relatar esta primera impresión en su propio y sencillo lenguaje.

"Era el miércoles anterior a la traslación de las reliquias de San Vicente de Paúl. Feliz y encantada con la idea de participar en esta gran fiesta, me parecía que ya no me importaba nada en la tierra.

"Supliqué a San Vicente que me concediera las gracias que necesitara, y que las concediera también a sus dos familias y a toda Francia. Me parecía que Francia tenía gran necesidad de ellas. En fin, rogué a San Vicente que me enseñara lo que debía pedir, y que lo pidiera con fe viva".

Volvió de San Lázaro llena del pensamiento de su bendito Padre y creyó encontrarlo de nuevo en la Comunidad. "Tuve -dice- el consuelo de ver su corazón sobre el pequeño santuario donde están expuestas sus reliquias. Se me apareció tres días seguidos de manera diferente: Primero, de un color pálido y claro, y esto denotaba paz, serenidad, inocencia y unión.

"Después, la vi del color del fuego, símbolo de la caridad que debe encenderse en los corazones. Me pareció que la caridad debía reanimarse y extenderse hasta las extremidades del mundo.

"Por último, apareció un rojo muy oscuro, un tono lívido, que sumió mi corazón en la tristeza. Me llenó de temores que apenas pude superar. No sé por qué, ni cómo, pero esta tristeza parecía relacionarse con un cambio de gobierno".

Era extraño, en efecto, que la hermana Labouré, en aquel momento, tuviera estos presentimientos políticos.

Una voz interior le decía: "El corazón de San Vicente está profundamente afligido por las grandes desgracias que se abatirán sobre Francia". El último día de la octava, vio el mismo corazón color bermellón, y la voz interior le susurró: "El corazón de San Vicente está un poco consolado, porque ha obtenido de Dios (por intercesión de María) protección para sus dos familias en medio de estos desastres; no perecerán, y Dios se servirá de ellas para reavivar la Fe."

Para tranquilizarse, relató esta visión a su confesor, quien le dijo que no pensara más en ello; Sor Labouré nunca soñó en otra cosa que en obedecer, y de ninguna manera lo reveló jamás a sus compañeras.

Encontramos este singular favor mencionado en una carta escrita por Sor Catalina, en el año 1856, por orden de M. Aladel. El año en que ingresó en el Seminario, esta digna misionera era casi la única capellana de la Comunidad. La Congregación de la Misión, apenas restaurada en esta época, no contaba en su Casa Madre más que con nueve sacerdotes en total, y al menos la mitad de ellos estaban en el Seminario. M. Étienne, de venerada memoria, era Procurador General, y M. Salhorgne, Superior de las dos familias de San Vicente. Si los obreros eran pocos, la carencia era suplida por la abnegación de estos pocos, que se multiplicaban para el servicio de la Comunidad. La divina bondad ha preparado para su caridad una hermosa recompensa.

Según las notas que Sor Catalina escribió más tarde obedeciendo a M. Aladel, la humilde hija gozó durante todo su Seminario de la vista indisimulada de Aquel cuya presencia se oculta a nuestros sentidos en el Sacramento de su amor. "Salvo", decía ella, "cuando dudaba, entonces no veía nada, porque deseaba desentrañar el misterio, temiendo ser engañada".

Nuestro Señor se dignó mostrarse a Su humilde sierva, conforme a los misterios del día, y, en relación con esto, ella menciona una circunstancia relativa al cambio de gobierno, que no podría haber sido prevista por medios humanos.

"En la fiesta de la Santísima Trinidad", dice, "Nuestro Señor durante la Santa Misa se me apareció en el Santísimo Sacramento como un rey con la cruz sobre su pecho. Justo en el momento del Evangelio, me pareció que la cruz y todos sus ornamentos regios caían a sus pies, y Él permanecía así despojado. Entonces me oprimieron los pensamientos más sombríos y tristes, pues comprendí por esto que el rey sería despojado de su vestidura real, y sobrevendrían grandes desastres."

Cuando la humilde hija tuvo estos presentimientos sobre el rey, éste se encontraba entonces aparentemente en la cima de la fortuna. El sitio de Argel estaba en marcha, y todo hacía presagiar el feliz éxito de sus armas. A principios de julio, esta fortaleza casi inexpugnable de los piratas cayó en poder de Francia; todo el reino se regocijó por la memorable victoria, y las iglesias resonaron con himnos de acción de gracias.

Desgraciadamente, a este triunfo seguiría rápidamente una sangrienta revolución que derrocaría el trono y amenazaría los altares. Ese mismo mes, el clero y las comunidades religiosas de París fueron presa del terror. M. Aladel estaba muy alarmado por las Hijas de la Caridad y los Misioneros, pero Sor Labouré no cesaba de tranquilizarle, diciéndole que las dos comunidades no tenían nada que temer, que no perecerían.

Un día le dijo que un obispo había buscado refugio en San Lázaro, que podía ser recibido sin vacilación y que podría permanecer allí con seguridad. M. Aladel prestó poca atención a estas predicciones, pero al volver tristemente a su casa, fue abordado al entrar por M. Salhorgne, quien le dijo que Mons. Frayssinous, obispo de Hermópolis y ministro de culto religioso bajo Carlos X, acababa de llegar, pidiendo asilo de la persecución que le perseguía.

Estas revelaciones tenían una impresión de verdad que era difícil ignorar; así que, fingiendo desconfiar de ellas, M. Aladel escuchó con el más profundo interés. Comenzó a persuadirse de que el espíritu de Dios inspiraba a esta joven Hermana; y después de ver el cumplimiento de varias cosas que ella había predicho, ahora se sentía dispuesto a dar crédito a otras comunicaciones más maravillosas que ella le había confiado.

Según su testimonio, la Santísima Virgen se le había aparecido, estas apariciones se repitieron varias veces, se le había encargado que pusiera al corriente a su director de lo que había visto y oído, se le había confiado una importante misión, la de haber acuñado y hecho circular una medalla en honor de la Inmaculada Concepción.

El tercer capítulo de este volumen da cuenta detallada de estas visiones, tal como nos han sido transmitidas de mano de la propia Hermana.

A pesar de las seguridades sensatas de la veracidad de la Hermana, M. Aladel escuchó estas comunicaciones con desconfianza, como él mismo nos dice, en la investigación canónica prescrita en 1836 por Mons. de Quélen; profesó considerarlas de poco valor, como si hubieran sido los piadosos caprichos de la imaginación de una joven. Le dijo que los considerara de la misma manera, e incluso llegó a humillarla y a reprocharle su falta de sumisión. La pobre Hermana, incapaz de convencerlo, no se atrevió a hablar más de las apariciones de la Santísima Virgen; nunca le mencionó el tema excepto cuando se sentía atormentada y obligada a hacerlo por un deseo casi irresistible.

"Tal fue la razón", dice M. Aladel, "por la que sólo le habló tres veces del asunto, aunque las visiones se repitieron mucho más a menudo". Después de aliviar así su corazón, se tranquilizó perfectamente. La investigación nos muestra también que Sor Catalina no buscó otro confidente de sus secretos que su confesor; nunca los mencionó a su Superiora ni a nadie. Fue a M. Aladel a quien María la dirigió, sólo a él habló, e incluso le exigió la promesa de que su nombre nunca sería mencionado[3].

Después de esta promesa, M. Aladel relató la visión a M. Étienne y a otros, pero sin designar la identidad de la Hermana, ni directa ni indirectamente. Veremos más adelante cómo la Providencia guardó siempre su secreto.

Estas comunicaciones celestiales, es fácil imaginarlo, producían en el alma de Sor Labouré profundas impresiones, que solían permanecer incluso después de haber terminado sus devociones, y que la hacían hasta cierto punto inconsciente de lo que ocurría a su alrededor. Se cuenta que después de una de estas apariciones se levanta como las demás a la señal dada, sale de la capilla y ocupa su lugar en el refectorio, pero permanece tan absorta que nunca piensa en tocar la comida que le ha sido asignada.

La hermana Caillaud, tercera directora, haciendo su ronda, le dice sin rodeos: "¡Ah! Hermana Labouré, ¿sigue usted en éxtasis?". Esto la hace volver en sí, y la buena Directora, que no sabe con qué verdad ha hablado, no sospecha nada.

Mientras tanto, Sor Catalina se acerca al final de su seminario y, a pesar de sus afirmaciones a la vez tan ingenuas y tan exactas, su directora se niega siempre a darles crédito. Tuvo la aflicción de dejar la Casa Madre sin poder obtener nada, ni siquiera una esperanza.

Era porque el asunto era más grave de lo que ella pensaba; el origen sobrenatural del favor que se le ordenaba comunicar al público podía ser discutido, y el prudente Director veía que en un asunto así no podía exigir demasiadas pruebas, ni tomar demasiadas precauciones.

La hermana Labouré vistió el santo hábito en el mes de enero de 1831 y fue enviada, con el nombre de sor Catalina, al hospital de Enghien, en el faubourg St. Aquí pudo continuar sus comunicaciones con el Sr. Aladel. Este buen padre no la perdía de vista; aunque aparentemente no daba crédito a sus penitentes revelaciones, la estudiaba cuidadosamente para convencerse de si estas visiones eran producto de una mente débil y entusiasta y de una imaginación excitada. Pero cuanto más la estudiaba, más seguro se sentía de que no había nada de eso en Sor Labouré. El juicio que de ella se habían formado las directoras del seminario era que tenía un carácter algo reservado, pero tranquilo y positivo, que M. Aladel calificaba de frío e incluso apático.

Este último epíteto, sin embargo, no era aplicable a Sor Catalina, en quien sus compañeras reconocían, por el contrario, un temperamento muy impulsivo. Pero su opinión prueba, al menos, que no había en ella un exceso de imaginación. Además, demostró estar sólidamente cimentada en la virtud, mientras que nadie percibió nunca nada extraordinario en su comportamiento, y especialmente en su devoción.

Antes de ir a su nuevo destino, Sor Labouré pasó algunos días en uno de los grandes establecimientos de París. Deseoso de examinar a la joven Hermana con más calma, el Sr. Aladel puso un pretexto para visitar a las Hermanas en esta casa. El relato de estas visiones ya había circulado por toda la Comunidad, y se sabía que M. Aladel había recibido la confianza de las Hermanas; por eso, en cuanto apareció, las Hermanas lo rodearon, y cada una lo acosó ávidamente con preguntas. Él tenía los ojos puestos en sor Catalina, que, sin desconcertarse, mezclaba tranquilamente sus preguntas con las de las demás. El digno misionero se tranquilizó, comprendiendo que la Hermana guardaba su secreto.

La última vez que la Santísima Virgen se apareció a Sor Labouré en el santuario de la Casa Madre, le dijo: "Hija mía, en adelante no me verás más, pero oirás mi voz durante tus meditaciones". Y, en efecto, durante toda su vida, tuvo frecuentes comunicaciones de este tipo. Ya no eran apariciones sensibles, sino visiones mentales, que ella sabía muy bien distinguir de las ilusiones de la imaginación o de las impresiones de un fervor piadoso.

Su misión con respecto a la medalla no se había cumplido. Transcurrieron algunos meses, y la Virgen Inmaculada se quejó a sor Catalina de que sus órdenes no habían sido ejecutadas.

"Pero, mi buena Madre", replicó Sor Catalina, "ya ves que no me creerá". "Tranquila", fue la respuesta; "llegará un día en que haga lo que yo deseo; es mi siervo, y temería disgustarme".

Estas palabras no tardaron en verificarse.

Cuando el piadoso misionero recibió esta comunicación, se puso a reflexionar seriamente. "Si María está disgustada", dijo, "no es con la joven Hermana, cuya posición le impide hacer nada; debe ser conmigo". Este pensamiento le inquietaba[4]. Mucho tiempo antes, había relatado estas visiones al Sr. Étienne, entonces Procurador General. Un día, a principios del año 1832, cuando habían ido juntos a visitar a Mons. de Quélen, M. Aladel aprovechó la ocasión para hablarle de estas apariciones, y sobre todo de su propia turbación, ya que la Santísima Virgen se había quejado a la Hermana del retraso en el cumplimiento de sus mandatos.

Monseñor de Quélen respondió que, no viendo en ello nada en absoluto contrario a la fe, no tenía inconveniente en que la medalla se acuñase en seguida. Incluso les pidió que le enviaran algunas de las primeras.

Los estragos del cólera, que habían estallado mientras tanto, retrasaron la ejecución de este proyecto hasta junio; el 30 de ese mes, se acuñaron dos mil medallas, y el Sr. Aladel se apresuró a enviar algunas de ellas al arzobispo de París.

Mons. de Quélen deseaba probar inmediatamente su eficacia; estaba muy preocupado por el estado espiritual del antiguo arzobispo de Mechlín, Mons. de Pradt, a punto de morir; deseaba tanto más vivamente su conversión, cuanto que la muerte de este prelado podía ser ocasión de escándalo y de graves desórdenes, como los que han acompañado el entierro del obispo constitucional Gregorio. Provisto de una medalla, fue a visitar al enfermo. Al principio, se le negó la entrada, pero muy pronto el moribundo se arrepintió y le envió una disculpa, con la petición de volver a llamarle. En esta entrevista, testifica a Su Gracia un sincero arrepentimiento por su vida pasada, se retracta de todos sus errores, y después de recibir los últimos sacramentos, muere esa misma noche en los brazos del arzobispo, quien, lleno de una santa alegría, imparte con entusiasmo esta consoladora noticia a M. Aladel.

El digno misionero envía una medalla a Sor Catalina, que la recibe con gran devoción y respeto [5] y dice: "Ahora hay que difundirla". Esto fue fácil de hacer entre las Hijas de la Caridad, que todas habían oído rumores de estas apariciones; la avidez por recibir las medallas fue general, se distribuyeron libremente, y las curaciones y conversiones se multiplicaron en consecuencia en todos los rangos de la sociedad, de modo que muy pronto la medalla recibió el apelativo de milagrosa.

Testigo de estos prodigios, el corazón del Padre Aladel se dilató de alegría, y creyó su deber publicar una noticia sobre el origen de la medalla, y satisfacer así todas las preguntas que se le dirigían sobre el particular. Para gloria de Dios y de María, añadió una relación de todos los hechos consoladores que habían llegado a su conocimiento.

¿Qué dijo sor Catalina al enterarse de estos maravillosos sucesos? Menos que nadie; estaba asombrada; sin duda su alegría era grande, pero estaba confinada en el silencio de su corazón. De vez en cuando enviaba algún nuevo mensaje a M. Aladel, rogándole que hiciera erigir un altar conmemorativo de la aparición, y diciéndole que muchas gracias e indulgencias irían unidas a él, y caerían muy abundantemente sobre él y la Comunidad.

Le instó también a solicitar favores espirituales, asegurándole que podía pedirlos libremente, pues todas sus peticiones le serían concedidas.

Pero este digno sacerdote, cuya posición en la Comunidad, como ya hemos dicho, era la de simple capellán, prudentemente guardó silencio, manteniéndose en reserva hasta que llegara el momento favorable para actuar. Algunos años después, M. Étienne, su íntimo amigo, fue elegido Superior General, y él fue nombrado asistente de la Congregación y Director de las Hijas de la Caridad; de común acuerdo, formaron el designio de erigir a la Inmaculada María un altar más acorde con su maternal generosidad y con la gratitud de sus hijos. La Providencia misma pareció cooperar en la ejecución de su plan, ya que la Comunidad recibió del gobierno, justo en ese momento, un regalo de dos magníficos bloques de mármol blanco, en reconocimiento de los servicios de las Hermanas a los enfermos de cólera y a sus huérfanos. Uno se destinó a un altar y el otro a una estatua de la Inmaculada.

Mientras tanto, el número de internas en la Casa Madre, especialmente en el Seminario, aumentaba cada día. La nueva vida infundida en la Comunidad había despertado muchas vocaciones, y el centro de reunión se había vuelto inadecuado en tamaño para sus fines, la capilla en particular era demasiado pequeña. Al ampliarla, el arquitecto tuvo que resolver un difícil problema: debía respetar el santuario honrado por la visita de María y, al mismo tiempo, ampliar el recinto. Lo hizo añadiendo naves laterales, sobre una base más baja, rodeadas de galerías. Si el edificio, siempre demasiado bajo y pequeño, no ha ganado nada en arte, tiene, al menos, la ventaja de conservar intacto el lugar exacto donde se apareció la Santísima Virgen.

El antiguo altar fue trasladado a la capilla lateral dedicada a San Vicente, y allí se representó a la santa fundadora sosteniendo aquel corazón, ardiente de amor a Dios y a los pobres, tal como se le había aparecido a sor Catalina en la visión. Una estatua de yeso de la Inmaculada Concepción ocupaba provisionalmente el lugar sobre el altar mayor, destinado a la estatua de mármol, que por diversas causas no se inauguró solemnemente hasta 1856.

Fue un día de gran regocijo para la Casa Madre; la estatua no era una representación fría y muda; ... era una imagen elocuente de María; aquí había hablado y prometido sus gracias esta Madre misericordiosa; la experiencia cotidiana había confirmado estas promesas, y la estatua despierta todavía en el corazón de los que vienen a rezar a sus pies, las emociones más profundas y tiernas. Sí, María está aquí. Ella habla al corazón de sus hijos. Les hace sentir que les ama y les protege.

Sor Catalina decía también a M. Aladel, en los primeros tiempos de su vocación: "La Santísima Virgen desea que fundes una Congregación, de la que serás Superiora. Es una Congregación de Hijos de María; la Santísima Virgen derramará sobre ella muchas gracias y se le concederán indulgencias".

El lector verá, a lo largo del volumen, cómo se realizó esta obra, y cuán admirablemente la Providencia ha extendido la asociación.

También le dijo que el mes de mayo se celebraría con mucha magnificencia y se haría universal en la Iglesia; que el mes de San José se guardaría igualmente con solemnidad; que la devoción a este gran Santo aumentaría mucho, así como la devoción al Sagrado Corazón de Jesús.

Tantos milagros realizados en todas partes y todos los días, tantos testimonios señalados de la protección de María, obligaban a la Comunidad, y especialmente al Seminario donde se habían originado, a perpetuar tan precioso recuerdo.

Se encargaron, pues, dos cuadros, uno representando la visión de la medalla, el otro la del corazón de San Vicente. El artista, deseoso de representar a la Santísima Virgen con la mayor exactitud posible, consultó al Sr. Aladel sobre el color del velo. --

La turbación del misionero era grande; había olvidado este punto, pero dando más importancia a los detalles de lo que pensaba Sor Catalina, le escribió y, con el pretexto de prevenirla contra las ilusiones del demonio, le pidió que le describiera de nuevo el aspecto de la Santísima Virgen en la visión de la medalla. Sor Catalina dio esta respuesta "Ahora mismo, Padre mío, me sería imposible recordar todo lo que vi, sólo me queda un detalle, y es que el velo de la Santísima Virgen era del color de la luz de la mañana".

Esto era justamente lo que el Sr. Aladel deseaba saber, y precisamente lo único que Sor Catalina podía recordar.

Estos pequeños incidentes, regulados por la Providencia, no se perdieron; aumentaron la confianza del sabio Director. Cuando los cuadros fueron colocados en el Seminario, M. Aladel tomó discretamente medidas para que Sor Catalina fuera a verlos, justo en el momento en que él estaría allí como por casualidad. Otra Hermana, encontrándoselas allí por casualidad, tiene la sospecha de la verdad, y volviéndose de repente hacia el digno Padre, le dice: "¡Esta es ciertamente la Hermana que tuvo la visión!" El Padre se siente muy avergonzado y no ve otra manera de salir del apuro que pidiendo a Sor Catalina que responda. Ella se rió, diciendo: "Ha adivinado usted bien", pero con tal sencillez que la otra Hermana dijo al Padre: "¡Oh! veo claramente que no es ella; no le habrías pedido que me lo dijera".

Durante su larga vida, Sor Catalina fue sometida a pruebas de este tipo.

Los detalles que Mons. de Quélen había recibido de M. Aladel sobre la visión de la medalla le interesaron profundamente, y estaba ansioso por conocer a la Hermana favorecida. M. Aladel respondió que la Hermana insistía en permanecer desconocida. "En cuanto a eso", dijo Su Gracia, "ella puede ponerse un velo y hablarme sin ser vista". M. Aladel se excusó de nuevo, diciendo que era para él un secreto de confesión.

M. Ratisbonne, milagrosamente convertido en 1842 por la aparición de la Medalla Milagrosa, también deseaba ardientemente hablar con la Hermana favorecida por primera vez por esta visión celestial, y a menudo, pero en vano, suplicaba el permiso de su Director.

Los que la rodeaban le hacían con frecuencia preguntas embarazosas o expresaban sus sospechas. Cuando se la presionaba demasiado, ella encontraba los medios de hacer sentir a los curiosos su indiscreción, para que no se repitiera. Además, su gran sencillez desconcertaba de ordinario a sus interrogadores.

En varias ocasiones, la Santísima Virgen pareció ayudarla; así, en la investigación de 1836, y en la declaración hecha al Promotor, M. Aladel declaró que había intentado en vano persuadir a Sor Catalina para que estuviera presente, no podía vencer su repugnancia; y además, la interrogaban inútilmente, había olvidado todo lo referente al acontecimiento.

Lo mismo sucedió un día, se dice, en presencia del Sr. Étienne, entonces Superior General; no consiguió hacerla hablar; no recordaba nada. Esto es lo que dio origen al rumor en la Comunidad, de que la visión había sido completamente borrada de la memoria de la Hermana que había sido favorecida con ella.

Gracias a esta opinión, Sor Catalina pudo permanecer largos años verdaderamente oculta en sus modestas tareas; empleada primero en la cocina, luego en la ropería; después, durante casi cuarenta años, tuvo a su cargo el pabellón de ancianos del Hospital d'Enghien, combinando con esta tarea el cuidado del corral.

Amaba estas humildes tareas. Todo se mantenía en perfecto orden, y para ella no había mayor felicidad que la de estar entre sus pobres. Al final de su vida, hablaba de ello como de su principal consuelo. "Siempre -decía- me ha gustado quedarme en casa; siempre que se trataba de pasear, cedía mi turno a los demás para poder servir a mis pobres".

Y era verdad. Sólo estaba dispuesta a renunciar a un paseo, el que conducía a la Comunidad, y no conocía otro camino que el de la Casa Madre. Cuando podía hacer esta visita, nunca cedía su turno.

Su atracción por el silencio y la vida oculta la mantenía siempre en la retaguardia, como el lugar más adecuado para ella y más favorable al espíritu de recogimiento. No cedía a ninguno de los más bajos y repulsivos deberes de su pupila, deberes que ella calificaba como las perlas de una Hija de la Caridad; se movía tranquila y sosegadamente, evitando la precipitación, y cuando avanzada en años, las Hermanas jóvenes, sus ayudantes, oían a menudo de sus labios estas palabras: "¡Ah! querida, no te agites tanto, sé más suave".

Consideraba como uno de los recuerdos más queridos de su vida comunitaria, el de su primera Hermana-Sierva, "un alma querida", decía, "que cada año enviaba los primeros frutos de su huerto a las familias indigentes del faubourg, o a sus ancianos. A las Hermanas no se les permitía tocarlos hasta que esto se hubiera hecho".

Esta anciana Superiora era Sor Savard, que nunca supuso que Sor Catalina fuera favorecida con gracias especiales, y particularmente con la visión de la Santísima Virgen.

Nuestra humilde hija Catalina respetaba y amaba a todas las Hermanas bajo las que servía, y nunca pronunció una palabra contra ellas; sólo veía sus virtudes y buenas cualidades.

"Hija del deber y del trabajo, pero sobre todo de la humildad -dice su última Superiora-, Sor Catalina no era verdaderamente apreciada sino por quienes la estudiaban lo suficiente para percibir la gran sencillez, rectitud y pureza que impregnaban su alma, su mente, su corazón, toda su persona.

"Sin arrogarse nunca el menor mérito a causa de los singulares favores con que la Virgen Inmaculada la había colmado, dijo un día hacia el final de su vida, cuando la Providencia le permitió una ligera alusión a este tema: '¡Yo, Hermana favorecida! sólo he sido un instrumento; no fue por mí por quien se me apareció la Santísima Virgen. Yo no sabía nada, ni siquiera escribir; fue en la Comunidad donde aprendí todo lo que sé; y a causa de mi ignorancia la Santísima Virgen me eligió, para que nadie dudara".

¿No es la conclusión inspirada por el espíritu de San Vicente: "He sido elegida, porque no siendo nada, nadie podría dudar que cosas tan grandes son obra de Dios"?

A Sor Catalina le importaba poco la estima o el desprecio de los demás. A pesar de su rígido silencio, se cernía siempre sobre ella la sospecha de que era ella quien había visto a la Santísima Virgen; nadie se atrevía a decírselo; pero a consecuencia de la sospecha, era observada más de cerca y juzgada más severamente que ninguna otra, y si por casualidad sus compañeras descubrían en ella alguna ligera debilidad de naturaleza, o incluso la ausencia de alguna virtud heroica, se rechazaba inmediatamente el pensamiento de que la Santísima Virgen hubiera elegido a una persona tan ordinaria.

El testimonio de una de sus primeras compañeras confirma la impresión sobre este punto, impresión que se repite cien veces. Esta compañera escribe a Sor Dufès: "Habiendo pasado seis años con Sor Catalina, y trabajado constantemente con ella un año, podría citar un gran número de detalles llenos de interés y edificación; pero me veo obligada a confesar que su vida era tan sencilla, tan uniforme, que no encuentro en ella nada que destacar. A pesar de las susurradas seguridades de que era la Hermana tan favorecida por la Santísima Virgen, apenas lo creía, tanto se parecía su vida a la de las demás. A veces, trataba de ilustrarme indirectamente sobre el tema, interrogándola sobre la impresión que tales hechos extraordinarios habían producido en el Seminario, esperando que sus respuestas la traicionaran, y así satisfacer mi curiosidad, pero ella respondía con tanta sencillez que mis esperanzas se veían siempre defraudadas."

Es cierto que Sor Catalina no tenía nada de notable y, sin embargo, nada de vulgar o trivial.

Su estatura estaba por encima de la media; sus rasgos regulares llevaban el sello de la modestia; y sus claros ojos azules eran indicio de candor. Era trabajadora, sencilla y nada mística en sus ejercicios espirituales; no tenía grandes virtudes ni devociones particulares, sino que se complacía en abrigarlas en lo más profundo de su corazón y practicarlas según la regla con fidelidad y exactitud.

Después de su muerte, se encontraron unas notas escritas de su puño y letra durante uno de los retiros anuales. Todo en ellas es sencillo, sólido, práctico, y no hay ni una palabra de alusión a las gracias extraordinarias que había recibido; incluso cuando se dirige a la Santísima Virgen, nada recuerda la familiaridad con que María la había tratado. He aquí algunos extractos, en los que no se han hecho más cambios que los de ortografía.

"Tomaré a María por modelo al comienzo de todas mis acciones; en todo, consideraré si María estuviera comprometida así, cómo y por qué haría esto, con qué intención. Oh, qué hermoso y consolador es el nombre de María... ¡María!

"Resolución de ofrecerme a Dios sin reservas, de soportar toda pequeña contradicción con espíritu de humildad y penitencia, de suplicar en todas mis oraciones que se cumpla en mí la voluntad de Dios. Oh Dios mío, haz de mí lo que quieras. Oh María, concédeme tu amor, sin el cual perezco; concédeme todas las gracias que necesito. Oh Corazón Inmaculado de María, obtén para mí la fe y el amor que te unieron al pie de la cruz de Jesucristo.

"¡Oh dulces objetos de mis afectos, Jesús y María, dejadme sufrir por vosotros, dejadme morir por vosotros, dejadme ser todo para vosotros y ya nada para mí mismo!

"No quejarme de las pequeñas contradicciones que encuentro entre los pobres, y rezar por los que me hacen sufrir. ¡Oh María, alcánzame esta gracia, por tu pureza virginal!

"A emplear bien mi tiempo, y a no pasar un solo momento sin provecho. Oh María, ¡felices los que te sirven y ponen su confianza en ti!

"¡Oh María, María, María, ruega, ruega, ruega por nosotros, pobres pecadores, ahora y en la hora de nuestra muerte! ¡María, oh María!

"En mis tentaciones y en los momentos de sequedad espiritual, recurriré siempre a María, que es la pureza misma. ¡Oh María, sin pecado concebida!

"¡Oh María, haz que te ame, y no será difícil imitarte!

"La humildad, la sencillez y la caridad son el fundamento de nuestra santa vocación. ¡Oh María, hazme comprender estas santas virtudes! ¡San Vicente, ruega, ruega por nosotros!

"¡Oh María, sin pecado concebida, ruega, ruega por nosotros! Dígnate, oh Reina de los Ángeles y de los hombres, lanzar una mirada favorable sobre el mundo entero... especialmente sobre Francia... ¡y sobre cada persona en particular! Oh María, ¡inspíranos qué pedirte para nuestra felicidad!".

Sor Catalina vivió cuarenta y seis años en un gran establecimiento, bajo la dirección de cinco Superioras sucesivas; estuvo en contacto con muchas compañeras de diferentes disposiciones y diferentes grados de virtud, por lo que la estima que se le tenía variaba. Si a veces le daban a entender que su mente flaqueaba, tales cosas la inquietaban poco, y siempre seguía tranquilamente su camino, recibiendo la amabilidad con agradecida sencillez, y las palabras descorteses sin inmutarse.

Fiel a la regla con una exactitud tan uniforme, que el mérito parece desaparecer ante la costumbre, nunca pronunció una palabra contra la caridad. Aun cuando la edad le había dado algunos privilegios sobre sus jóvenes compañeras, rara vez se permitía culparlas o aconsejarlas; no, al menos, a menos que ellas la consultaran, entonces les aconsejaba sumisión. "Todo está en eso", decía ella, "sin obediencia, la vida comunitaria no es posible". Hasta el final de sus días, la obediencia a su Superiora fue tan perfecta como cuando salió del Seminario.

No hay que suponer, sin embargo, que sor Catalina tuviera un temperamento dócil y apacible, en el que la obediencia fuera natural; no, al contrario, tenía una voluntad fuerte y un temperamento rápido. Muy versada en las labores domésticas, desempeñaba su parte con gran cuidado y asiduidad, y dirigía escrupulosamente todo lo que se le confiaba. Su temperamento impulsivo se manifestaba a veces en pequeños arranques de impaciencia, y el tono firme de sus palabras revelaba a veces lo que la virtud normalmente le hacía reprimir. Cuando pasaba el primer calentón, se arrepentía inmediatamente y se humillaba.

A menudo se observaba que este primer movimiento de sorpresa, a punto de escapar, era retenido, no por el respeto humano, sino por una voluntad superior; probando así que su obediencia implícita se debía a su fidelidad a la gracia.

Comprendiendo su naturaleza, podemos ahora formarnos una idea de lo que Sor Catalina sufrió por la oposición que experimentó en la realización de su misión; aunque estas contradicciones, sobre todo después de la imposición de la medalla, fueron más aparentes que reales por parte de su sabio Director, no por ello le resultaron menos dolorosas. ¿No podríamos decir que estas pruebas constituyeron un martirio interior sostenido por Dios y conocido sólo por Él?

Sor Catalina, a pesar de su fuerte constitución, no estaba exenta de sufrimientos físicos, y sus compañeras se asombraban a veces de la sencillez con que pedía pequeños consuelos que un alma mortificada se hubiera negado a sí misma. Estos pequeños defectos formaban un velo que oscurecía la vista de muchos y ocultaba parcialmente las bellezas de su alma.

Aparentemente, las mismas profundidades de esta sencilla naturaleza podían leerse a simple vista, y sin embargo guardaba fielmente los secretos de Dios. En ella se veían, por un contraste singular, la prudencia y la discreción aliadas a una perfecta sencillez. Así, mientras algunos la encontraban un poco demasiado preocupada por su salud, otros observaban que en todas las grandes fiestas de la Santísima Virgen, particularmente en la de la Inmaculada Concepción, estaba enferma o sufría dolores agudos, pruebas que la humilde Hermana recibía como un favor de su Madre celestial.

La Superiora del Hospital de Enghien cuenta que, un año, cuando sor Catalina había ido con varias de sus compañeras a pasar la hermosa fiesta del 8 de diciembre en la Comunidad, al subir al ómnibus esa tarde se cayó y se rompió la muñeca. No dijo ni una palabra y nadie se dio cuenta del accidente. Unos minutos después, al ver que se sujetaba el brazo con el pañuelo, la hermana Dufès le preguntó qué le había pasado. "¡Ah! Hermana", respondió tranquilamente, "estoy sosteniendo mi ramo; todos los años la Santísima Virgen me envía uno de este tipo".

El desapego a la estima y al afecto de las criaturas era otro rasgo característico de nuestra querida Hermana. Dios le bastaba; ese Dios que se le había manifestado de un modo tan maravilloso, esa Virgen Inmaculada cuyos encantos habían extasiado su corazón, eran su único gozo y deleite. La Santísima Virgen, señalándole el sagrario donde reposa su divino Hijo, le había dicho: "En todas tus pruebas, hija mía, es allí donde debes buscar consuelo".

Fiel a estas palabras de su buena Madre, sor Catalina en los momentos de prueba buscaba la capilla, de donde volvía pronto a sus ocupaciones con renovada serenidad de alma y semblante siempre alegre. Sólo Jesús y María recibían la confidencia de sus sufrimientos y de su fervor, de modo que sus virtudes quedaban en cierto modo ocultas a las criaturas.

Una de las Hermanas de la casa dice que, habiéndola observado a menudo de cerca para descubrir, si era posible, algún rastro de sus comunicaciones con Dios, no pudo encontrar nada especial excepto que durante la oración no bajaba los ojos, sino que los mantenía siempre fijos en la imagen de María. Observa también que Sor Catalina no lloraba nunca más que por una gran angustia del corazón, pero muchas veces la vio derramar lágrimas en abundancia al escuchar algún rasgo de protección o alguna conversión obtenida por intercesión de la Santísima Virgen, o, como en 1871, por los males que afligían a la Iglesia y a Francia.

Sólidamente piadosa entre compañeras aparentemente más piadosas, no vemos en nuestra humilde Hermana nada que la distinga de las demás. Sólo se ha señalado una circunstancia especial: la importancia que concedía al rezo de la coronilla. Escuchemos lo que su Hermana-Sirviente dice sobre este punto...

"Siempre nos sorprendía, escribe Sor Dufès, al rezar la coronilla en común, la manera grave y piadosa con que nuestra querida compañera pronunciaba las palabras de la Salutación Angélica. Y lo que nos convencía de la profundidad de su respeto y devoción era el hecho de que ella, siempre tan humilde, tan reservada, no podía abstenerse de censurar la indiferencia, la falta de atención, que con demasiada frecuencia acompaña a la recitación de una oración, tan bella y eficaz."

Su amor por las dos familias de San Vicente, lejos de disminuir con la edad, sólo la incitaba a emplear continuamente en su favor la única influencia de que disponía, la oración; regularmente cada semana, ofrecía una Comunión para atraer la bendición del Cielo sobre la Congregación de la Misión; sus oraciones por su Comunidad eran incesantes.

Sor Catalina conservaba siempre el mismo deber en el Hospital de Enghien; con una solicitud verdaderamente admirable, cuidaba a los ancianos que le habían sido confiados, sin descuidar al mismo tiempo el palomar, que le recordaba las alegrías más puras y dulces de su infancia. La joven de antaño, a la que hemos visto con sus queridas palomas revoloteando a su alrededor, era ahora una pobre Hermana, bastante anciana, pero no por ello menos atenta a sus pequeños pupilos.

Sor Catalina era entonces el alma de la pequeña familia encargada del hospital. Durante estos últimos años, el número de nuestras Hermanas había aumentado considerablemente, y como la administración de las dos casas, d'Enghien y Reuilly, era muy difícil para una sola persona, me enviaron una ayudante para el hospital. Si Sor Catalina no hubiera sido moldeada durante años a la obediencia y a la abnegación, habría sido duro para su naturaleza rápida e impulsiva, reconocer la autoridad de una compañera mucho más joven que ella; pero muy diferentes eran los pensamientos de esta humilde Hermana, que siempre se esforzaba por abajarse.

"Fue la primera en ofrecer su perfecta sumisión. Hermana", dijo, "tranquila, basta con que nuestras Superioras hayan hablado; recibiremos a Sor Angélique como enviada de Dios y la obedeceremos como a usted". Su conducta justificaba sus palabras.

"Aunque Sor Catalina guardaba rigurosamente las comunicaciones sobrenaturales que había recibido, de vez en cuando me expresaba su opinión sobre hechos reales, hablando entonces como inspirada por Dios.

"Así, en la época de la Comuna, me dijo que saldría de casa acompañada de cierta Hermana, que volvería el 31 de mayo, y me aseguró que no debía tener miedo, pues la Santísima Virgen ocuparía mi lugar y custodiaría la casa. En aquel momento, presté muy poca atención a las palabras de la buena Hermana.

"Me fui, en efecto, y realicé, en contra de mis planes, y sin pensar en ello, todo lo que Sor Catalina había predicho. A mi regreso de la Comunidad, el 31 de mayo, expresé mi inquietud por la casa, que había estado en manos de los comunistas y, según se decía, saqueada. Sor Catalina trató de tranquilizarme, repitiendo que la Santísima Virgen se había ocupado de todo, que estaba segura de ello, pues la Santísima Virgen se lo había prometido.

"A nuestra llegada comprobamos que, en efecto, esta Madre de misericordia había guardado y salvado todo, a pesar de la larga ocupación de nuestra querida casa por una turba de furias, cuyo satánico placer era destruir.

"Una circunstancia me llamó poderosamente la atención: esos miserables habían intentado inútilmente derribar la estatua de María Inmaculada colocada en el jardín, que había resistido todos sus sacrílegos intentos.

"Sor Catalina se apresuró a poner sobre la cabeza de nuestra augusta Reina la corona que había llevado consigo en nuestro destierro, diciendo a la Santísima Virgen que se la devolvía en señal de gratitud.

"Muchas veces, Sor Catalina me reveló así sus pensamientos con la sencillez de una niña. Cuando sus predicciones no se cumplían, decía tranquilamente: '¡Ah! bien, Hermana, me equivoqué. Creí lo que le dije. Me alegro mucho de que se sepa la verdad"[6].

"Mientras tanto, el tiempo volaba, y nuestra buena Hermana hablaba a menudo de su próximo fin. Nuestras veneradas Superioras empezaron a preocuparse de perderla, y la Superiora General la mandó venir un día a la Comunidad para recibir de sus propios labios ciertas comunicaciones que consideraba muy importantes.

"Sor Catalina, para quien esto era totalmente inesperado, se quedó casi muda de asombro. A su regreso, me expresó su emoción y, por primera vez, me abrió su corazón sobre lo que antes tanto temía revelar.

"Esta repugnancia se había desvanecido; viéndose en los límites de la tumba, se sintió obligada a dar a conocer los detalles que creía enterrados con el venerado Padre Aladel, y expresó gran pena de que la devoción a la Inmaculada Concepción fuera menos viva y general de lo que había sido.

"Estas comunicaciones, además, eran para mí sola; no las impartí a las demás Hermanas. Es verdad que un número mayor fue informado de este piadoso secreto, pero nunca lo supieron por la misma Sor Catalina. Todo lo que pudieron observar en relación con él fue su ardiente amor a María Inmaculada y su celo por la propagación de la Medalla Milagrosa, también que, cuando oía a alguna de nuestras Hermanas expresar el deseo de peregrinar a Lourdes o a algún otro santuario privilegiado de María, no podía evitar decir, algo impetuosamente: Pero, ¿por qué quieres ir tan lejos? ¿No tenéis la Comunidad? ¿No se apareció la Santísima Virgen allí como en Lourdes? Y un hecho muy extraordinario es que, sin haber leído ninguna de las publicaciones relativas a esta gruta milagrosa, Sor Catalina estaba más familiarizada con lo que allí había sucedido que muchos de los que habían hecho la peregrinación. Dejando a un lado estos incidentes, jamás pronunció una palabra que pudiera dar la impresión de que ella hubiera tenido parte alguna en los singulares favores que la Santísima Virgen había prodigado a nuestra humilde capilla de la Casa Madre.

"Desde que me abrió su corazón, esta buena compañera se había vuelto muy afectuosa; era un descanso para ella, un consuelo encontrar a alguien que la comprendiera. Nuestro digno Padre Chevalier, Asistente de la Congregación de la Misión, la visitaba de vez en cuando para recibir sus comunicaciones sobre la aparición. Un día le habló de la nueva edición que estaba preparando de la noticia de la medalla. 'Cuando apareció la edición de M. Aladel de 1842', respondió Sor Catalina, 'le dije, de verdad, que nunca publicaría otra, y que yo nunca vería otra edición, porque no estaría terminada durante mi vida'. Te alcanzaré", replicó M. Chevalier, que esperaba que apareciera muy pronto. Pero habiendo retrasado la publicación dificultades imprevistas, reconoció después que la buena Hermana había hablado con razón.

"Desde el comienzo del año 1876, Sor Catalina aludía con mucha frecuencia a su muerte; en todas nuestras fiestas, no dejaba de decir: 'Es la última vez que veré esta fiesta'. Y cuando parecíamos no dar crédito a su afirmación, añadía: "Ciertamente no veré el año 1877". Sin embargo, no podíamos creer que su fin estuviera tan cerca. Durante algunos meses se había visto obligada a guardar cama y a renunciar a la vida activa que había llevado durante tantos años.

"Sus fuerzas se iban debilitando poco a poco; el asma, unido a una afección del corazón, minaba su constitución; sentía que se moría, pero era sin miedo, podríamos decir sin emoción. Un día, al hablarle de su muerte, le dije: "Entonces no tiene miedo, querida Sor Catalina". "¡Miedo! Hermana, ¿por qué he de tener miedo? Voy con Nuestro Señor, la Santísima Virgen, San Vicente'.

"Y, en verdad, nuestra querida compañera no tenía nada que temer, pues su muerte fue tan tranquila como su vida.

"Varios días antes, una de nuestras Hermanas conversaba familiarmente con ella, cuando, sin que la otra hiciera alusión alguna al tema, nuestra Hermana enferma dijo: 'Iré a Reuilly'. Este era el nombre que se daba a la Casa de la Providencia, separada del Hospital d'Enghien por un vasto jardín, y semejante a éste por la naturaleza de sus obras. ¿Qué? ¿A Reuilly?', respondió su compañera; 'no tendrías corazón para hacerlo, tú que quieres tanto a tu Enghien, que nunca te has ido'. Te digo que iré a Reuilly. Pero, ¿cuándo? Ah, eso es, dijo sor Catalina con un tono decidido y misterioso que desconcertó a su compañera. Después de unos instantes, añadió: "No habrá necesidad de coche fúnebre en mis funerales". ¿Qué quiere decir?", replicó la Hermana. No será necesario -dijo la enferma con énfasis-, pero ¿por qué no? ¿Por qué no? Me pondrán en la capilla de Reuilly". Estas palabras impresionaron a su compañera, que me repitió la conversación. 'Guárdatelo para ti', le dije.

"El 31 de diciembre tuvo varios ataques de debilidad, síntomas de que se acercaba su fin. Le propusimos entonces los últimos consuelos de la religión; consintió agradecida y recibió los Sacramentos con una paz y una felicidad indescriptibles; luego, a petición suya, recitamos las letanías de la Inmaculada Concepción.

"Estando un día cerca de su lecho, hablándole del Cielo y de la Santísima Virgen, expresó el deseo de tener durante su agonía sesenta y tres hijos, invocando cada uno a la Santísima Virgen por uno de sus títulos en la letanía de la Inmaculada Concepción, y especialmente estas palabras tan consoladoras: 'Terror de demonios, ruega por nosotros'. Se observó que no había sesenta y tres invocaciones en la letanía. Las encontraréis en el oficio de la Inmaculada", dijo. Se tomaron medidas para cumplir sus deseos, se escribieron las invocaciones en papelitos y se guardaron para la hora final, pero, justo en el momento de su agonía, no pudimos recoger a los niños; entonces pidió que se recitaran las letanías y nos hizo repetir tres veces la invocación que hace temblar el infierno.

"Nuestras Hermanas se sintieron especialmente conmovidas al oírla exclamar, con un acento de profunda ternura: "¡Mi querida Comunidad! mi querida Casa Madre!". ¡Tan cierto es que lo que más hemos amado en vida vuelve a nosotros con renovado vigor a la hora de la muerte!

"Algunas de sus antiguas compañeras y amigas de la Casa vinieron durante el día a verla por última vez; una de ellas, que ocupaba un cargo en el Seminario, acercándose a ella, le dijo tristemente: 'Hermana Catalina, ¿va a dejarnos sin decirme una palabra de la Santísima Virgen?'. Entonces la Hermana moribunda se inclinó hacia ella y le susurró suavemente al oído un buen rato. No debo hablar", dijo, "es el Sr. Chevalier quien debe hacerlo". … Continuó, sin interrupción: 'La Santísima Virgen ha prometido conceder gracias especiales cada vez que se reza en la capilla, pero particularmente un aumento de pureza, esa pureza de mente, de corazón, de voluntad, que es el amor puro'".

"Esta buena hija, animada del verdadero espíritu primitivo de la Comunidad, era, al pronunciar estas últimas palabras, el eco inconsciente de la venerable Madre Legras, cuyos escritos respiran el mismo pensamiento.

"Una Hermana Sirviente, que vino a visitarla, acercándose a la Hermana enferma, le recordó las necesidades de la Comunidad y del Seminario, y terminó diciéndole: 'Querida Hermana Catalina, cuando llegue al Cielo, no olvide todo esto, atienda todos mis encargos.' Sor Catalina respondió: 'Hermana, mi voluntad es buena, pero siempre he sido tan tonta, tan torpe, que no sabré explicarme, pues ignoro el lenguaje del Cielo'. A lo que la otra, encantada de tanta sencillez, se animó a decir: '¡Oh! mi querida Hermana Catalina, en el Cielo no se habla como en la tierra; el alma mira a Dios, el buen Dios mira al alma, y todo se entiende; ése es el lenguaje del Cielo'. El semblante de nuestra querida Hermana se puso radiante ante esto, y respondió: '¡Oh! Hermana, si es así, esté tranquila, todos sus encargos se cumplirán.'

"El Sr. Chevalier vino también aquel día a darle su bendición y le habló del mismo tema. Sor Catalina le respondió con las facultades intactas, y le dijo, entre otras cosas: 'Las peregrinaciones que hacen las Hermanas no son favorables a la piedad. La Santísima Virgen no me dijo que fuera tan lejos a rezar; es en la capilla de la Comunidad donde quiere que las Hermanas la invoquen, ésa es su verdadera peregrinación.'

"Los pobres, a los que era tan devota, ocupaban igualmente sus pensamientos.

"A las cuatro de la tarde, otro ataque de debilidad nos reunió a todas en torno a nuestra querida moribunda, pero aún no había llegado el momento supremo. Rodeamos su cama hasta la noche. A las siete, pareció sumirse en un sueño, y sin la menor agonía ni el menor signo de sufrimiento, dio su último suspiro. Apenas pudimos percibir que había dejado de vivir.... Nunca he visto una muerte tan tranquila y apacible".

"La más profunda emoción llenaba ahora nuestros corazones; meditábamos sobre la celestial entrevista de nuestra bendita compañera con aquel buen Dios que tantas veces se le había revelado durante su vida de Seminario, y con aquella hermosa Virgen, cuyos encantos jamás podrán representarse en la tierra.

"No fue pena lo que invadió nuestros corazones; ni una lágrima se derramó en estos primeros momentos; cedimos a una emoción indescriptible; nos sentimos cerca de una Santa; el velo de humildad bajo el cual había vivido tanto tiempo oculta se rasgaba ahora, para que pudiéramos ver en ella sólo el alma favorecida por el Cielo.

"Nuestras Hermanas se disputaban la felicidad de pasar la noche junto a sus venerados restos, una atracción magnética las atraía hacia ella.

"Para perpetuar el hecho de que ella había recibido estos favores cuando todavía era una Hermana del Seminario, pensamos en tomarle una fotografía, también, con el hábito del Seminario; tuvo un éxito completo en ambos trajes.

"Llevamos sus restos benditos a la capilla. Allí la Virgen Inmaculada velaba por ella; lirios y rosas rodeaban su cuerpo virginal, y su querida fórmula -'¡Oh María, sin pecado concebida, ruega por nosotros que recurrimos a ti'-, que rodeaba este pequeño santuario, parecía el último eco de su vida.

"Comenzó entonces el milagro de la humildad glorificada; esta humilde Hermana, que en vida apenas había llamado la atención, se vio de repente rodeada de personas de toda edad y condición, que consideraban una gran felicidad venir, no a rezar por ella, sino a encomendarse a su bendita intercesión.

"En cuanto a nosotros, que velábamos en torno a nuestra querida reliquia, no podíamos soportar pensar en el momento que nos la arrebataría. Esta casa, que había sido protegida por su presencia durante cuarenta y seis años, ¿se vería privada de ella para siempre? La idea era desgarradora; parecía como si fuéramos a perder la protección de la Virgen Inmaculada, que en adelante dejaría de cernirse sobre nosotros.

"Por otra parte, parecía imposible mantener con nosotras a nuestra querida Hermana. Nuestros Superiores, consultados, nos permitieron tomar medidas de acuerdo con nuestros deseos. Teníamos un mundo de dificultades que superar.

"'Rezad', dije a nuestras Hermanas; y ellas pasaron la noche suplicando a la Inmaculada María que permitiera a nuestra querida compañera permanecer con nosotras.

"Durante toda la noche, en vano traté de pensar en un lugar adecuado para su descanso, cuando de repente, al sonar la campana de las cuatro, me pareció oír estas palabras: 'La bóveda está bajo la capilla de Reuilly'. Cierto", dije con alegría, como quien ve de pronto realizada una esperanza largamente aplazada. Ahora recordaba que, durante la construcción de la capilla, se había hecho una bóveda que comunicaba con el refectorio de los niños. Nuestra digna madre Mazin no le había asignado ningún uso concreto, diciendo que podríamos utilizarla más adelante.

"No había tiempo que perder. Estábamos en vísperas de su funeral, y la autorización, tan difícil de obtener, aún no había sido solicitada.

"La bóveda fue preparada apresuradamente, y la petición, sostenida por personas influyentes, prosperó como por encanto.

"El 3 de enero, fiesta de Santa Genoveva, fue el día señalado para el entierro de ella, a quien considerábamos el ángel tutelar de nuestra casa. Pero la palabra 'entierro' no es apropiada aquí; 'triunfo' es la expresión apropiada, pues fue un verdadero triunfo para nuestra humilde Hermana.

"Se envió una diputación desde todas las casas de nuestras Hermanas, que habían recibido aviso oportuno, y la pequeña capilla era demasiado pequeña para acomodar al número de personas que vinieron. Terminada la misa, se organizó el cortejo fúnebre que debía acompañar el cuerpo en procesión desde el Hospital d'Enghien hasta el panteón de Reuilly, de la siguiente manera: En primer lugar, las alumnas de nuestra escuela industrial, Hijos de María, con su estandarte; a continuación, todos nuestros pequeños huérfanos; después, nuestras jóvenes de la Sociedad (tanto las externas como las de la casa), con la librea de la Inmaculada; los feligreses y, por último, nuestras Hermanas precediendo al clero.

"Esta larga procesión atravesó lentamente el largo paseo del jardín, y mientras reson-
aban a lo lejos los solemnes cantos del Benedictus, apareció a la vista el modesto ataúd,
cubierto de lirios y eglantinas, emblemas de pureza y sencillez.

"A la entrada de la bóveda, la multitud se hizo a un lado, y nuestros Hijos de María
saludaron la llegada del cuerpo entonando la bendita invocación: '¡Oh María! sin pecado
concebida, ruega por nosotros que recurrimos a ti'. Sería imposible describir el efecto de
estas exequias fúnebres, de una naturaleza tan enteramente nueva.

"Para conservar nuestro tesoro, fue necesario tapiar la entrada subterránea, pero hicimos abrir una abertura que comunicaba con la capilla.

"Los pobres, a quienes Sor Catalina había cuidado, depositaron una magnífica corona
sobre la tumba de la humilde hija de San Vicente, que, en vida, sólo buscó los caminos más
humildes, y que había suplicado a la Santísima Virgen que la mantuviera desconocida y
sin ser buscada. --"

La vida de la querida Hermana Labouré fue la fiel realización de las palabras de Nuestro
Señor en el Evangelio: "Te doy gracias, Padre, porque has ocultado estas cosas a los sabios
de este mundo y las has revelado a los pequeños". Nunca los dones de Dios estuvieron
mejor ocultos en un alma, bajo el doble manto de la humildad y la sencillez.

Durante cuarenta y seis años llevó una vida de oscuridad y trabajo, sin buscar otra
satisfacción que la de agradar a Dios; se santificó en los caminos más humildes por una
fiel correspondencia a la gracia, y un exacto cumplimiento de las prácticas de una vida
comunitaria. Los favores que recibía del Cielo nunca llenaron su corazón de orgullo;
testigo de los prodigios que a diario obraba la medalla, jamás pronunció una palabra que
pudiera hacer sospechar a los demás cuánto más sabía ella que los demás.

No podríamos decir que había elegido como lema estas palabras de À Kempis: "Amar
para ser desconocido y considerado como nada". ¡Cuán fielmente retratan estos rasgos a
la verdadera hija del humilde Vicente de Paúl!

¿Cuál ha de ser, en el Cielo, la gloria de aquellos cuya vida terrena fue un abajamiento
de sí mismos? ¿No percibimos ya un débil resplandor de esta gloria? Las exequias de la
humilde sierva de los pobres se asemejaron a un triunfo; por una excepción casi inaudita,
su cuerpo permanece en medio de su familia espiritual; su tumba es visitada por personas
de toda condición, que, con confianza, se encomiendan a su intercesión, y muchas de las
cuales nos aseguran que sus peticiones han sido concedidas. En fin, esta reseña biográfica
revela lo que Sor Catalina ocultó tan cuidadosamente, y cumple así la promesa de Nuestro
Señor: "El que se humilla, será exaltado".

LA AGENCIA DE MARÍA EN LA IGLESIA - ESTA AGENCIA, SIEMPRE MANIFIESTA, PARECE HABER DESAPARECIDO DURANTE EL SIGLO XVIII Y A PRINCIPIOS DEL SIGLO XIX - MARÍA APARECE EN 1830 - MOTIVOS E IMPORTANCIA DE ESTA APARICIÓN - LA INMACULADA CONCEPCIÓN

La devoción a la Santísima Virgen es tan antigua como el cristianismo, y encontramos vestigios de ella desde el origen mismo de la Iglesia, entre todas las naciones que aceptaron el Evangelio. Durante los primeros siglos, se ocultaba en la oscuridad de las catacumbas, o se velaba bajo formas simbólicas para escapar a la profanación de los infieles; pero cuando la era de la paz sucedió a la de las sangrientas persecuciones, reapareció abiertamente y en todo el esplendor de su belleza deslumbrante. Desarrolló un crecimiento maravilloso, especialmente en el siglo V, después de que el Concilio de Éfeso proclamara la maternidad divina de María, sancionando así los homenajes excepcionales que se le rendían por encima de todos los santos.

La imagen de la Virgen Madre, difundida por toda la cristiandad, se convierte en ornamento de las iglesias, protección de la chimenea y objeto de devoción de los fieles. Es en esta época, especialmente, cuando vemos desaparecer gradualmente por todas partes los últimos vestigios del paganismo. La Virgen Inmaculada, la Madre de la ternura, la

Reina de los Ángeles, la Patrona de la humanidad regenerada, suplanta a esos vanos ídolos, que durante siglos habían fomentado la superstición, con su serie de vicios y errores.

Todo católico admite que la veneración de la Iglesia a María descansa sobre un fundamento inviolable: la fe y la razón se unen para justificarla. Los acontecimientos han demostrado que Dios mismo la ha autorizado, pues a menudo le ha placido recompensar la confianza y fidelidad de sus siervos con signos sensibles de su poder, con gracias extraordinarias, en una palabra, con verdaderos milagros. Por disposición de su Providencia, ha decretado la intervención de María en la economía de la Iglesia y en la santificación de las almas, como lo hizo en los misterios de la Encarnación y de la Redención. Su carácter de Mediadora entre el Cielo y la tierra la obliga a hacer sentir esta agencia, a desplegar el poder que ha recibido en favor del hombre. Estas manifestaciones de la Santísima Virgen en la Iglesia, estas pruebas maravillosas de su solicitud por nosotros, forman una parte interesante de la historia de la catolicidad. La liturgia está llena de tales recuerdos, y se han instituido varias fiestas para conmemorarlos. Los países cristianos abundan en tradiciones de esta naturaleza; son una de las fuentes de las que se nutre la piedad.

La mayoría de los santuarios de peregrinos deben su origen a alguna intervención sobrenatural de la Santísima Virgen. A veces se ha manifestado bajo una forma visible, la mayoría de las veces a un pobre pastor o campesino; otras, ha obrado un milagro, como la curación de un enfermo, la conversión de un pecador empedernido o cualquier otro prodigio que demuestre el poder de un agente sobrenatural. A veces, se descubre accidentalmente una estatua, una imagen, aparentemente no hecha por la mano del hombre; la población vecina se conmueve, su fe se reanima, y pronto se erige un santuario, una capilla, o incluso una espléndida basílica, para proteger este regalo del Cielo, esta prenda del afecto de María. Innumerables generaciones acuden al lugar, y nuevos favores, nuevos milagros, consuelos inefables, atestiguan siempre la tutela de Aquella a quien los corazones humildes y confiados nunca han invocado en vano. Podríamos citar cientos de nombres en apoyo de estas afirmaciones.

La historia de la devoción a María en los países católicos da lugar a una observación digna de mención: la fe de un país es proporcional a su devoción a la Santísima Virgen. Podemos añadir también que, cuando Dios quiere reavivar la fe en algún pueblo, encarga a María que manifieste allí su bondad y su poder.

Cada época ha proporcionado a la Iglesia pruebas cada vez mayores de la mediación de María; hay épocas en las que parece tan pródiga en su presencia, que podríamos decir que vive familiarmente entre los hombres, y que sus delicias son conversar con ellos.

Otras veces, por el contrario, parece retirarse, mantenerse alejada del mundo, no dar más señales de su intervención. Tenemos un ejemplo sorprendente de esto en una época algo reciente. Más de un siglo nos encontramos privados de la sensible mediación de María; la historia no registra en todo ese período ni una sola de estas apariciones, ni un nuevo santuario de peregrinos fundado, ni una gracia señal obtenida por intercesión de la Madre de Misericordia. Si tuvieron lugar algunos acontecimientos de este tipo, fueron por lo menos muy raros, y han permanecido en la oscuridad. Esta época, abandonada por la Santísima Virgen, fue el siglo XVIII, al que hay que añadir los treinta primeros años del XIX.

En esta época, cuando el impío racionalismo se esforzaba por borrar toda idea de lo sobrenatural, cuando se atacaban las verdades más firmemente establecidas, cuando entre los cristianos se rebajaba el nivel de la virtud y el carácter era de escasa estima en cualquier clase o estación de la sociedad, podríamos creer que María, fatigada por la ingratitud de los hombres, había resuelto abandonarlos a sus propios recursos, y dejarles gobernar el mundo según sus ideas de supuesta sabiduría. No renunció a su misión de Mediadora en favor de la Iglesia, siguió velando por su gran familia adoptiva, escuchó las oraciones de sus fieles servidores, pero permaneció invisible, ya no mostró ninguna de aquellas muestras de ternura que su corazón maternal les había prodigado en los tiempos de la fe.

Conocemos las consecuencias del abandono de María de la tierra, y cómo gobernaban la sociedad estos sabios que querían prescindir de Dios. La historia de su reinado está escrita con letras de fuego, de sangre y de inmundicia.

Este naturalismo revolucionario e impío se prolongó hasta el siglo XIX; todavía ejerce una influencia deplorable en nuestros días, pero encuentra oposición; el orden sobrenatural se afirma firmemente, las verdades de la Fe se defienden calurosamente, la santa Iglesia es respetada y obedecida, su augusta Cabeza es tenida en veneración hasta los mismos confines de la tierra, el reino de Dios es todavía opuesto, pero cuenta con súbditos devotos, que, si fuera necesario, derramarían su sangre en su defensa. La indiferencia, el respeto humano, el escepticismo burlón, están desapareciendo gradualmente, dejando a la Iglesia sólo con amigos sinceros, o enemigos declarados. Es un progreso que nadie puede ignorar.

¿A qué se debe este cambio? y ¿cuál es la fecha de tan consoladora resurrección? Sin duda, debe su origen a la infinita generosidad de Dios; pero el instrumento, ¿puede ser ignorado o despreciado? ¿No es la Santísima Virgen María? ¿No es visible su mediación desde hace cuarenta años? Sí, es María quien ha obrado esta asombrosa transformación, y a través de la medalla llamada milagrosa se ha inaugurado esta serie de prodigios.

En 1830, María manifiesta por primera vez, tras un intervalo de siglo y medio, su deseo de reconciliación con la tierra.

Es el primer signo de perdón que concede al hombre, después de su largo silencio.

Es el anuncio de una nueva era que está a punto de comenzar.

La aparición del 27 de noviembre, en la capilla de la Casa Madre de las Hijas de la Caridad, en París, parece, a primera vista, de poca importancia; sin embargo, estaba destinada a tener una inmensa repercusión en el futuro y sus consecuencias iban a ser incalculables. Como un arroyo cuya fuente está oculta al pie de una montaña, pero que recibe a medida que avanza innumerables afluentes, y finalmente se convierte en un río majestuoso, fertilizando las provincias y los reinos por los que fluye; así la visión de la medalla ha sido el paso iniciático de un movimiento religioso, que, hoy en día, se extiende por todo el mundo, sentándose en justicia sobre viejos errores, prejuicios superannuados; sistemas contrarios a la verdad, y revelando plenamente la verdadera Iglesia y la verdadera santidad, rindiendo a María Inmaculada, Madre de Dios y Madre de los hombres, tales tributos de veneración, amor y devoción, como nunca ha recibido desde la predicación del Evangelio.

El lector ya conoce a sor Catalina, la humilde hija que María se dignó elegir como confidente. El capítulo siguiente relata detalladamente las apariciones.

Hemos dicho que este acontecimiento fue la aurora de una nueva era, la señal de una renovada devoción a María en todo el mundo. Parecía como si esta tierna Madre quisiera, prodigando gracias extraordinarias a sus hijos, hacerles olvidar la severidad con que había castigado sus ofensas.

Una rápida ojeada a la evolución de la devoción a María, durante medio siglo, bastará para demostrar la verdad de esta afirmación.

La medalla, apenas acuñada, circula por millones; se convierte inmediatamente en el instrumento de tantas curaciones y conversiones, que es universalmente llamada la Medalla Milagrosa, nombre que se le aferró, y que se justifica por la constante realización de nuevos milagros, como lo demostrará la segunda parte de este libro. Pero esta medalla estaba destinada no sólo a obrar milagros, tenía un objeto aún más elevado, tenía un significado dogmático, era popularizar la creencia en la Inmaculada Concepción de María.

Hasta donde nos es posible penetrar en los adorables designios de la Providencia, todo nos inclina a creer que la Inmaculada Concepción es una de esas verdades cuya proclamación está entretejida con el bienestar de la sociedad moderna, y cuya influencia sobre la catolicidad es incalculable. Es el complemento de la gloria de la Santísima Virgen; aun con la incomparable prerrogativa de su maternidad divina, algo le faltaría a su grandeza, si no fuera proclamada libre del pecado original. El germen contenido en las Sagradas Escrituras, conservado por la tradición, enseñado por los Padres y los santos Doctores, apoyado por los pontífices romanos, solemnizado desde las edades más tempranas en muchas iglesias, adoptado instintivamente por la piedad de los fieles, y representado bajo las formas más graciosas por el pincel y el cincel del artista cristiano, esta creencia recibió, a través de la medalla, el sello de una devoción popular. La oración revelada por la misma Santísima Virgen: "Esta oración, repetida incesantemente por innumerables bocas desde la infancia hasta la vejez, por pobres y ricos, y en todos los rincones del globo, entró como una fórmula en las prácticas de la vida cristiana, y apresuró, podríamos decir con seguridad, el día en que Pío IX iba a declarar la Inmaculada Concepción un artículo de fe.

La maravillosa difusión de la medalla y los milagros que con ella se obraron, pronto habrían hecho de la capilla de la calle del Bac un santuario de peregrinos muy frecuentado, ya que muchos que debían a María su curación o su conversión deseaban testimoniar su gratitud dejando allí exvotos. Pero los Superiores de la Comunidad juzgaron desaconsejable permitirlo. Sin embargo, la Divina Providencia, queriendo mantener este piadoso impulso, abrió en el mismo centro de París un santuario, para recibir lo que la capilla de las Hijas de la Caridad había rechazado.

El párroco de Notre-Dame-des-Victoires, M. Desgenettes, que se había interesado vivamente por la aparición de 1830, se inspiró para consagrar su parroquia al santo e inmaculado Corazón de María. Se creó una Archicofradía para la conversión de los pecadores; el éxito fue tan rápido como maravilloso, y pronto el mundo entero resonó con los relatos de los milagros concedidos a las oraciones de los asociados. Para recordarles que Notre-Dame-des-Victoires está aliada con la visión de la Hermana de San Vicente de Paúl, un artículo de su regla les ordena llevar, con respeto y devoción, la medalla indulgente de la Inmaculada Concepción, conocida como la Medalla Milagrosa, y se les aconseja recitar de vez en cuando la oración grabada en esa medalla: "¡Oh María, sin pecado concebida, ruega por nosotros que recurrimos a ti!".

Algunos años más tarde, en 1846, la Santísima Virgen se manifiesta en la montaña de La Salette a dos pastorcillos, encargándoles que adviertan a los hombres de la necesidad de hacer penitencia para evitar los males inminentes.

En Lourdes, en 1858, María se aparece a una joven pobre e ignorante; le dice su nombre, llamándose por lo que le es más querido: "Soy la Inmaculada Concepción", y promete abundantes bendiciones a todos los que acudan a rezar a ese lugar privilegiado.

En 1871, se aparece en el pueblo de Pontmain a unos niños; viene a reanimar su ánimo decaído y a devolver la esperanza a sus corazones desfallecidos.

Sería demasiado largo enumerar estas manifestaciones de María en diversas partes de la cristiandad: esas imágenes que parecen animadas; esas voces misteriosas que advierten, que alientan al mundo; esas revelaciones sobrenaturales a las almas privilegiadas; todos, podríamos decir, favores de una tierna Madre, que perdona a sus hijos culpables, y que desea, mediante múltiples muestras de su amor, hacerles olvidar su pasada severidad.

A tantas muestras de la ternura de María Inmaculada, el mundo católico ha respondido con un admirable estallido de piedad filial; cada año ve cientos de miles de peregrinos que buscan sus santuarios privilegiados; sus fiestas se celebran con admirable esplendor; la devoción a Ella se reviste de todas las formas capaces de expresar admiración, gratitud y ternura. ¿Quién podría enumerar las iglesias y monumentos erigidos por doquier en su honor, las asociaciones establecidas bajo su invocación, los libros compuestos en sus alabanzas?

Pero el homenaje que eclipsa todos los demás, es la definición del dogma de la Inmaculada Concepción en 1854. Esta definición, ardientemente deseada por los fieles devotos, acogida con entusiasmo por el mundo entero, fue el gran pensamiento de Pío IX después de su elevación a la cátedra de San Pedro, y pasará a la historia como el acontecimiento culminante de su Pontificado, ya ilustre por tantas otras causas.

Con esto, María ha recibido de sus hijos toda la gloria que estaba en su mano procurarle; sus prerrogativas aparecen en todo su esplendor; es reconocida como soberana del cielo y de la tierra; ocupa en la economía de la religión el verdadero lugar que la sabiduría divina le ha asignado. Esperemos que pronto muestre al mundo los efectos de su poderosa protección, que aplaste la cabeza de la serpiente infernal, que calme las tormentas que el infierno ha desencadenado, en fin, que asegure el triunfo de la Iglesia y el reinado de Jesucristo en justicia y verdad.

APARICIONES DE LA SANTÍSIMA VIRGEN A LA HERMANA CATALINA: PRIMERA APARICIÓN: EL ÁNGEL CONDUCE A LA HERMANA A LA CAPILLA; MARÍA CONVERSA CON ELLA-SEGUNDA APARICIÓN: MARÍA SOBRE UN GLOBO TERRÁQUEO, SUS MANOS EMITEN RAYOS DE LUZ, SÍMBOLO DE LA GRACIA; MARÍA ORDENA QUE SE ACUÑE UNA MEDALLA-TERCERA APARICIÓN: MARÍA RENUEVA LA ORDEN.

APARICIONES DE LA SANTÍSIMA VIRGEN A SOR CATALINA

Cuando Sor Catalina fue favorecida con estas apariciones de la Santísima Virgen, relató de palabra a su director lo que había visto y oído, y él, aunque aparentemente daba poca importancia a sus comunicaciones, tomó atenta nota de ellas. La Hermana nunca pensó en escribirlas, se juzgaba incapaz de hacerlo y, además, en su opinión, habría sido contrario a la humildad.

En 1856, cuando los acontecimientos confirmaron la veracidad de sus predicciones, M. Aladel le dijo que pusiera por escrito todo lo que pudiera recordar de las visitas sobrenaturales de 1830. Obedeció, a pesar de su repugnancia, y esbozó un relato de su visión del corazón de San Vicente, que ya hemos leído, y el de las apariciones de la Santísima Virgen.

Por obediencia, volvió a escribir, en 1876, un relato de estas mismas apariciones.

Finalmente, otra copia, sin fecha, fue encontrada entre sus papeles después de la muerte.

Estas tres narraciones concuerdan perfectamente en lo esencial, pero difieren lo suficiente en los detalles como para demostrar que una no fue copiada de la otra.

A estos manuscritos, en los que no se ha introducido ningún cambio, salvo la corrección de errores de estilo y ortografía, se debe el siguiente relato de las apariciones.

Es de lamentar que las notas de M. Aladel fueran casi destruidas; sin duda contenían detalles muy interesantes, pero lo que queda de ellas es de poca importancia.

Antes de citar la propia narración de Sor Catalina, debemos hacer notar que la primera visión, al no referirse más que a la propia Hermana y a las dos Comunidades de San Vicente, M. Aladel no juzgó oportuno publicarla; también, que aunque el relato de la visión de la medalla en las primeras ediciones de la nota, parece diferir notablemente del relatado por la Hermana, veremos más adelante cómo pueden explicarse estas discrepancias, y que en lo esencial las dos versiones son idénticas.

PRIMERA APARICIÓN DE LA SANTÍSIMA VIRGEN

A Sor Catalina Labouré, Hija de la Caridad.

Sor Catalina, favorecida ya con visiones celestiales, deseaba ardientemente, con toda la sencillez de su naturaleza, ver a la Santísima Virgen. Para obtener esta gracia, invocó a su buen Ángel, San Vicente, y a la misma Santísima Virgen.

El 18 de julio de 1830, víspera de la fiesta de San Vicente de Paúl, la Directora del Seminario dio una instrucción sobre la devoción a los Santos y a la Santísima Virgen; esto no hizo más que inflamar el piadoso deseo de nuestra Hermana. Llena de este pensamiento, se retiró por la noche, encomendándose a su bendito Padre, San Vicente, y creyendo confiadamente que sus oraciones serían escuchadas.

Hacia las once y media, oyó que la llamaban tres veces por su nombre, "Hermana Labouré"; despertándose de repente, abrió la cortina del lado de donde procedía la voz, y ¿qué vio? Un niño de una belleza deslumbrante, de cuatro o cinco años de edad, vestido de blanco y envuelto en la luz radiante que irradiaban sus cabellos rubios y su noble persona. "Venid", le dijo con voz melodiosa, "venid a la capilla, la Santísima Virgen os espera". Pero, pensó sor Catalina (dormía en un gran dormitorio), los demás me oirán, me descubrirán. "No temas", dijo el niño, respondiendo a su pensamiento, "son las once y media, todos duermen, yo te acompañaré".

A estas palabras, no pudiendo resistirse a la invitación de su amable guía, Sor Catalina se viste apresuradamente y sigue al niño, que camina siempre a su izquierda, iluminando los lugares por donde pasa; y por todas partes a lo largo de su camino, para gran asombro de la Hermana, encuentra las lámparas encendidas. Su sorpresa se redobla al ver que la puerta se abre al contacto del niño, y al encontrar el altar resplandeciente de luces, "que le recuerdan", dice, "la Misa de medianoche".

El niño la conduce al presbiterio, donde se arrodilla, mientras su guía celestial permanece de pie un poco más atrás, a su izquierda.

Los momentos de espera le parecen largos a sor Catalina; por fin, hacia medianoche, el niño le dice: "¡Ved a la Santísima Virgen, vedla!". En ese momento, oye claramente, en el lado derecho de la capilla, un ligero ruido, como el susurro de un manto de seda; una bellísima dama entra en el presbiterio y toma asiento en el lugar que habitualmente ocupa el Director de la Comunidad, a la izquierda del presbiterio. El asiento, la actitud y el atuendo (una túnica blanca de tonos dorados y un velo azul) recuerdan mucho a la representación de Santa Ana en el cuadro que adorna el santuario. Sin embargo, no es el mismo rostro, y sor Catalina lucha interiormente contra la duda. ¿Será ésta la Santísima Virgen? se pregunta. De repente, el niño, asumiendo la voz de un hombre, habla en voz alta, y con palabras severas le pregunta si la Reina del Cielo no puede aparecerse a un pobre mortal bajo la forma que le plazca.

Todas sus dudas se desvanecen, y siguiendo sólo los impulsos de su corazón, la Hermana se arroja a los pies de la Santísima Virgen, colocando familiarmente sus manos sobre las rodillas de la Santísima Virgen, como un niño junto a su madre.

"En ese momento -dijo- sentí la emoción más dulce de mi vida, me sería imposible expresarla. La Santísima Virgen me dijo cómo debía actuar en todas mis pruebas; y señalando con su mano izquierda al pie del altar, me dijo que era allí donde debía venir y abrir mi corazón, añadiendo que era allí donde recibiría todo el consuelo necesario. Luego me dijo también: "Hija mía, voy a encomendarte una misión; sufrirás muchas pruebas a causa de ella, pero las superarás, sabiendo que las soportas para gloria del buen Dios. Serás contradicho, pero serás sostenido por la gracia, no temas; con sencillez y confianza, cuenta todo lo que pasa dentro de ti a aquel que está encargado del cuidado de tu alma. Verás ciertas cosas, te inspirarás en tus oraciones, dale cuenta a él'.

"Pedí entonces a la Santísima Virgen una explicación de lo que ya me había mostrado. Ella me respondió: 'Hija mía, los tiempos son muy desastrosos, grandes pruebas están a punto de venir sobre Francia, el trono será derribado, el mundo entero estará en confusión a causa de las miserias de todo tipo' (La Santísima Virgen parecía muy triste al decir esto.) 'Pero ven al pie de este altar, aquí las gracias se derramarán sobre todos, sobre todos los que las pidan con confianza y fervor.

"'En cierto momento, el peligro será ciertamente grande, parecerá que todo está perdido, pero no temáis, yo estaré con vosotros; reconoceréis mi visita, la protección de Dios y la de San Vicente sobre las dos Comunidades. Tened confianza, no os desaniméis, estáis bajo mi especial custodia.

"'Habrá víctimas en otras Comunidades'. (A la Santísima Virgen se le llenaron los ojos de lágrimas al decir esto.) 'Entre el clero de París habrá víctimas, Mons. el Arzobispo morirá.' (A estas palabras sus lágrimas fluyeron de nuevo.) 'Hija mía, la cruz será despreciada, será pisoteada, el costado de nuestro Señor será abierto de nuevo, las calles correrán sangre, el mundo entero estará en tribulación.'" (Aquí la Santísima Virgen ya no podía hablar, el dolor se dibujaba en su semblante). Al oír estas palabras, Sor Catalina pensó: ¿Cuándo sucederá esto? Y una luz interior le indicó claramente dentro de cuarenta años.

Otra versión, también escrita de su puño y letra, dice cuarenta años, luego diez, tras los cuales, la paz. En relación con esto M. Aladel le dijo:

"¿Veremos tú y yo el cumplimiento de todas estas cosas?" "Si no lo hacemos nosotros, lo harán otros", respondió la sencilla hija.

La Santísima Virgen le confió también varias comunicaciones para su Director acerca de las Hijas de la Caridad, y le dijo que un día sería revestido de la autoridad necesaria para ponerlas en ejecución[7]. Después de esto, volvió a decir: "Pero vendrán grandes problemas, el peligro será inminente, sin embargo no temáis, San Vicente velará por vosotras, y la protección de Dios está siempre aquí de manera particular." (La Santísima Virgen parecía todavía muy triste.) "Yo misma estaré con vosotras; os vigilaré siempre, y os enriqueceré con muchas gracias." La Hermana añade: "Las gracias serán concedidas, particularmente a todos los que las pidan, pero deben rezar, deben rezar. --

"No sabría decir", continúa la Hermana, "cuánto tiempo permanecí con la Santísima Virgen; todo lo que puedo decir es que, después de hablar conmigo largo rato, desapareció como una sombra que se desvanece."

Al levantarse de sus rodillas, Sor Catalina percibió al niño justo donde lo había dejado, para arrojarse a los pies de la Santísima Virgen. Dijo: "Se ha ido", y, todo resplandeciente de luz como antes, se colocó de nuevo a su izquierda, y la condujo de nuevo al dormitorio por los mismos caminos por donde habían venido.

"Creo -continúa la narración- que este niño era mi Ángel de la Guarda, porque le había implorado fervorosamente que me procurase el favor de ver a la Santísima Virgen..... Volví a mi lecho, oí que el reloj daba las dos, y no me dormí más".

Lo que acabamos de relatar fue sólo una parte de la misión de sor Catalina, o más bien la preparación para una misión futura que le sería dada como prenda de la ternura de María Inmaculada por la humanidad.

En el mes de noviembre de este mismo año, 1830, Sor Catalina comunica a M. Aladel una nueva visión; pero ya no es la de una Madre afligida que llora por los males que amenazan a sus hijos, o por el martirio de sus amigos más queridos. Esta visión recuerda el arco iris que aparece en un cielo todavía negro por las tormentas, o la estrella que brilla a través de la tempestad para inspirar confianza al marinero: es la Virgen Reina, portadora de la promesa de bendición, salvación y paz.

M. Aladel lo cuenta al Promotor de la diócesis, y lo encontramos insertado en el proceso verbal de la investigación, fechado el 16 de febrero de 1836, de la siguiente manera:

"A las cinco y media de la tarde, mientras las Hermanas estaban en la capilla tomando su meditación, la Santísima Virgen se apareció a una Hermana joven como en un cuadro ovalado; estaba de pie sobre un globo terráqueo, del que sólo se veía la mitad; estaba vestida con una túnica blanca y un manto de un azul resplandeciente, tenía las manos cubiertas, por así decirlo, de diamantes, de los que emanaban rayos luminosos que caían sobre la tierra, pero más abundantemente sobre una parte de ella.

"Una voz parecía decir: 'Estos rayos simbolizan las gracias que María obtiene para los hombres, y el punto sobre el que caen más abundantemente es Francia'. Alrededor de la imagen, escritas en letras doradas, estaban estas palabras: "Oh María, sin pecado concebida, ruega por nosotros que recurrimos a ti". Esta oración, trazada en semicírculo, comenzaba en la mano derecha de la Santísima Virgen y, pasando por encima de su cabeza, terminaba en su mano izquierda. En el reverso de la imagen figuraba la letra M coronada por una cruz, con una barra en su base, y bajo el monograma de María, los corazones de Jesús y María, el primero rodeado de una corona de espinas y el otro atravesado por una espada. Entonces le pareció oír estas palabras: 'Una medalla debe ser acuñada sobre este modelo; aquellos que la lleven indulgentes, y repitan esta oración con devoción, estarán, de manera especial, bajo la protección de la Madre de Dios'. En ese instante, la visión desapareció".

Según el testimonio del Director de Sor Catalina, esta aparición se produjo varias veces en el transcurso de algunos meses, siempre en la capilla de la Casa Madre de las Hijas de la Caridad, durante la misa o en alguno de los ejercicios religiosos. M. Aladel añade que no estaba seguro de su número, pero que sabe que se repitieron tres veces, por lo menos, ya que la Hermana lo mencionó tres veces diferentes.

He aquí el relato escrito de puño y letra de la Hermana:

"El 27 de noviembre de 1830, que era sábado y víspera del primer domingo de Adviento, mientras meditaba en profundo silencio, a las cinco y media de la tarde, me pareció oír en el lado derecho del santuario algo parecido al susurro de un vestido de seda y, mirando en esa dirección, percibí a la Santísima Virgen de pie cerca del cuadro de San José; su estatura era mediana y su semblante tan hermoso que me sería imposible describirlo. Estaba de pie, vestida con una túnica del color de la luz auroral, del estilo que suele llamarse à la vierge, es decir, cuello alto y mangas sencillas. Llevaba la cabeza cubierta con un velo blanco que descendía a cada lado hasta los pies. Llevaba el pelo liso en la frente y, por encima, una cofia adornada con un poco de encaje y ceñida a la cabeza. Su rostro sólo estaba parcialmente cubierto, y sus pies descansaban sobre un globo, o más bien una semiesfera (al menos, yo sólo vi medio globo). Tenía las manos levantadas a la altura de la cintura y sostenía con gracia otro globo (una figura del universo). Tenía los ojos elevados al cielo y el semblante radiante mientras ofrecía el globo a Nuestro Señor.

SEGUNDA APARICIÓN DE LA SANTÍSIMA VIRGEN

"De repente, sus dedos se llenaron de anillos [8] y de bellísimas piedras preciosas; los rayos brillaban y se reflejaban por todas partes, envolviéndola en una luz tan deslumbrante que no podía ver ni sus pies ni su manto. Las piedras eran de diferentes tamaños, y los rayos que emanaban de ellas eran más o menos brillantes en proporción al tamaño.

"No podría expresar lo que sentí ni lo que aprendí en esos pocos momentos.

"Mientras estaba ocupado contemplando esta visión, la Santísima Virgen puso sus ojos en mí, y una voz dijo en el fondo de mi corazón: 'El globo que ves representa al mundo entero, y particularmente a Francia, y a cada persona en particular'.

"No sabría expresar la belleza y el brillo de estos rayos. Y la Santísima Virgen añadió: 'He aquí el símbolo de las gracias que derramo sobre los que me las piden', haciéndome comprender así cuán generosa es con todos los que imploran su intercesión..... Cuántos favores concede a quien se los pide. En aquel momento no era yo mismo, ¡estaba extasiado! En torno a la Santísima Virgen se formó un marco ligeramente ovalado, sobre el que aparecían, en letras doradas, estas palabras: "¡Oh María, sin pecado concebida, ruega por nosotros que recurrimos a ti!

"Entonces oí una voz que decía: 'Haz acuñar una medalla sobre este modelo, las personas que la lleven indulgentes, recibirán grandes gracias, sobre todo si la llevan al cuello; las gracias serán abundantemente concedidas a los que tengan confianza.'

"De repente", dice la Hermana, "el cuadro pareció girar", y vio el reverso, tal como ya se ha descrito en el relato anterior de la investigación.

Las notas de Sor Catalina no mencionan las doce estrellas que rodean el monograma de María y los dos corazones. Sin embargo, siempre están representados en la medalla. Es moralmente seguro que ella comunicó este detalle, de palabra, en el momento en que relató las apariciones.

Otras notas de puño y letra de Sor Catalina completan el relato. Añade que algunas de estas piedras preciosas no emitían rayos, y cuando expresó su asombro por ello, le dijeron que eran una figura de las gracias que descuidamos pedir a María. En una lectura apresurada, el relato de nuestra Hermana sobre la visión parece diferir del de M. Aladel. Esto nos sorprendió y tuvimos que estudiar atentamente estos interesantes y auténticos documentos, para decidir si las visiones diferían esencialmente o eran realmente la misma.

TERCERA APARICIÓN DE LA SANTÍSIMA VIRGEN

Según el testimonio de M. Aladel en la investigación, las apariciones relativas a la medalla fueron siempre similares, y Sor Catalina, antes de su muerte, confirmó esta afirmación. Como acabamos de saber por las propias palabras de nuestra Hermana, la Santísima Virgen aparecía siempre con el globo terrestre bajo sus pies, y al mismo tiempo en sus manos virginales, apretándolo y calentándolo, por decirlo así, contra su corazón maternal, y ofreciéndolo a su Divino Hijo en su calidad de Abogada y Madre, con una expresión inefable de súplica y amor.

Esto es lo que vio la Hermana. ¿Fue todo? No, después del primer acto de sublime intercesión, después de esta oración eficacísima de nuestra divina Mediadora, sus manos se llenan de repente de gracias, bajo la figura de anillos y piedras preciosas, que emiten rayos tan brillantes que todo lo demás es invisible, María se envuelve en ellos, y sus manos se doblan bajo el peso de estos tesoros. Sus ojos se posan en la humilde Hermana, cuyas miradas embelesadas apenas pueden soportar este celestial resplandor. Al mismo tiempo, se forma un marco oval alrededor de la visión, y una voz indica a la Hermana que haga acuñar una medalla según la medalla presentada. La medalla es una reproducción fiel de esta imagen, ahora la parte simbólica desaparece en las gavillas de luz.

Preguntada Sor Catalina si aún veía el globo terráqueo en las manos de la Santísima Virgen, cuando de ellas salían las gavillas luminosas, respondió que no, que no quedaban más que los rayos de luz; y que cuando la Santísima Virgen hablaba del globo terráqueo, se refería al que estaba bajo sus pies, no siendo ya cuestión del primero. Por lo tanto, podemos concluir que la descripción de la aparición hecha por Sor Catalina y la de M. Aladel concuerdan perfectamente. El pequeño globo que la Santísima Virgen tiene en sus manos, y el grande sobre el que está de pie, están ambos inundados de los mismos rayos deslumbrantes, o enriquecidos con las mismas gracias. La augusta María parece indicar con el globo pequeño sólo una figura del mundo, imperfectamente representado bajo sus pies, recordándonos así que es toda ella Reina misericordiosa del género humano.

Existe aún otra variación en la descripción de las dos apariciones. M. Aladel, conforme a la creencia popular, según la cual el blanco y el azul combinados constituyen la librea de la Santísima Virgen, como emblemas de pureza, de pureza celeste, da al manto un tinte azul celeste. Sor Catalina expresa la misma idea varias veces en sus notas, diciendo: "El blanco significa inocencia, y el azul es la librea de María". Sin embargo, el manto azul no se menciona en la noticia de la aparición, Sor Catalina sólo habla de la túnica y del velo de luz auroral.

Cuando se le preguntó por una descripción más precisa de este color, respondió que era de un blanco profundo, teñido del suave y hermoso resplandor de la aurora[9], deseando así, sin duda, dar alguna idea del matiz celestial de la túnica y el velo. Es esta tonalidad la que tortura al artista, pues siente su lápiz impotente para representar las bellezas de otra esfera.

Se comprende así que el Sr. Aladel haya podido equivocarse en algunos detalles proporcionados por Sor Catalina o confundir la aparición de la medalla con las visiones del 18 y 19 de julio, en las que el vestido de la Santísima Virgen era blanco y azul.

Sin embargo, los accesorios del manto y su indescriptible tonalidad, en nada afectan a la realidad de la aparición.

Recordamos con qué indiferencia, podríamos decir severidad, recibía M. Aladel las comunicaciones de su penitente, ordenándole que no les prestara atención, sino que las desechara de su mente, como totalmente indignas de atención. Pero la obediencia de Sor Catalina, atestiguada por su mismo director, no pudo borrar el delicioso recuerdo de lo que había visto y oído; volver a los pies de María era su mayor felicidad; el pensamiento nunca la abandonó, ni la firme convicción de que volvería a ver a esta querida Madre. Y, en efecto, en diciembre, fue favorecida con otra visión, similar a la del 27 de noviembre, y ocurrida al mismo tiempo, durante la meditación vespertina. Pero había una diferencia notable entre ésta y la anterior: la Santísima Virgen, en vez de detenerse ante la imagen de San José, siguió adelante y se posó sobre el sagrario, un poco detrás de él, y precisamente en el lugar que ahora ocupa la estatua. La Santísima Virgen parecía tener unos cuarenta años, según el juicio de la Hermana. La aparición fue, por así decirlo, enmarcada de las manos en la invocación: "¡Oh María, sin pecado concebida, ruega por nosotros que recurrimos a ti!", trazada en letras doradas. El reverso presentaba el monograma de la Santísima Virgen, coronado por una cruz, y debajo estaban los divinos corazones de Jesús y María. La hermana Labouré recibió de nuevo el encargo de hacer acuñar una medalla según este modelo. Termina su relato con estas palabras: "Sería imposible decir lo que comprendí en el momento en que la Santísima Virgen ofreció el globo terráqueo a Nuestro Señor, o cuáles fueron mis sentimientos mientras la contemplaba. Una voz en el fondo de mi corazón me decía: 'Estos rayos son el símbolo de las gracias que la Santísima Virgen obtiene para los que se las piden'".

Estas pocas líneas, según ella, deberían inscribirse en la base de la estatua de la Santísima Virgen. En esta ocasión, contrariamente a su costumbre habitual, no pudo evitar una exclamación de alegría al pensar en los homenajes que se rendirían a María. Qué alegría oír decir: "María es la Reina del Universo, y en particular de Francia". Los niños lo proclamarán: 'Ella es Reina de cada alma'".

Cuando Sor Labouré relató la tercera aparición de la medalla, M. Aladel le preguntó si había visto algo escrito en el reverso. La Hermana respondió que no. "¡Ah!", dijo el Padre, "pregúntele a la Santísima Virgen qué debe poner ahí".

La joven Hermana obedeció; y después de haber rezado mucho tiempo, un día, durante la meditación, le pareció oír una voz que decía: "La M y los dos corazones expresan lo suficiente".

Ninguna de estas narraciones menciona la serpiente, sin embargo, siempre figura en las representaciones de la aparición, y ciertamente de conformidad con las primeras revelaciones de Sor Catalina sobre la visión. Lo que sigue muestra por qué estamos tan seguros de este hecho.

Hacia el final de su vida, después de un silencio de cuarenta y cinco años, cuando ya no estaba el Sr. Aladel, esta buena hija se vio obligada interiormente a confiar a una de sus Superioras las comunicaciones que había recibido de la Santísima Virgen, para que sirvieran para reanimar la devoción y la gratitud a María. Una vez hecho esto, su mente se alivió; sintió que ahora podía morir en paz.

La Superiora, favorecida por su confianza, deseosa de realizar uno de los deseos más queridos de su venerable compañera, le propone una estatua de María Inmaculada, sosteniendo el globo terráqueo. Al preguntar a Sor Catalina si la serpiente debía estar representada bajo los pies de la Santísima Virgen, ésta responde: "Sí; había una serpiente de color verdoso, con manchas amarillas". También observó que el globo en las manos de la Virgen estaba coronado por una pequeña cruz, que su semblante no era ni muy juvenil ni muy alegre, sino que indicaba gravedad mezclada con dolor, que la expresión de dolor desaparecía a medida que su rostro se irradiaba de amor, especialmente en el momento de su oración.

Nuestro intento de representar la visión fue un éxito, aunque el tinte de la túnica y el velo, el resplandor celestial del rostro, el esplendor de los rayos, siempre serán una imposibilidad para el arte; como la buena Hermana, mientras declaraba su satisfacción, traicionaba por su tono de voz y expresión la decepción que sentía por la impotencia de la habilidad humana para representar la belleza del original celestial.

Treinta y cinco años antes, M. Aladel había intentado en vano una representación de la misma aparición, como sabemos por un curioso fragmento, un pequeño diseño [10] que representa a la Virgen Inmaculada sosteniendo el globo, etc., tal como lo describe Sor Catalina. Su nota que dirige los detalles está en conformidad exacta con la descripción de la Hermana, excepto en un particular, el manto azul. Pero poco satisfecho con esta tentativa, que no daba más que una idea confusa de la aparición y de su propia impresión especial, renunció a la empresa y se atuvo al modelo conocido.

Podemos decir, con verdad, que nada puede igualar la belleza, la gracia, la expresión de ternura representada en la actitud de esta Virgen, cuyas miradas graciosamente abatidas y manos, llenas de bendiciones, la proclaman Madre, invitando a su hijito a arrojarse en sus brazos, o suplicando fervientemente al hijo pródigo que confíe en su misericordiosa mediación.

Esta imagen de la Madre Inmaculada, universalmente admirada y honrada, tiene una muda elocuencia que nunca deja de conmover el corazón; y, verdaderamente, puede ser llamada siempre la Virgen milagrosa. Si tuviéramos que citar sólo los que han llegado a nuestro conocimiento, un volumen sería insuficiente para contener una relación de todas las maravillosas conversiones, curaciones, marcas de protección, realizadas desde la aparición de esta visión hasta nuestros días.

La producción de nuevos modelos, representando a la Virgen Inmaculada en una actitud diferente, nunca debería suplantar a ésta, que es, por así decirlo, el tipo de todas las demás; ni debilitar la devoción que hasta ahora le ha sido concedida por la gratitud popular.

PROPAGACIÓN DE LA MEDALLA: SU MARAVILLOSA CIRCULACIÓN-INVESTIGACIÓN CANÓNICA ORDENADA POR MONS. DE QUÉLEN.

Ya hemos visto con qué desconfianza recibió M. Aladel las comunicaciones de Sor Catalina, y cómo vaciló en asumir la misión que se le proponía. Finalmente, tras una seria reflexión, después de consultar a personas ilustradas y con la autorización formal de Mons. de Quélen, arzobispo de París, decidió hacer acuñar la medalla de la Inmaculada Concepción. Esto ocurrió en 1832.

A la hora de representar los detalles relatados por la religiosa, se presentaron muchas dificultades. ¿En qué actitud debía representarse a la Santísima Virgen, que en la aparición tenía varias? ¿Debía tener un globo en las manos? Además, en un momento estaba envuelta [68] en ondas de luz, pero esto no podía reproducirse con gracia en un grabado. Después de una madura reflexión, se decidió adoptar el modelo ya existente de la Virgen Inmaculada, que la representa con las manos extendidas; a esto se añadieron los rayos luminosos que escapan de los anillos de sus dedos, el globo terrestre sobre el que está de pie y la serpiente que aplasta bajo sus pies. Alrededor del óvalo estaban inscritas estas palabras: "Oh María, sin pecado concebida, ruega por nosotros que recurrimos a ti". El reverso lleva la letra M, coronada por una cruz, y los Sagrados Corazones de Jesús y María debajo de la M, el primero rodeado de una corona de espinas, el segundo atravesado por una espada.

"Tan pronto como se acuñó la medalla, dice M. Aladel, circuló libremente, sobre todo entre las Hijas de la Caridad, que, sabiendo algo de su origen, la llevaban con gran confianza. Poco después, se la dieron a varios enfermos, seis de los cuales experimentaron resultados muy beneficiosos. Se produjeron tres curaciones y tres conversiones, unas en

París y otras en la diócesis de Meaux, todas de carácter muy repentino e inesperado. Y ahora se oyó por todas partes una gran demanda de la Medalla Milagrosa, la medalla que cura: madres de familia virtuosas que la regalaban como regalo de Año Nuevo a sus hijos, que la recibían con tanto gusto y la llevaban con tanto respeto que nadie podía dudar de cuánto la apreciaban sus inocentes corazones. Todos los piadosos se apresuraron a procurársela tan pronto como se supo que estaba a su alcance; pero el acontecimiento que más nos complace consignar aquí, y que más nos edificó en estos primeros días de propagación de la medalla, es que, en dos ciudades de la provincia, casi todos los jóvenes se unieron para llevar la medalla como salvaguardia de su juventud. Se enviaron cuatrocientas medallas de plata, para ser entregadas con este fin. Muy pronto, parroquias enteras de varios condados solicitaron a sus párrocos que les consiguieran medallas, y en París un oficial de alto rango compró sesenta para hermanos oficiales a petición de éstos.

"Así, las medallas de la Inmaculada Concepción circularon de una manera verdaderamente maravillosa, en todas las provincias y entre todas las clases; de todas partes oímos cosas muy consoladoras; sacerdotes llenos del espíritu de Dios nos escribieron que estas medallas reanimaban la piedad tanto en las ciudades como en el campo; grandes vicarios, que gozaban de la alta estima debida a su piedad e intelecto, prelados aún más distinguidos, nos aseguraban su entera confianza en las medallas, que consideraban como medios enviados por la Providencia para reanimar la fe tan sensiblemente debilitada en nuestra época; que en realidad despertaban diariamente la fe en muchos corazones aparentemente desprovistos de ella, que restablecían la paz y la unión en familias divididas por la discordia, en fin, que ninguno de todos los que llevaban la medalla había experimentado sino efectos muy saludables.

"El mismo Mons. de Quélen (cuya gran caridad le ponía en contacto con todas las clases) me dijo varias veces que había dado la medalla a numerosos enfermos de todas las condiciones de vida, y que nunca había dejado de reconocer los benditos resultados. Muy pronto los publica en una circular del 15 de diciembre de 1836, con motivo de la consagración de la iglesia parroquial de Nuestra Señora de Loreto. Es un hecho que estamos celosos de confirmar, y cuyo conocimiento deseamos que llegue incluso a las partes más remotas del mundo católico; en nuestra diócesis esta devoción se ha arraigado más profundamente con el tiempo; los afligidos aún afirman, aumentan y extienden su maravilloso progreso; los favores señalados, las gracias de curación, preservación y salvación parecen multiplicarse entre nosotros, en proporción a como imploramos la tierna piedad de María concebida sin pecado. Exhortamos a los fieles", añade al comienzo de la misma circular, "a llevar la medalla acuñada hace algunos años en honor de la Santísima Virgen" y a repetir con frecuencia la oración inscrita alrededor de la imagen: Oh María, sin pecado concebida, ruega por nosotros que recurrimos a ti".

"Además, en todas partes de Francia hemos sido testigos del creciente afán de los fieles de todas las edades, sexos y condiciones, por procurarse la Medalla Milagrosa. Cristianos descuidados, pecadores empedernidos, protestantes, impíos y hasta judíos, la pedían, la recibían con gusto y la llevaban con veneración religiosa.

"No sólo en Francia nos vimos obligados a admirar la propagación de la medalla; se extendió rápida y extensamente por Suiza, Piamonte, Italia, España, Bélgica, Inglaterra, América, en el Levante, e incluso en China. También se dice que en Nápoles, tan pronto como se enteraron de su existencia, el Capítulo Metropolitano envió algunas a uno de nuestros establecimientos en esa ciudad, que el rey hizo acuñar medallas de plata para toda la familia real y la corte, y un millón de otra medalla, que se distribuyeron durante el cólera, que la imagen es allí venerada en casi todas las casas, y la imagen en varias iglesias. En Roma, los superiores generales de las órdenes religiosas se esforzaron por difundirla, y el propio Sumo Pontífice la colocó al pie de su crucifijo. También recibimos una carta en la que se nos informaba de que Su Santidad la había regalado a varias personas como muestra particular de su afecto pontificio.

"Por otra parte, para estimar la propagación de esta medalla, basta consultar el registro del Sr. Vachette, a quien fue confiada la acuñación de la misma[11] Este examen muestra que, desde junio de 1832, hasta nuestros días, ha vendido: 1º, dos millones en plata u oro; 2º, dieciocho millones de un metal más barato. Según él, otros once fabricantes de París han vendido la misma cantidad; en Lyon, otros cuatro con los que él estaba familiarizado, por lo menos el doble; y en muchas otras ciudades, ya sean de Francia o de países extranjeros, la fabricación y las ventas son incalculables."

Impresionado por esta maravillosa propagación, y por la ansiedad universal de conocer el origen de la medalla, el piadoso Director de Sor Catalina publicó, en 1834, una breve noticia que contenía una breve narración de la aparición, y de las gracias obtenidas por medio de la medalla. Este libro se vendió rápidamente, y hubo que imprimir nuevas ediciones; cuando apareció la octava, en 1842, el número de ejemplares vendidos ascendía a ciento treinta mil, y cada edición sucesiva se incrementaba con relatos bien autentificados de muchos nuevos sucesos milagrosos.

Como consecuencia de todo esto, el venerable sacerdote se vio envuelto en una vasta y activa correspondencia, que, hasta el final de sus días, llenó su corazón de inefable consuelo, al pensar que así ayudaba al cumplimiento de las promesas de la Inmaculada María en todo el universo.

Entre las comunicaciones que recibió en el curso del año 1836, hubo una que le pareció la confirmación de la visión de Sor Catalina. La publicó en la noticia de la medalla. Era la visión de una religiosa suiza, favorecida ya con muchas gracias extraordinarias. La reproducimos aquí para edificación del lector:

"El 17 de agosto de 1835, primer día de su retiro, esta religiosa, en éxtasis después de la Santa Comunión, ve a Nuestro Señor sentado en un trono de gloria y con una espada en la mano. ¿Dónde vas y qué buscas? le preguntó. Respondió ella: "Oh Jesús, voy a Ti y sólo a Ti busco". Señor, en mí mismo te busco, en tu santa voluntad y por María". En esto desapareció Nuestro Señor, y la religiosa, despertando de su éxtasis, reflexionaba sobre sus palabras, cuando se le apareció de repente la Santísima Virgen, toda hermosa y resplandeciente. Llevaba en la mano una medalla, en la que estaba grabada su imagen y la inscripción: "Oh María, sin pecado concebida, ruega por nosotros que recurrimos a ti". Y de sus manos brotaban gavillas de luz. Estos rayos -le dijo María- son símbolos de las gracias que obtengo para los hombres". Giró entonces la medalla, y la religiosa vio en el reverso la letra M coronada por una pequeña cruz, debajo de la cual estaban los Sagrados Corazones de Jesús y de María. Lleva esta medalla -dijo la Reina del Cielo- y gozarás de mi especialísima protección; procura también que la lleven todos los que se encuentren en alguna necesidad apremiante, que se hagan esfuerzos para procurársela..... Prepárate, porque yo misma te lo pondré en la fiesta de mi amado siervo Bernardo; hoy lo dejo en tus manos'. La Santísima Virgen le reprochó después que había extraviado la medalla y que se había esmerado poco en encontrarla; la religiosa reconoció, en efecto, que la había recibido en julio y que, habiéndola perdido, en realidad no se preocupó por ella, considerándola como una medalla ordinaria, sin conocer su origen ni sus efectos hasta esta visión. Así lo atestigua la Superiora de la Comunidad. La Santísima Virgen cumplió su promesa, y el día 20 del mismo mes, fiesta de San Bernardo, colocó en el cuello de la religiosa, la medalla que ya había puesto en sus manos, recomendándole que la llevara respetuosamente, que repitiera con frecuencia la invocación y que se aplicara a la invitación de las virtudes de la Inmaculada.

"Durante su retiro, en agosto de 1836, ve la medalla todos los días, suspendida, por decirlo así, en el aire. Al principio, parecía muy alta, brillando unos instantes como el sol, luego como el oro; de nuevo, parecía no tan alta y era aparentemente de plata; finalmente, muy cerca de la tierra, y de un metal más bajo. La religiosa contempló admirada, aunque sin comprender el significado de esta visión, hasta Vísperas, cuando le fue explicada. Una voz dulce pero desconocida le preguntó cuál de estas medallas prefería. Ella respondió que la más brillante, y la misma voz, felicitándola por la elección que había hecho, le dijo que la medalla brillante como el sol era la de los fieles cristianos que, al llevarla, honran perfectamente a María y contribuyen a su gloria; la medalla de oro, la de las personas piadosas que tienen una tierna y filial devoción a María, pero que, guardándola en su corazón, no hacen sino avanzar ligeramente la causa de esta divina Madre; la medalla de plata, la de todos los que la llevan con respeto y devoción, pero que a veces carecen de constancia y generosidad en la imitación de las virtudes de María; finalmente, que la medalla de bronce, representaba la de todos, que contentándose con invocar a María, no se esmeran en seguir sus huellas, y así permanecen tristemente apegados a la tierra. La misma voz añadió que existe, sin embargo, una unión muy especial y peculiar entre estas diversas personas, marcada, podríamos decir, con el precioso sello de María Inmaculada; todas ellas se ayudan necesariamente de una manera muy particular por medio de la oración, de modo que con esta poderosa asistencia, la tercera puede elevar a la última, la segunda sostener a la tercera, y la primera, atraer así felizmente a todas las demás.

"Estos detalles nos han sido comunicados por la abadía de Nuestra Señora de los Ermitaños de Einsiedlen, tan famosa por las grandes virtudes de sus fervorosos religiosos y por la inmensa concurrencia de peregrinos que acuden a ella desde todas las partes del mundo".

Hasta entonces, la medalla sólo había recibido la aprobación verbal del arzobispo de París; era necesaria una autorización formal para asegurar a los fieles su autenticidad, y para ajustarse además a las leyes de la Iglesia, que exigen un juicio canónico antes de permitir la introducción de nuevas imágenes en el culto litúrgico. En consecuencia, se solicitó un examen jurídico para confirmar el origen de la medalla.

Mons. de Quélen accedió de buen grado, y por orden suya se inició una investigación el 16 de febrero de 1836, bajo la dirección de Mons. Quentin, Vicario General, Promotor de la diócesis; se prolongó hasta el mes de julio y tuvo no menos de diecinueve sesiones.

Todavía conservamos el proceso verbal de esta investigación. Comparecieron varios testigos, el principal de los cuales fue el Director de Sor Catalina, M. Aladel.

En el curso del proceso, el Promotor preguntó, por qué Dios había elegido a las Hijas de la Caridad para tan raro favor, y no uno de esos conventos notables por la observancia de una regla austera, como ayunos rigurosos, mortificaciones, etc. Pues no fue en una orden contemplativa, sino en la Casa Madre de esta modesta institución tan útil a la humanidad, en la capilla que durante mucho tiempo contuvo los restos mortales de San Vicente, el padre de los pobres, donde tuvo lugar la aparición que sirvió de modelo a la medalla.

Creemos que la razón de esta preferencia hay que buscarla en los dos usos observados entre las Hijas de la Caridad, desde el principio de su Sociedad; el primero, un acto de consagración a la Santísima Virgen en la fiesta de la Inmaculada Concepción; el segundo, el terminar cada decena de la coronilla con la siguiente profesión de fe: "¡Oh Santísima Virgen! Creo y confieso tu santa e inmaculada Concepción, pura y sin mancha. Oh Virgen Purísima! por tu pureza virginal, por tu Inmaculada Concepción y tu gloriosa cualidad de Madre de Dios, alcánzame de tu amado Hijo la humildad, la caridad, una gran pureza de corazón, de cuerpo y de alma, la santa perseverancia en mi querida vocación, el don de la oración, una vida buena y una muerte feliz."

Las pruebas admitidas en la investigación para establecer la autenticidad de la visión de la medalla, son:

1ª. El carácter de la Hermana -es una pobre joven campesina, sin educación ni talento- de piedad sólida pero sencilla, de buen juicio y de mente tranquila y sedada; percibimos enseguida que todo en ella excluye toda sospecha de engaño o ilusión. Para preservar mejor su incógnito, no permitirá que se mencione su nombre, e incluso se negó a comparecer ante el Promotor de la investigación.

2ª. La sabiduría del Director de la Hermana, que tomó todas las precauciones posibles para evitar el engaño, y que cedió a las reiteradas súplicas de su penitente, sólo por temor a desagradar a la Santísima Virgen, y por consejo de sus Superiores.

3º. La aparición no contiene nada, ni en su carácter ni en su objeto, que se oponga a las enseñanzas de la Iglesia, sino que, por el contrario, conduce a la edificación. Siendo varias veces renovada y siempre de la misma manera, podemos concluir que la imaginación de la Hermana no tuvo nada que ver con ella.

4. La maravillosa difusión de la medalla, confirmada por el testimonio del primer grabador, el Sr. Vachette, y la gran venta de ejemplares del anuncio, que alcanzó los 109.000 en dieciséis meses, como lo atestigua el editor, el Sr. Bailly, deben considerarse como una confirmación de su origen sobrenatural.

5º. Las gracias extraordinarias obtenidas por mediación de la medalla, curaciones y conversiones, varias de las cuales están legalmente atestiguadas por la deposición de testigos fidedignos, que comparecieron ante el Promotor y firmaron el proceso verbal, dan una última prueba al hecho que se pretendía establecer, a saber, que la Medalla Milagrosa debe ser de origen divino. Tal es la conclusión formal, en el informe dirigido al Arzobispo por el Promotor, al final de la investigación.

Desgraciadamente, la autoridad eclesiástica no se pronunció; no sabemos por qué la investigación no recibió la sanción a la que aparentemente conducía. La muerte de Mons. de Quélen, a finales del año 1839, hizo que se abandonaran todos los procedimientos. Todo permanece aún en el dominio de las devociones privadas, y el modelo de la Virgen Inmaculada, con sus atributos simbólicos, no está aún autorizado como objeto de veneración pública en las iglesias.

Esta deplorable omisión es tanto más difícil de comprender cuanto que, personalmente, Mons. de Quélen se interesó seriamente por la aparición de 1830, cuyo ámbito comprendía. Fue él quien instó a M. Aladel a hacer acuñar la medalla; expresó el deseo de tener algunas de las primeras; las recibió y experimentó su eficacia. Antes de ordenar la investigación, había convocado a la Madre General de las Hijas de la Caridad, junto con las oficiales que formaban su consejo, y otras Hermanas bien versadas en los asuntos de la Comunidad, para saber de ellas qué usos de la Comunidad podían haber atraído sobre ella un favor como el que la Santísima Virgen acababa de conceder. No contento con poseer la Medalla Milagrosa, el piadoso prelado tenía en su cámara una estatua de la Inmaculada Concepción según el modelo de la Hermana. Fue fundida en bronce, bajo sus propios ojos, ya que deseaba asistir a la operación. Cuando, en 1839, se celebró por primera vez en la diócesis de París la octava solemne de la Inmaculada Concepción, esta estatua, en un trono rodeado de flores, fue expuesta a la veneración de los fieles. El 1 de enero de este mismo año, consagró su diócesis a María Inmaculada.

Para conmemorarlo, mandó pintar un cuadro que lo representa de pie a los pies de la estatua de María, con los ojos fijos en ella con amor y confianza. La estatua descansa sobre un globo que lleva estas palabras: "Virgo fidelis". Sobre el cuadro está inscrita la invocación: "Regina, sine labe concepta, ora pro nobis".

En la fiesta de la Asunción, presentó este cuadro a su capítulo, para que fuera, dijo, un monumento de su devoción y de la del capítulo de París a la Inmaculada Concepción de la Madre de Dios[12].

Una medalla, fechada el 1 de enero de 1839, reproduce esta imagen en una de sus caras. En la otra, una vasija, zarandeada por la tempestad, y una estrella que la guía hacia el remanso de paz. Estas palabras de San Bernardo: "Respice stellam, voca Mariam"[13] explican la alegoría. Las líneas siguientes completan la explicación:

"Vana, Hyacinthe, furit; Stella maris auspice, vincis"[14].

DESARROLLO DE LA DEVOCIÓN A LA INMACULADA CONCEPCIÓN

El fin principal de la aparición de la Santísima Virgen a Sor Catalina era desarrollar entre los fieles la devoción a la Inmaculada Concepción; y la medalla fue el instrumento utilizado para lograrlo. Su influencia fue tan pronta y perceptible que, en el año 1836, el Promotor encargado de dirigir la investigación canónica le atribuyó, en gran medida, el maravilloso desarrollo de la devoción a la Virgen Inmaculada. Este piadoso impulso, una vez firmemente arraigado, siguió aumentando en todo el mundo; pero, según los caminos ordinarios de la Providencia, mientras los efectos llamaban la atención de todos, la causa se olvidaba, se olvidaba sobre todo que Dios había elegido a una modesta Hija de la Caridad para reavivar en la Iglesia la devoción a la Santísima Virgen. La medalla era conocida en todas partes, era llevada por todos, realizaba innumerables prodigios, pero ¿de dónde venía? A nadie se le ocurrió preguntárselo. Es milagrosa; ese epíteto incluye su nombre, su origen, su valor, y la humilde Hija que la recibió de María, para otorgarla a la humanidad, admira en silencio estos asombrosos resultados, y dice, como su bendito Padre: "No soy en todo esto más que un vil instrumento, no puedo atribuirme nada de la gloria sin cometer un acto de injusticia".

La augusta Virgen había dicho que las gracias obtenidas para la humanidad por su intercesión serían particularmente abundantes en Francia. Los acontecimientos han demostrado la realidad de la promesa. Sobre todo en Francia se ha propagado la medalla, se han multiplicado los milagros y se ha desarrollado más rápidamente la devoción a la Inmaculada Concepción; puede decirse, con verdad, que ese país ha merecido, en efecto, el título de reino de María. Como, entre todas las diócesis francesas, París fue la favorecida con estas apariciones de la Santísima Virgen, así también fue París la que inauguró el movimiento religioso. Fiel eco de las antiguas tradiciones de la Iglesia sobre la Inmaculada Concepción, prelado cuya piedad igualaba a su nobleza de carácter, y cuya virtud recibía un nuevo brillo del fuego de la persecución, Mons. de Quélen se distinguió entre todos los obispos por su celo en honrar el privilegio tan caro a María. Testigo de la influencia ejercida por la medalla sobre la devoción sensiblemente creciente de los fieles a María sin pecado concebida y sorprendido por los frutos ya abundantes de esta devoción en la conversión de los pecadores, el piadoso arzobispo se llenó de alegría. Incitado por la justa esperanza de ver aún más abundantemente multiplicados los dones del Cielo, si la devoción a María se producía bajo nuevas formas, dirigió una petición al Soberano Pontífice con el fin de obtener de Su Santidad: 1º. Celebrar solemnemente, el segundo domingo de Adviento, la Inmaculada Concepción de María, para que la devoción se mantuviera y fortaleciera entre los fieles; 2º. Añadir al prefacio: Et te in Immaculata Conceptione; 3º. Una indulgencia plenaria, a perpetuidad, para este mismo día.

Nuestro Santo Padre, el Papa Gregorio XVI, aprobó la petición del Arzobispo, y la concedió por un rescripto del 7 de diciembre de 1838. Los privilegios que acababa de obtener, en honor de María, concebida sin pecado, este venerable prelado los publicó gozosamente el primero de enero siguiente en una circular solemne, que describe claramente su eminente piedad. La reproducimos aquí para edificación de nuestros lectores:

"Circular del Arzobispo de París a propósito de la fiesta de la Inmaculada Concepción de la Bienaventurada Virgen María, Madre de Dios.

"Hyacinthe Louis De Quélen, por la divina misericordia y gracia de la Santa Sede Apostólica, Arzobispo de París, etc.

"Al clero y fieles de nuestra diócesis, salud y bendición en nuestro Señor Jesucristo.

"No queremos, amadísimos hermanos, esperar a que termine el año que hoy comienza, y que nos atrevemos a considerar como fecundo en toda clase de bendiciones espirituales, para anunciaros el nuevo favor que acabamos de recibir de la Santa Sede Apostólica, tanto nos ha gustado persuadirnos de que la alegría de vuestros corazones será igual a la nuestra, tan seguros estamos de que este favor es para nosotros, presagio de gracias multiplicadas, y que se convierte en adelante para nuestra diócesis en fuente abundante de santificación y salvación.

"Apresurémonos a proclamar este favor: se trata de la devoción a nuestra augusta Reina, Madre y Señora, la Santísima e Inmaculada Virgen María, honrada especialmente en el misterio de su purísima Concepción.

"María fue concebida sin pecado: He aquí lo que la Iglesia católica, lo que la Iglesia infalible, lo que la verdadera y única Iglesia de Jesucristo nos autoriza a enseñar, sin por ello declararlo artículo de Fe,[15] lo que nos impide negar públicamente, lo que inculca a todos los fieles, cuando en su concilio general, declara, proclama, que en el decreto que trata del pecado original, su intención es no incluir en él a la Santísima e Inmaculada Virgen María, Madre de Dios. [16] He aquí lo que los Soberanos Pontífices nos permiten decir: que siempre, y con el fin de alimentar la piedad de los siervos de María, que la invocan recordando el primero de sus privilegios, el que más se acerca a la santidad de Dios, siempre se dignan secundar estas oraciones, y abren celosamente el tesoro de las indulgencias, de las que son los dispensadores supremos, en favor de una devoción tan legítima.

"María fue concebida sin pecado. Mirad lo que la Iglesia de París se gloría de profesar y mantener; lo que sus Doctores tienen el honor de enseñar y defender; lo que sus hijos están celosos de conservar como una de sus posesiones más queridas después de los dogmas sagrados de la fe; lo que no vacilan en considerar como una con[83]secuencia inmediata de su fe, no creyendo posible separar en María el título de Virgen Inmaculada del de Virgen Madre de Dios, y no considerando posible negar el privilegio de una Concepción sin mancha, a la que había de recibir, y de hecho recibió, el de la Maternidad divina. He aquí qué respeto y amor por el Verbo hecho Carne, inspiran por el seno casto que el Altísimo santificó, porque allí había de descender, y allí revestirse de nuestra naturaleza, allí hacerse hombre por la operación del Espíritu Santo.

"María fue concebida sin pecado. He aquí lo que durante años se ha repetido miles y miles de veces, no sólo en esta gran ciudad o diócesis, sino en todas partes de Francia, entre los extranjeros y en los países más lejanos. He aquí el grito de esperanza que los peligros sufridos, las necesidades públicas o privadas, han arrancado de bocas acostumbradas a bendecir a Dios y a celebrar las alabanzas de su Santa Madre. He aquí lo que se ha escrito, grabado, depuesto religiosamente, allí donde había que pedir favores espirituales o temporales, gracias de protección, de curación o de conversión; a la entrada de las ciudades, a las puertas de las moradas, en el pecho de los enfermos, en el lecho de los moribundos. He aquí lo que, sobre todo en estos últimos tiempos, ha arraigado tan profundamente en todos los corazones cristianos, lo que ha recibido un impulso extraordinario, lo que se ha propagado de manera tan notable, lo que parece justificar además (el hecho ya no puede disimularse) las innumerables gracias obtenidas mediante la invocación de María sin pecado concebida.

"María fue concebida sin pecado. He aquí lo que la casta generación ha tomado la piadosa costumbre de colocar sobre su corazón con el signo de la cruz como un broquel impenetrable contra los dardos encendidos de Satanás, y bajo el cual se escudan su inocencia y su virtud. He aquí lo que la inspira, la fortifica, la hace invencible en los combates con el demonio de las tinieblas; lo que la hace victoriosa de todas las seducciones del mundo y de los ataques del infierno; lo que la atrae, lo que la lleva a seguir a María en el camino de la perfección angélica, y la hace gustar aquella palabra celestial que no a todos es dado comprender; en fin, ¡he aquí! lo que en todas partes y en todas las condiciones, llena de santa emulación a las almas verdaderamente piadosas; lo que las anima a caminar con constancia por los caminos de la justicia; lo que les comunica un justo horror al pecado y la más alta estima por la gracia santificante, de la cual la Virgen Inmaculada es para ellas el espejo fiel y el santuario venerable.

"Y he aquí también, carísimos hermanos, lo que nos ha impulsado y determinado a considerar como un consuelo, un deber de nuestro episcopado secundar vuestra piedad en este sentido, al mismo tiempo que satisfacemos nuestra devoción a esta Virgen Inmaculada, a la que somos deudores de muchos y señalados beneficios. No nos ha parecido un celo temerario suplicar a nuestro Santo Padre, el Papa, que se digne confiarnos los medios de aumentar la devoción a María Inmaculada en su Concepción, para hacerla más fácil y, por tanto, más popular. La fiesta de la Concepción de la Santísima Virgen, siendo ahora en Francia la única de devoción, hemos temido que, aunque no se borrara gradualmente su recuerdo, se descuidara insensiblemente y disminuyeran los frutos de santificación y salvación.

"El Soberano Pontífice se ha dignado acceder a nuestra humilde petición. El rescripto que hemos recibido, carísimos hermanos, atestigua suficientemente cómo han sido acogidas nuestras peticiones, atendidas nuestras oraciones, sobre qué fundamento descansan las disposiciones que vamos a prescribir, y las ventajas que hemos tenido razón de esperar de ellas. Anhelamos, sí, anhelamos, por viva gratitud, por tierno amor a María, dar rienda suelta a nuestros transportes y saludarla solemnemente con el título de Inmaculada en su Concepción aquel día, por lejano que parezca a nuestros corazones, en que se nos permita proclamarlo gozosamente ante los fieles reunidos, y durante la celebración de los santos misterios.

"¡Oh María! tú a quien la sabiduría poseyó en el principio de tus caminos, nube divinamente fecunda, siempre en luz y nunca en sombra, nueva Eva, que aplastaste la cabeza de la serpiente infernal; valerosa Judit, gloria de Jerusalén, alegría de Israel, honor de tu pueblo, amable Ester, exenta de la ley común que oprime como un yugo de anatema a todos los hijos de Adán, llena de gracia, bendita entre todas las mujeres. Oh María, concebida sin pecado, ruega por nosotros que recurrimos a ti. Por tu Santísima Virginidad y tu Inmaculada Concepción, ¡oh Santísima Virgen! alcánzanos la pureza de corazón y de cuerpo, en el nombre del Padre, del Hijo y del Espíritu Santo. Amén".

Pero esto no satisface la piedad del prelado; suplica también al Soberano Pontífice que la creencia en la Inmaculada Concepción se exprese en las letanías de la Santísima Virgen. El Santo Padre accede a esta petición y permite que se añada a las letanías la invocación "Regina sine labe concepta, ora pro nobis". Luego Monseñor, en una nueva circular del 24 de junio, ordena que el domingo siguiente a su recepción, esta invocación se cante tres veces en la Bendición, y en lo sucesivo se cante o recite cada vez que se canten o reciten las letanías, añadiendo que ningún libro de oraciones sin esta invocación insertada en las letanías tendría su aprobación. El prelado exhortó también a todo el clero, párrocos y otros, a inculcar en los fieles la devoción a la Inmaculada Concepción, recomendando el uso de la fórmula: "Regina sine labe concepta, ora pro nobis".

Por fin, viendo acercarse aquella época tan querida y solemne, no pudo abstenerse, a pesar de su extrema debilidad y de los violentos sufrimientos de una enfermedad mortal, de dar rienda suelta a sus sentimientos en una tercera circular, que muestra al mismo tiempo su celo por el honor de la Virgen Inmaculada y su infatigable solicitud por el bienestar de su rebaño.

La fiesta y la octava de la Inmaculada Concepción, anunciadas y preparadas con tanto celo por el piadoso Obispo, se celebraron con extraordinaria solemnidad en todas las iglesias de la diócesis de París, y especialmente en Notre Dame. Fue uno de los últimos consuelos que este gran prelado disfrutó en la tierra. Murió el 31 de diciembre, coronando una vida rica en virtudes y sacrificios, con un acto de homenaje filial a María Inmaculada y un último testimonio de tierna solicitud por el rebaño que estaba a punto de dejar. Amó a este rebaño durante la vida, y antes de morir, lo confía a la caridad inagotable del Corazón Inmaculado de la Madre de Jesús, lo oculta bajo el manto de su pureza, para sentirse seguro de la victoria sobre los enemigos de su felicidad. Había consagrado su persona, su diócesis y toda Francia a esta Virgen, concebida sin pecado. ¿No debía el venerable prelado a su maternal protección aquella generosa sumisión, aquella admirable tranquilidad, aquel tierno amor y aquella dulce serenidad de los justos, cuando se cernía al borde de la eternidad? En ti, oh María, había puesto toda su confianza en aquel último momento, a ti te invocó como a la Estrella del Mar que había de guiarle al Cielo, y bajo tus auspicios alzó su hermosa alma el vuelo hacia el seno de su Dios.

Emulando el ejemplo del ilustre Arzobispo de la capital, los demás Arzobispos y Obispos de Francia solicitan a la Santa Sede los mismos privilegios, publicándolos en sus respectivas diócesis mediante circulares solemnes, y proclamándolos como una nueva fuente de bendición para el pueblo. Así, en el mismo año 1839, los Arzobispos de Toulouse y Bourges, los Obispos de Montauban, Pamiers, Carcassonne, Fréjus, Châlons, Saint-Flour y Limoges; en 1840, el cardenal arzobispo de Ruán, el arzobispo de Lyon y Besançon, los obispos de Bayeux, Évreux, Séez, Coutance, Saint-Dié, La Rochelle, Tulle, Ajaccio, Nantes y Amiens; en 1841, el arzobispo de Burdeos, los obispos de Versalles, de Nîmes y Luçon, Mende y Périgueux. Estamos plenamente persuadidos, e incluso seguros, del hecho de que un gran número de diócesis de Francia solicitaron y obtuvieron los mismos privilegios; pero sólo citamos aquellas de las que nosotros mismos hemos tomado nota.

"¡Cuáles deberían ser nuestros transportes de alegría, confianza, admiración y gratitud, ante este tributo universal de honor y homenaje a la Virgen concebida sin mancha! Toda la tierra se une al Cielo en un concierto de alabanza y de acción de gracias, proclamando que María ha sido concebida sin pecado; todos los corazones rivalizan en la celebración de los señalados favores, de las curaciones milagrosas y de las conversiones que Dios se ha dignado conceder a los que invocan a la Santísima Virgen bajo el título de Inmaculada en su Concepción." (Circular del Arzobispo de Bourges.)

"Este nuevo brillo otorgado a la devoción a María concebida sin pecado, debe consolar a la religión y elevar nuestras esperanzas.... Oh! en esta región desolada, ¡cómo deberíamos alegrarnos de ver aparecer en el Cielo, si no un presagio del fin de todos los combates, al menos la prenda de nuevos triunfos y nuevas conquistas!". (Circular del Arzobispo de Digne.)

Que esta hermosa devoción, poderosa para atraer las bendiciones del Cielo sobre la tierra, aumente siempre. Imploremos fervorosamente a la Inmaculada Madre de Dios que la encienda en todos los corazones, que bendiga a esa Francia cuya protectora tantas veces ha demostrado ser, que conserve y aumente en ella la fe y la piedad, y que haga de todos los hijos de Francia una sola familia, unida por los lazos de la religión y de la caridad. Imploremos también la misma gracia para todos los países, para todos los pueblos. Que cada uno de nosotros lleve el precioso signo de su ternura maternal, esta Medalla Milagrosa, que, recordando el primero y más glorioso de sus privilegios, nos da como prenda de todos sus favores.

¡Oh, si conociéramos el don de nuestra Madre! ¡Oh, si comprendiéramos el exceso de su generosidad! ¿No parece que anhela darnos a conocer, cuando nos muestra la abundancia de sus riquezas y los prodigios de su liberalidad, en esos rayos de gracia que derrama sobre nosotros como un diluvio de amor y misericordia? ¿No nos desvela también el misterio de su caridad, en la imagen de su corazón unido al del divino Jesús? ... El mismo fuego los consume, el mismo celo los devora, sedientos de nuestra salvación. Esta unión de amor y sacrificio está muy claramente representada por la augusta inicial de María unida al sagrado signo de la cruz sobre los dos corazones, como testimonio auténtico, de la cooperación de la Madre del Salvador en la salvación del género humano.

Llevad, pues, hijitos, esta querida medalla, este precioso recuerdo de la mejor de las madres; aprended y amad a decir: "¡Oh María! sin pecado concebida, ruega por nosotros que recurrimos a ti".

Estrella de la mañana, ella estará encantada de guiar tus primeros pasos y de mantenerte en las sendas de la inocencia. Llévala, joven cristiano, y en medio de los innumerables peligros que acechan en tus caminos repite con frecuencia: "¡Oh María, sin pecado concebida, ruega por nosotros que recurrimos a ti!". Virgen fidelísima, ella os preservará de todo peligro. Llevadla, padres y madres; decid a menudo: "¡Oh María! sin pecado concebida, ruega por nosotros que recurrimos a ti". Y la Madre de Jesús derramará sobre vosotros y vuestras familias las más abundantes bendiciones. Llevadla, ancianos y enfermos; decid también: "¡Oh María! sin pecado concebida, ruega por nosotros que recurrimos a ti". Auxilio de los cristianos, ella os ayudará a santificar vuestros sufrimientos y los últimos años de la vida. Llevadla, almas consagradas a Dios, y no dejéis nunca de repetir: "¡Oh María! sin pecado concebida, ruega por nosotros que recurrimos a ti". Reina de las Vírgenes, Ella implantará en el jardín de vuestro corazón aquellos frutos y flores que constituyen las delicias del Esposo, y que formarán vuestra corona en las nupcias del Cordero. En medio de las pruebas y tribulaciones de la vida, invoquemos a María, sin pecado concebida, y nuestras lágrimas se secarán, nuestros sufrimientos se apaciguarán, nuestras penas se endulzarán, porque Ella dispensa el rocío de todas las gracias. En nuestros combates contra el demonio, el mundo y la carne, recurramos a María, sin pecado concebida; Fuerza de los combatientes y Corona de los vencedores, ella nos escudará contra sus asaltos más violentos y nos asegurará la victoria; pero ¡oh! cuando estemos al borde de ese momento que nos convoca ante el Soberano Juez, entonces debemos invocar especialmente a María, sin pecado concebida, y ella misma, a quien la Iglesia llama Puerta del Cielo, recibirá nuestro último suspiro e introducirá nuestra alma en la morada de la gloria y de la felicidad perfecta.

Y vosotros también, pobres pecadores, aunque cubiertos con las heridas del pecado, sepultados en los abismos más profundos de la pasión, el brazo de un Dios vengador levantado para descender sobre vuestra cabeza culpable, la desesperación apoderándose de vuestra alma, levantad los ojos a la Estrella del Mar; no estáis privados de la compasión de María; tomad la medalla, gritad desde lo más profundo de vuestro corazón: "¡Oh María, concebida sin pecado, ruega por nosotros que recurrimos a ti!". Refugio indefectible de los pecadores, su mano caritativa aplicará a vuestras crueles heridas un ungüento sanador; os rescatará de las profundidades en que habéis caído, apartará los formidables golpes de la justicia divina, derramará sobre vuestra alma el bálsamo de la dulce esperanza, os guiará de nuevo por las sendas del bien y os conducirá hasta el remanso de una eternidad bienaventurada.

Ojalá que todos pudieran probar este medio de salvación; las sombrías sombras de la muerte voluntaria pronto dejarían de aterrorizar nuestras ciudades y distritos rurales. Sí, la breve oración: "¡Oh María, sin pecado concebida, ruega por nosotros que recurrimos a ti!", hecha con fe, desterraría, incluso en medio de la violenta agitación de un pensamiento homicida, al tentador; una simple mirada a la medalla de la Inmaculada disiparía la desesperación. "Nadie se suicida bajo la mirada de una madre", decía con mucha verdad, Su Eminencia, el Cardenal Arzobispo de Rouen. Y lo mismo podría decirse de muchos otros crímenes cotidianos.

¡Oh! vosotras, cuyas almas son cruelmente afligidas noche y día, virtuosas esposas, que derramáis ardientes lágrimas por la irreligión de un marido tiernamente amado; doloridas madres, que deploráis amargamente las andanzas de un niño criado en el seno de una familia eminentemente cristiana, pero arrastrado por el torbellino de los malos ejemplos; piadosas hermanas, que rezáis ferviente e incesantemente por la conversión de un hermano, que en otro tiempo, como vosotras, gozó de los dulces consuelos de la religión; hijos cristianos, que lamentáis secretamente la indiferencia de un padre que parece haber perdido, desde hace mucho tiempo, el precioso don de la fe, consolaos; una nueva esperanza se os ofrece, y os llega por las benéficas manos de María; ofreced, regalad la imagen de esta tierna Madre a los queridos objetos de vuestra solicitud; el pensamiento de esta preciosa medalla o una mirada a ella, desterrará muchas tentaciones, pues podemos decir con verdad tanto del alma como del cuerpo, "nadie se suicida bajo los ojos de una madre". " Si rechazan vuestro ofrecimiento, no desesperéis; María se abrirá camino hasta esos corazones endurecidos y, a pesar suyo, los tomará bajo su protección; imitad el piadoso ardid de muchos otros, que en una situación de extremo parecido, han deslizado sigilosamente la preciosa medalla bajo la almohada del enfermo impenitente al borde de la muerte; imitad a esas madres, a esas esposas, a esas hijas cristianas, que ocultaron cuidadosamente entre las ropas de ese niño, de ese esposo, de ese padre, la medalla que se habían negado a llevar, haced esto, y un día apreciarán la prenda de vuestra piedad y de vuestra ternura. No, no, nunca nadie lleva en vano, la medalla de aquella a quien la Iglesia aplica estas palabras de la Escritura. "Quien me encuentre, encontrará la vida y obtendrá la salvación del Señor". [17]

Pero no basta llevar la medalla como mera prenda del amor de María Inmaculada; hay que considerarla también como una ayuda para alcanzar la perfección. Esta Madre, toda amable, se propone a nuestra imitación, se pone, en cierto modo, ante nuestros ojos, para que viéndola tan pura y perfecta, nos sintamos atraídos por sus encantos. Es la imagen de su belleza y de su bondad que nos trae del Cielo. Es un espejo en el que aprendemos a conocer al Sol de Justicia, por las perfecciones con que ha enriquecido a su divina Madre.... Es, por un lado, la imagen de lo que debemos ser y, por otro, una lección elocuente de lo que debemos practicar. La resplandeciente pureza de María Inmaculada, nos revela la belleza de nuestra alma, creada a imagen del Dios tres veces santo, y excitando en nosotros el amor de aquella amable virtud que nos hace semejantes a los ángeles, nos inspira necesariamente el más vivo horror al mal, y nos hace rehuir las más leves imperfecciones, porque empañan esta divina semejanza.

Y, como si no bastara con excitar nuestro fervor a la vista de su belleza deslumbrante, esta Virgen fiel nos descubre el medio de conservar la inocencia o de recuperarla, si hemos tenido la desgracia de perderla. Esta es la lección de las figuras simbólicas grabadas en el reverso de la medalla: "Nada se escribirá en el reverso de la medalla; ... lo que ya está allí dice bastante al alma cristiana". El Sagrado Corazón de Jesús y María colocados bajo la cruz nos dicen que la pureza se conserva o se restaura por el amor y la unión con nuestro Señor.... El amor cubre una multitud de pecados; el amor es el vínculo de la perfección, la consumación de todas las virtudes.... El amor asegura la fidelidad. Debe ser más fuerte que la muerte para hacernos morir al mundo, al pecado y a nosotros mismos, para que estemos unidos inseparablemente a Jesús crucificado. Hay también otra lección que aprender: la que enseña el santo nombre de María, unido a la señal de la cruz. Se coloca sobre los dos corazones porque el verdadero amor lleva al sacrificio; inmola, sujeta, clava a la cruz de Jesucristo, y esta unión de sufrimientos en la tierra es prenda de una unión gloriosa y eterna en el más allá.

Hijos de María, responded a su amorosa ternura; sed dóciles a las saludables lecciones de nuestra divina Madre, reconoced agradecidos este testimonio inapreciable de su ingeniosa liberalidad. Acudid a María con la sencillez de un niño, que se aferra amorosamente a su mano generosa hasta obtener el objeto de sus deseos. En medio de todas las tempestades de la vida, fija tus ojos en esta Estrella del Mar. Invocad a María; buscad siempre su amable protección; nunca se negará a escuchar nuestras súplicas. Que su recuerdo y su amor reinen siempre en nuestra mente y en nuestro corazón. Que repitamos sin cesar esta dulce invocación: "¡Oh María, sin pecado concebida, ruega por nosotros que recurrimos a ti!", y cuando nos falten las fuerzas y el habla, que la Medalla Milagrosa sea apretada contra nuestros labios moribundos, y que el último latido de nuestro corazón proteste que deseamos morir murmurando: "¡Oh María, sin pecado concebida, ruega por nosotros que recurrimos a ti!".

GRACIAS EXTRAORDINARIAS OBTENIDAS POR MEDIO DE LA MEDALLA MILAGROSA

I.

Gracias obtenidas de 1832 a 1835.

"Bendecid al Dios del cielo", dijo el ángel a Tobías y a su hijo; "cantad sus alabanzas entre toda la humanidad por las bendiciones con que os ha colmado, pues es bueno ocultar el secreto del rey, pero es glorioso revelar y publicar las obras de Dios. Elenim sacramentum regis abscondere bonum est; opera autem Dei revelare et confiteri honorificum est"[18] ¡Bendito sea, pues, siempre y en todas partes, el Dios del cielo y de la tierra, por los innumerables beneficios que ha tenido a bien conferirnos por medio de María! Adoremos el misterioso destino de la Madre del Rey de Reyes, "que por este título merece verdaderamente el nombre de Reina", dice San Atanasio; y no robemos ni a Dios ni a María el honor y la gloria que les son debidos. Publiquemos las obras de poder y de bondad del Señor para con el hombre por mediación de la Virgen Inmaculada, a quien Él ha constituido Depositaria y Dispensadora de los tesoros de su misericordia, esa misericordia que abarca tanto nuestras debilidades corporales como nuestras necesidades espirituales.

El relato de las gracias extraordinarias obtenidas por medio de la Medalla de la Inmaculada Concepción será para todas las almas cristianas fuente de preciosas bendiciones. A la vista de estos prodigios de misericordia, de estas maravillosas curaciones y conversiones, el lector se sentirá impulsado a dar gracias a Dios y a glorificar a su Santa Madre; los que ya han amado a María se sentirán incitados a un amor aún mayor; los cristianos descuidados, los que son probados por el sufrimiento, los que tienen la desgracia de encontrarse en estado de pecado, sentirán despertada su confianza, e invocarán con ternura a Aquella a quien la Iglesia tan justamente llama Salud de los débiles, Refugio de los pecadores, Consolador de los afligidos.

La experiencia lo demuestra. Todos saben, además, que un ejemplo de virtud o un acontecimiento que revele claramente la acción de Dios, actúa mucho más poderosamente sobre el alma que una simple consideración del tema o una serie de argumentos. "Verba movent, exempla trahunt -las palabras pueden mover, el ejemplo atraer".

También esperamos algo más de la publicación de estos relatos: esperamos con ellos convencer a los fieles de que el título más querido de María es el de Inmaculada, y que Ella no sabe rechazar las peticiones de quienes, con fe viva, la invocan con este título tan querido. Es, además, la Iglesia de Roma la que revela así, por decirlo así, toda la ternura misericordiosa del Corazón de María, y nos presenta la devoción a su Concepción inmaculada como el medio seguro de enriquecernos con los tesoros inagotables de ese Corazón y según todas nuestras necesidades. "Sacra Virgo Maria ... sentiant omnes tuam juvamen quicumque celebrant tuam sanctam Conceptionem"[19]; y ciertamente esta oración de la Madre de todas las Iglesias -oración que podríamos fácilmente calificar de profética- ha sido atendida desde hace mucho tiempo. Recientemente hemos visto una compilación, hecha en 1663 por un padre jesuita, con la aprobación del Ordinario, que contiene un relato de sesenta y dos conversiones o curaciones efectuadas en diferentes lugares por la invocación de María concebida sin pecado, y aparentemente nada menos que milagrosa. También es un hecho bien conocido, mencionado en la vida de B. Peter Fourrier, fundador de la Congregación de Notre Dame, que estas simples palabras, "María fue concebida sin pecado", usadas con fe, aliviaron a una multitud de enfermos durante una epidemia. Los mismos medios obtuvieron una protección no menos visible en Nemours, cuando esa ciudad estaba en peligro inminente de ser saqueada, y en París en 1830. Pero nos limitaremos a las gracias obtenidas por medio de la Medalla Milagrosa. Nuestra elección de ejemplos mostrará que, al conceder favores especiales a Francia, la Inmaculada María da pruebas no menos sorprendentes de su protección en otros países donde la medalla es conocida y usada piadosamente.

Entre los rasgos de protección obtenidos por medio de la medalla en la diócesis de París, nueve (tres conversiones y seis curaciones) fueron objeto de un examen detallado y pronunciados verídicos por el Promotor en la investigación de 1836. Los mencionamos en esta edición, añadiendo al título de cada uno la palabra-Atestiguado.

Hemos omitido aquí algunos incidentes impresos en la edición de 1842, para insertar (sin aumentar mucho el tamaño del volumen) relatos más recientes igualmente fiables, probando así que la medalla no es menos milagrosa en nuestros días que en la época de la aparición.

Las gracias extraordinarias de que ha sido instrumento, habrían formado una serie ininterrumpida desde el año 1832 hasta el presente, si desgraciadamente, por descuido de no tomar nota de ellas, no se hubiera deslizado un intervalo de varios años en los documentos que poseemos.

En el futuro, Dios lo quiera, no se producirá tal omisión, y todos los relatos autentificados que lleguen a nuestro conocimiento serán cuidadosamente registrados para gloria de María sin pecado concebida y edificación de sus siervos.

CONVERSIÓN DE UN SOLDADO EN ALENÇON-1833.

El 14 de abril de 1833, fue llevado al hospital de Alençon (Orne) un soldado enfermo, procedente del hospital de Vitré (Ile-et-Vilaine). Su impiedad allí había afligido mucho a las hospitalarias señoras de San Agustín, encargadas de ese establecimiento, circunstancia que nos fue comunicada por personas que presenciaron la manera insultante con que recompensaba las amables atenciones de su infalible caridad. Llegados al hospital de Alençon, pronto vimos lo que era: irreligioso, impío y brutalmente grosero. El capellán se apresuró a visitarle y a condolerse con él de sus sufrimientos; y como la apertura del Jubileo preparaba muy naturalmente el camino para unas palabras sobre esa gracia extraordinaria, exhortó suavemente al enfermo a imitar el ejemplo de otros soldados que se disponían a aprovecharla, pero sus palabras fueron contestadas con insultos. El capellán no insistió y se contentó durante varios días con visitarle y compadecerse amablemente de sus sufrimientos; el enfermo apenas respondía y parecía muy molesto, incluso por las visitas.

Las Hijas de la Caridad encargadas de este hospital no obtuvieron mejor trato, a pesar de las amables atenciones que le prodigaron. Su mal aumentó; viendo que se le hacía muy necesario recibir los consuelos de la religión, el capellán le instó de nuevo a que hiciera las paces con el buen Dios, pero fue contestado con blasfemias. "¡Ah! sí, el buen Dios, poco se preocupa de mí". En respuesta a esto, el abate hizo algunas observaciones llenas de caridad, y el paciente continuó: "A vuestro buen Dios no le gustan los franceses; decís que es bueno y que me ama; si me amase, ¿me afligiría así, si lo merezco?". Estos arranques de impiedad no hicieron más que inflamar el celo caritativo del ministro de un Dios muerto por los pecadores, e inspirarle un lenguaje forzado, para describir la justicia y la bondad misericordiosa del Señor. El enfermo no tardó en interrumpirle con invectivas: "Usted me preocupa; déjeme en paz; váyase de aquí; no necesito ni de usted ni de sus sermones", y se dio la vuelta para no ver al sacerdote. Su trato con las Hermanas no fue mejor; y continuó profiriendo las más horribles blasfemias contra la religión y contra quienes se la recordaban; llevó esto a tal grado, que los otros soldados se indignaban, especialmente por su indignante comportamiento, después de que alguien le hubiera hablado de su alma, o hubiera habido oraciones o un poco de lectura espiritual en la habitación; parecía insatisfecho, hasta que hubo vomitado su reserva de blasfemias e imprecaciones. Pasaron algunos días y no se le dijo nada sobre religión, pero se redoblaron todos los cuidados por su bienestar corporal; ya nadie se atrevía a esperar que volviera a Dios, pues su enfermedad aumentaba, así como su impiedad; todos se contentaban con rezar por él y recomendarlo a las oraciones de los demás. La Hermana encargada de aquel pabellón, teniendo gran confianza en las promesas de la Santísima Virgen a todos bajo la protección de la medalla, se sintió impulsada interiormente a colgar una al pie de su cama; cedió a la aparente inspiración, y, sin que él lo supiera, la medalla estaba allí. Seguía sin dar muestras de ceder, e incluso se indignó cuando algunos de los otros soldados se prepararon, mediante confesión, para ganar el Jubileo. La medalla llevaba ya seis días colgada a los pies de su lecho, y eran muchas y fervientes las oraciones elevadas a Dios por la conversión de esta miserable criatura, aunque casi todos desesperaban de ella. Un día, cuando todos los convalecientes del pabellón asistían a la bendición del Santísimo Sacramento, la Hermana se acercó a su lecho, le quitó la medalla y se la puso delante. "Mira -le dijo-, esta medalla es milagrosa; la colgué en tu lecho hace varios días, poniéndote así bajo la protección especial de la Santísima Virgen. Con su poderosa ayuda, confío en tu conversión. Mira a esta buena Madre, ahora está rezando por ti". No levantó los ojos, pero ya la gracia estaba obrando en su corazón, pues no mostraba ningún signo de irritación, que hasta entonces había sido la consecuencia inevitable de mencionar la religión. Aprovechando esto, la Hermana le habló de la misericordia de Dios, y le rogó de nuevo que echara una mirada a la medalla que acababa de colgar a los pies de su cama en el lado interior. Después de insistirle repetidas veces, abrió los ojos y miró hacia ella. "No veo vuestra medalla", dijo a la Hermana, "pero veo la vela que, sin duda, acabáis de encender; sí, ciertamente es una luz". Eran las cinco de la tarde del 13 de junio; su cama estaba colocada de tal manera que no podía recibir ningún reflejo de los rayos del sol, y el capellán, después de examinar el lugar se sintió seguro de que en ningún momento podría incidir un reflejo en aquella dirección. "Se equivoca", le dijo, "mírelo bien". Él repitió de la manera más positiva: "Lo veo claramente, es ciertamente una luz". Asombrada, pero temiendo que la vista de su paciente estuviera afectada, la Hermana le mostró otros objetos más distantes, que él distinguió perfectamente, y continuó viendo esta luz durante un cuarto de hora. Durante este intervalo, la Hermana le habló de Dios; de repente, el temor y el amor llenaron su corazón. "¡No quiero morir como estoy!", exclamó, "decid al capellán que venga inmediatamente a oír mi confesión". Oyendo a uno de los otros pacientes pronunciar un juramento, "¡oh! haga callar a ese miserable!" dijo, a la Hermana; "¡oh! le ruego que le haga dejar de jurar".

"Yo ignoraba todavía", dice el capellán, "el origen y los efectos de esta medalla. Era un objeto muy familiar, y yo no la consideraba más que una medalla ordinaria. Cuando me dijeron que el enfermo quería verme, fui con alegría, y vi por mí mismo el cambio tan completo que se había producido en él. Felicitándole y animándole, sin saber la causa de este cambio, me apresuré a preguntarle si deseaba que le confesase. Me respondió afirmativamente y lo hizo sin demora; tuve ocasión de admirar su buena voluntad y el placer que manifestaba a cada repetición de mi visita. Intenté que se explicara y le pregunté si no había actuado por mera cortesía o por el deseo de librarse de las importunidades que le habían acosado durante tanto tiempo. "No", respondió, "os he mandado llamar porque deseaba seriamente confesarme y salir de mi estado de pecado". En adelante ya no era el mismo hombre; ahora era tan dócil, paciente, amable y edificante en todas sus palabras y maneras, como antes había sido ingobernable, brutal y escandaloso. Deseaba ansiosamente los últimos sacramentos, que, tras la debida preparación, recibía con fe viva. Su felicidad parecía inexpresable, y aunque sufría intensamente, nadie oyó jamás escapar de sus labios la menor señal de impaciencia. Continuó dando las señales más inequívocas de una verdadera conversión; la paz y la resignación se dibujaban en su semblante, y hasta su último suspiro, que exhaló el 27 de junio de 1833, perseveró con la mayor fidelidad.

NOTA: Estos detalles están atestiguados por M. Yver Bordeaux, capellán del Hôtel-Dieu; por las Hermanas de la Caridad; por una paciente llamada Bidon; por Julien Prével, enfermero; por Jean François Royer, del Séptimo de Coraceros; Marie Favry, enfermera, todos ellos testigos oculares, además de un gran número de otros soldados que abandonaron la ciudad mientras investigábamos el asunto.

CURACIÓN DE MADEMOISELLE AURELIE B. (PARÍS)-1833.

Atestiguada.

El relato de esta curación nos fue enviado por la propia persona en el mes de mayo de 1834.

El 3 de noviembre de 1833, fui atacada por la fiebre tifoidea, de la que fui tratada por un hábil médico y por las Hermanas de la Caridad, que no escatimaron esfuerzos para mi curación. Al cabo de un mes, pude alimentarme un poco y tuve la dicha de asistir a la Santa Misa y comulgar el día de la Inmaculada. Todavía estaba muy débil y no podía hacer ningún esfuerzo. En este estado de agotamiento, tomé un poco de chocolate. La fiebre volvió pronto y continuó con creciente violencia hasta Navidad. Entonces el médico dijo que ya no había esperanzas de que me recuperara. Llamaron a otro médico que, después de examinarme, me declaró tísico en grado sumo, pero dijo que podrían probar el efecto de unas ampollas. No me sirvieron de nada. El 27 de diciembre, los médicos, encontrándome extremadamente enferma, informaron a las Hermanas de que mi muerte era inminente. Además, hacía dos días que tenía frío. Hacia las seis y media de ese día, recibí los últimos Sacramentos, y a las nueve todos pensaron que pronto exhalaría el último suspiro. De repente, a una de las buenas Hermanas que estaban alrededor de mi camilla se le ocurrió ponerme la medalla. La besé continuamente con gran confianza y empecé a sentirme mejor. A la mañana siguiente, mi estado asombró al médico, y seguí mejorando tan rápidamente que, al cabo de dos días, la fiebre había desaparecido por completo. Mi apetito era voraz, pronto reanudé mis ocupaciones, y desde entonces he gozado de perfecta salud. No dudo, Monsieur, que debo mi curación a María, mi buena Madre, cuyo amor parece haber aumentado; mi mayor felicidad es decorar sus altares, y mi más ferviente deseo el de consagrarme a Dios en una Comunidad cuyas obras tienen una relación tan conmovedora con el sublime destino de la Madre de Jesús; bajo su protección espero la realización de mis designios.

Atentamente,

Aurelie B.

Nota. -Las nueve Hermanas del establecimiento han atestiguado la veracidad de estos detalles, y uno de los dos médicos no duda en declarar sobrenatural su curación.

Además, esta joven goza desde entonces de perfecta salud. Concedidas sus oraciones, la Inmaculada María le ha obtenido también la gracia de ser recibida en la Comunidad en la que deseaba entrar, razón por la cual no damos su nombre.

CURA DE UNA RELIGIOSA (PARIS)-1834. -Atestiguado.

Este hecho es conocido por muchos; sin embargo, para evitar un número demasiado grande de visitantes, la Superiora nos ruega que no publiquemos el nombre de la Comunidad.

Una joven religiosa, de veintisiete años y medio y ocho de profesión, en una Orden especialmente consagrada a la Santísima Virgen (París), había permanecido en la enfermería por diversas enfermedades, durante el espacio de cinco meses. En el momento en que parecía convaleciente, ocurrió un accidente de la naturaleza más grave; el hueso de su muslo izquierdo se descoyuntó y encogió, el miembro fue atacado por la parálisis, y la religiosa enferma permaneció en su cama un mes, sin experimentar el más mínimo alivio de los remedios humanos. Consultados dos médicos y un cirujano en varias ocasiones, declararon que el desplazamiento del hueso se debía a un humor irritante; pero no pudieron detenerlo, ni siquiera por medio de cauterizaciones y cuestiones, de modo que después de un largo y doloroso tratamiento, permaneció tullida. Recurrió entonces a la Santísima Virgen como un niño a su buena madre; habiéndole traído una religiosa de la casa una de esas medallas llamadas milagrosas, que le habían regalado, la recibió agradecida, se la aplicó al miembro afligido y comenzó, el sábado 1 de marzo de 1834, una novena a la Santísima Virgen. Todos los remedios humanos parecían inútiles; perdió el apetito y no podía dormir. Sin embargo, después de haber descansado un poco la noche del miércoles siguiente al comienzo de la novena, fue despertada súbitamente por una conmoción muy dolorosa, que restableció los huesos en su sitio; la pierna, que se había acortado unos quince centímetros, se alargó casi al mismo nivel que la otra y recobró su fuerza habitual. Al visitarla a la mañana siguiente, los médicos quedaron muy asombrados, pero le ordenaron que no abandonara aún la cama. El domingo, último día de la novena, el hecho de la curación quedó establecido sin lugar a dudas. La religiosa se levantó con toda naturalidad y, sin ayuda alguna, corrió a besar los pies de la estatua de María, colocada sobre la chimenea de la enfermería; luego, vestida con su hábito y acompañada por la Madre Enfermera, bajó una docena de escalones hasta la capilla para adorar al Santísimo Sacramento, después de lo cual se dirigió a la sala de la comunidad, donde estaba reunida la Superiora con sus Madres y Hermanas, para darle el beso de felicitación. Esta conmovedora escena terminó con la recitación del Te Deum y el Sub Tuum. No quedaba rastro de la enfermedad, excepto una ligera debilidad durante unos días, y como ésta sólo se sentía en el miembro sano, era evidentemente el resultado de haber estado seis meses en cama.

Dos de los médicos reconocieron, con toda la Comunidad, que se trataba de un favor sobrenatural. Uno de ellos ha declarado incluso en un certificado del 4 de mayo de 1834, que sin querer calificar un hecho de extraordinario, observa que en esta circunstancia hay: 1º, descoyuntamiento espontáneo; 2º, disminución espontánea, tres días de convalecencia, y estos dos últimos son, hasta donde él sabe, sin paralelo en los registros de cirugía.

El religioso no ha vuelto a tener otro ataque de esta dolencia.

CURACIÓN DE UN ENFERMO (CHÂLONS SUR MARNE)-1834.

El abate Bégin, testigo ocular de esta curación, que tuvo lugar en el hospital St. Maur, donde es capellán, ha preparado un proceso verbal que atestigua: 1º, que la paciente estaba realmente afligida; 2º, que fue curada el 14 de marzo de 1834; 3º, que declara que no se emplearon otros medios que la medalla y la oración. Este proceso verbal está firmado por un centenar de personas del citado hospital.

"Madame C.H., viuda, de setenta años de edad, paciente de caridad en el hospital St. Maur, estaba, como consecuencia de una caída el 7 de agosto de 1833, lisiada hasta tal punto que le costaba mucho caminar, incluso con la ayuda de una muleta, y a veces con la ayuda adicional del brazo de otra persona; apenas podía sentarse, y levantarse era todavía un esfuerzo mayor. Subir las escaleras era casi imposible, sólo podía hacerlo agarrándose a lo que estuviera a su alcance. No podía agacharse ni arrodillarse; el miembro izquierdo, que era el principal foco de su enfermedad, lo arrastraba con impotencia, sin poder doblarlo.

"Tal era su triste estado a principios de marzo de 1834. Sin embargo, oyó algo que encendió un rayo de esperanza en su corazón. Alguien le había hablado el mes de enero anterior de una medalla de la que se decía que era milagrosa; llevaba en una cara la imagen de María aplastando la cabeza de la serpiente infernal, sus manos llenas de gracias figuradas por rayos de luz que salían de ellas, y la invocación: "¡Oh María, sin pecado concebida, ruega por nosotros que recurrimos a ti!" En la otra, los Sagrados Corazones de Jesús y María, con la letra M coronada por una cruz. También fue informada de las maravillas que había obrado, y su corazón despertó a la consoladora esperanza de obtener algún beneficio de la medalla que le había sido prometida. ¡Cómo suspiraba por que llegara el feliz momento de poseerla! ¡Cuán larga se le hizo la espera! El 6 de marzo recibió, como un regalo del Cielo, la tan deseada medalla, y se apresuró, mediante la recepción del Sacramento de la Penitencia, a prepararse para el deseado favor. Al día siguiente, primer miércoles de mes, comenzó por la Sagrada Comunión una novena a los Sagrados Corazones de Jesús y de María. Veinte veces, día y noche, se llevó a los labios la preciosa medalla que llevaba colgada al cuello. Durante varios días de la novena, el Señor probó de nuevo con dureza su fe. Sus sufrimientos aumentaron grandemente, así como su fervor y confianza, y pronto los resultados más benditos fueron la recompensa de las oraciones de esta pobre mujer.

"No habían transcurrido siete días de la novena cuando fue aliviada de los sufrimientos que tan cruelmente la habían afligido durante siete meses. No podría describir el asombro y la admiración de todos los que vieron en la mañana del 14 de marzo a esta persona tan desvalida la misma noche anterior, caminar con toda la facilidad imaginable, doblarse, arrodillarse, subir y bajar escalones altos. Unos hablaban de ello a otros para mutua edificación y, a su vez, venían a felicitarla por su recuperación y a dar gracias a Dios y a María. La Superiora, que había cuidado constantemente a la enferma durante su estado de invalidez y había sido testigo diario de sus sufrimientos, agradeció solemnemente esta gracia extraordinaria, y toda la Comunidad entonó un Te Deum en su capilla.

"P.D. - Olvidé decir que la viuda tiene el libre uso de todos sus miembros y que desde entonces nunca ha vuelto a padecer su anterior enfermedad".

Lo que sigue es lo que Monseigneur creyó oportuno adjuntar al proceso verbal, extracto del que acabamos de leer: "Certificamos que se puede y se debe dar crédito al testimonio del abate Bégin, al de las hermanas y al de tantos otros testigos oculares que han hablado a conciencia y sin otro motivo que el del celo por la verdad.

"M.S.F.V., Obispo de Châlons.

"Châlons, 30 de Mayo de 1834. "

CONVERSIONES DE M. DE CASTILLON, CAPITÁN DE LA 21ª GUARDIA LIGERA; Y DE UNA MUJER-1834.

"13 de noviembre de 1834.

"Debería ser deber de los hijos glorificar a su madre, y muy dulce es para mí daros a conocer dos incidentes que manifiestan la caridad sin límites de María concebida sin pecado.

"El primero se refiere a un soldado enfermo en nuestra casa. Aunque ya habíamos visto la eficacia de la medalla en la conversión de varios soldados obstinados en resistirse a la gracia, ninguna conversión fue tan sorprendente como ésta. Federico de Castillon, de treinta y cinco años, capitán de la 21ª Guardia Ligera, ingresó en el hospital el 29 de abril, en la última fase de la tisis y atacado por una parálisis del lado izquierdo. Le cuidamos durante mucho tiempo, su estado empeoró de forma alarmante, pero ¿cómo podíamos hablar de religión a un joven soldado que presumía de no tenerla? Me mantuve siempre informado de su estado y me contenté (aparentemente) con observar el progreso de la enfermedad. Varias veces intenté hacerle comprender el peligro que corría, pero fue en vano. Un día, cuando estaba mucho peor y tuve ocasión de verle a solas, me aventuré a preguntarle si era católico. Sí, hermana", respondió mirándome fijamente. Entonces le pedí que aceptara una medalla, que la llevara puesta y que invocara frecuentemente a la Inmaculada María, diciéndole al mismo tiempo que, si lo hacía con fe, esta buena Madre le obtendría todas las gracias que necesitara para soportar sus sufrimientos con paciencia y mérito. Él la recibió agradecido, pero no se la puso.

"Pero nuestra confianza en la influencia de la Santísima Virgen sobre él no disminuyó, sobre todo cuando le vimos colocar la medalla al lado de su cama. La Hermana encargada de aquella sala ya le había metido una en la funda de la almohada. Pasaron varios días, sus fuerzas iban menguando poco a poco, y después de muchos esfuerzos inútiles para obtener su consentimiento para ver a un sacerdote, pedí a pesar de todo a un clérigo que lo visitara, y lo introduje en presencia del enfermo justo cuando alguien vino a decirme que no podría vivir aquella noche (15 de octubre). Lo encontramos extremadamente enfermo, pero aún inflexible. Después de unos momentos, me retiré y le dejé solo con el caritativo sacerdote, que no pudo obtener de él más que estas desesperadas palabras: "¡Déjeme en paz, mañana estaré muerto, y todo habrá terminado! Por supuesto, no había nada más que hacer que acceder a su petición, y podéis imaginar lo doloroso que fue. Redoblamos nuestras súplicas a la Virgen Inmaculada, y esta buena Madre pronto obró un cambio en el corazón del desdichado.

"Al día siguiente, pidió al médico que le dijera con franqueza si su caso no tenía remedio, porque deseaba arreglar sus asuntos. Aquella misma noche, en cuanto entró la Hermana encargada de la sala, le dijo con mucha dulzura y penitencia: '¡Oh, cuánto siento haber tratado tan mal a la Superiora y al buen sacerdote que me trajo! Presénteles mis excusas, se lo ruego, y pídales que vuelvan'. No tardamos ni un momento en ir a verle. A la mañana siguiente, comenzó su nueva vida, y durante los nueve días que M. Castillon vivió aún, el capellán le visitó varias veces al día, quedándose dos horas cada vez. Uno de sus hermanos oficiales, viniendo a verle justo después de su primera confesión: "Si hubierais venido unos minutos antes -dijo M. de Castillon, con un desprecio absoluto del respeto humano-, me habríais encontrado en buena compañía. Estaba con el cura, y no podía estar mejor". Tuvo la dicha de recibir los últimos sacramentos con la más admirable disposición. He aquí sus últimas palabras, que pidió a este caballero que pusiera por escrito: 'Muero en la religión de mis padres, la amo y la venero, pido humildemente perdón a Dios por no haberla practicado siempre públicamente.' Y expiró en la paz del Señor, el 23 de octubre.

"Relato ahora la segunda conversión, la de una mujer que, durante dieciocho años, había sido un escándalo público, viviendo con un desgraciado que había abandonado esposa e hijos por ella. A tan perversa conducta, añadía un grado de impiedad más que ordinario, jactándose de no creer ni en Dios ni en el infierno, y burlándose de todo lo que la religión consideraba sagrado. Aunque peligrosamente enferma, declaró que nunca se confesaría. Sor N., viendo el rápido progreso de la enfermedad y la proximidad de la muerte, recurrió a la Santísima Virgen; puso una medalla alrededor del cuello de la mujer e inició una novena por su conversión, confiando en la asistencia de Aquella que, cada día, nos da más pruebas de que es nuestra Madre y la más misericordiosa. Antes de que terminara la novena, esta pobre criatura, cediendo a la gracia, hizo su confesión y renunció para siempre al desgraciado que había sido su maldición, manifestando tanto dolor por su vida pasada y demostrando ser tan piadosa como hasta entonces había sido descaradamente impía.

"He creído mi deber daros a conocer estos hechos, para edificación de los fieles y gloria de María. Que estos ejemplos de su poder y de su bondad lleven a todos los pecadores a arrojarse en sus brazos".

NOTA. -Estos dos acontecimientos son verdaderamente una confirmación de lo que dice San Bernardo, "que nadie invoca jamás a María en vano"; pero ¡qué desgracia para los que rechazan su socorro! Una persona de mucha confianza nos dijo una vez que un enfermo al que se le había dado una medalla, y que empezó a sentir los efectos de la gracia, insistió de repente en que le quitaran la medalla, diciendo: "Me duele; no puedo llevarla más". Para tranquilizarlo, se la quitaron, y pronto expiró sin el menor signo de conversión. La persona que relata esto, fue testigo presencial; sucedió en el mes de octubre de 1834.

CONVERSIÓN Y CURACIÓN DE LA SRA. PÉRON Y CURACIÓN DE SU HIJA. -Atestiguado.

Nota. -Es la propia señora Péron quien nos da todos los detalles. Vive en París, rue des Petites-Écuries, n.º 24. Citamos su propio relato, escrito el 26 de febrero de 1835, de su dictado, y en presencia de la Hermana que la visitó en su enfermedad.

"Estuve ocho años enferma y aquejada de hemorragias muy considerables. Sufrí mucho y casi continuamente. No tenía fuerzas; me alimentaba poco, y ese poco aumentaba mi enfermedad, que me agotaba poco a poco. No recuerdo haber tenido durante estos ocho años más de ocho días enteros de alivio del dolor; el resto del tiempo lo pasaba en la cama, incapaz de realizar el trabajo necesario para ayudar a mi pobre marido a mantener a la familia. Incluso he estado confinada en mi cama durante dieciocho meses sin interrupción. Consulté a varios médicos, que me recetaron los remedios habituales en estos casos, pero todo fue en vano. Mi marido, no pudiendo permitirse tal gasto, y no viendo ninguna esperanza de mi recuperación, perdió el valor y estaba casi desesperado. Algunas personas amables trataron de animarlo: "No debes ser tan desanimado, mi pobre Bourbonnais, debes soportar estas pruebas y mostrar tu fuerza de carácter; tu esposa está muy enferma, pero se recuperará, y tus amigos no te abandonarán". En cuanto a mí, viendo que las medicinas no surtían efecto y nos costaban mucho dinero, prescindí de los médicos, y estuve mucho tiempo sin ver a ninguno, habiéndome resignado a una muerte lenta.

"Un vecino que comprendía mi posición, vino un día a verme, y me instó a que no renunciara así, sino que volviera a tener médico. Yo me opuse porque no teníamos con qué remunerarlo. Propuso entonces llamar a una Hermana de la Caridad. Observé que no estando en falta, tal vez las Hermanas se negarían a venir, pues así podría privar de sus servicios, a otras más desgraciadas que yo. Esta buena señora insistió, y yo cedí.

"A la mañana siguiente, recibí la visita de Sor Marie (de la parroquia de San Vicente de Paúl), que me trajo alguna ayuda, me animó a soportar mis sufrimientos e hizo todo lo posible por consolarme. Puedo decir verdaderamente que la felicidad entró en mi casa con esta buena Hermana. Pronto envió a un médico, quien, después de examinarme y comprender mi caso, le dijo, como he sabido desde entonces, que no tenía remedio, que me quedaba muy poco tiempo de vida y que debía ser enviada al hospital para evitar a mi familia el triste espectáculo de mi muerte. Al oír esto, la hermana Marie creyó su deber prestar a mi alma una atención especial. Yo no era enemiga de la religión, pero no era muy práctica; iba a veces a las funciones parroquiales, cuando mis sufrimientos y ocupaciones me lo permitían, pero (y lo digo para mi vergüenza) hacía años que no me acercaba a los Sacramentos. Cuando la Hermana, después de otras preguntas, me preguntó si me confesaba, ruborizada, le dije que no. Ella me rogó que lo hiciera, y yo respondí: 'Cuando esté curada, lo haré'. La buena Hermana, poco satisfecha con mi respuesta evasiva, me instó de nuevo a ver a un sacerdote. Hermana", le dije, "no me gusta que me persigan con estas cosas; cuando me cure, me confesaré". Vi que esta respuesta la apenaba, pero nunca dejó de visitarme y de prestarme su amable atención. Mi mal iba en aumento. Un sábado o domingo por la noche, a principios de octubre de 1834, todo mi cuerpo estaba frío, y en vano mis amigos se esforzaban por devolverme un calor natural, el frío de la muerte parecía sobre mí. Hablaron de recitar las oraciones para los moribundos; yo entendía una parte de lo que decían, pero me quedaba muda. Mientras estaba tan enferma, mi marido dijo a nuestra hija mayor que se fuera a la cama, y él, creyéndome más tranquila porque respiraba débilmente, se arrojó, sin desvestirse, sobre la cama para tomar un poco de reposo; pero, levantándose unos minutos más tarde, vino hacia mí, me puso la mano en la cara, y se horrorizó al encontrarla cubierta de un sudor frío. Me dio por muerta y gritó en voz alta: "Eufemia" (así se llama nuestra hija mayor), "Eufemia, ¡ay, tu madre ha muerto!". Euphemie se levantó y mezcló sus lamentos con los de su padre. Sus gritos despertaron a Madame Pellevé, nuestra vecina, que vino a consolarlas. Ah, madame", dijo mi marido al verla, "mi mujer ha muerto". Después de rogarle que se resignara a la voluntad de Dios, esta señora se acercó a mí y, poniendo su mano sobre mi corazón: 'No -exclamó-, no está muerta, su corazón aún late.' Encendieron un fuego y consiguieron devolver un poco de calor a mi cuerpo.

"Madame Pellevé fue a informar a Sor Marie de todo esto, y ésta se apresuró a decírselo al médico. No me sorprende en absoluto", respondió, "esta señora tiene dos enfermedades incurables. Además de estas hemorragias, está en la última fase de la tisis, como ya le he dicho, y si no muere antes, no vivirá todo el día'. Mi pecho, en efecto, había estado muy débil durante algún tiempo, y todos los médicos en consulta habían dicho que nunca podría curarme.

"A las dos de la tarde recibí la visita de Sor Marie, que me encontró ya no tan enferma; podía hablar. Amas mucho a la Santísima Virgen", me dijo. Sí, Hermana; en efecto, siempre había practicado alguna devoción en honor de esta buena Madre. Si la amas mucho, puedo darte algo para curarte. Sí, pronto estaré bien. Hablé de la muerte, pues la sentía cercana. Entonces me mostró una medalla y me dijo: "Toma esta medalla de la Santísima Virgen, que te curará, si tienes mucha confianza en ella". La vista de la medalla me llenó de alegría; la tomé y la besé con fervor, pues anhelaba verdaderamente curarme. La Hermana recitó en voz alta la pequeña oración, que yo no sabía leer, y me exhortó a repetirla todos los días; le prometí añadir cinco Paters y cinco Aves. Luego me puso la medalla al cuello. En aquel instante, me invadió una sensación nueva y extraña, una revolución general en todo mi cuerpo, un estremecimiento en todos mis miembros. No era una sensación dolorosa, al contrario, empecé a derramar lágrimas de alegría. No estaba curada, pero sentía que iba a curarme, y experimentaba una confianza que no procedía de mí misma.

"La Hermana Marie me dejó en este estado; después de su partida, mi marido, que había permanecido inmóvil a los pies de mi cama, me dijo: 'Pon toda tu confianza en la Santísima Virgen; vamos a hacer una novena por ti'. Hacia la noche pude levantarme en la cama, lo que era muy asombroso, teniendo en cuenta mi extremo agotamiento, sólo unas horas antes. El martes pedí un poco de caldo, que por fin me dieron, y poco después tomé un poco de sopa. Recuperé las fuerzas y me sentí curado. Finalmente, el jueves, quise ir a la iglesia para dar gracias a la Santísima Virgen. Me opuse, pero insistí y fui. En el camino, sola (pues prefería ir sola), me encontré con la hermana Marie, que no me reconoció; le cogí la mano. Sí, hermana, soy yo; en efecto, voy a misa: ¿Y qué te ha curado tan pronto? La Santísima Virgen, y voy a darle las gracias". La hermana se quedó asombrada. Le conté cómo había sucedido todo en menos de tres días, y seguí yendo a la iglesia a oír misa. Desde entonces, no he vuelto a tener la enfermedad; gozo de buena salud; cumplo con mis deberes, realizando un trabajo diario regular, y estoy en deuda con la Medalla Milagrosa por todo ello".

No sólo el cuerpo de la señora Péron, sino también su alma, recobró la salud la Santísima Virgen; pronto eligió un director y se confesó, y ha seguido haciéndolo desde entonces; su vida es realmente muy edificante. Como lamenta profundamente haber vivido tanto tiempo alejada de Dios, su mayor felicidad consiste ahora en acercarse con frecuencia a los Sacramentos; dos cosas despiertan sus lágrimas, el recuerdo de su vida pasada y la gratitud por su doble recuperación.

Y esto no es todo; la Santísima Virgen parece haber elegido a esta familia para desplegar en ella las maravillas de su poder. La señora Péron tenía una hija de dieciséis años que, después de la curación de su madre, se entregó a Dios de un modo especial, empleando en ejercicios de piedad todos sus ratos de ocio y edificando a sus compañeras de la cofradía parroquial, siempre que podía participar en sus devociones, pues vivía en otro barrio.

El padre también se sintió profundamente conmovido por los favores concedidos a su esposa; lleva la medalla y ha experimentado sus benditos efectos.

Madame Péron tiene aún otra hija, una niña de seis años y medio, que tenía grandes dificultades para hablar, o mejor dicho, que no hablaba, aunque no era muda. Le costaba tanto hablar que apenas terminaba una palabra, lo que desconcertaba al más paciente. Era tanto más deplorable cuanto que era una niña muy inteligente. Qué lástima que no hable", decían todos los que presenciaban su enfermedad. Cuando la Hermana Marie vio a esta niña, le dijo a la madre: "¿Por qué no la manda a la escuela, en vez de tenerla en casa todo el día?" "Oiga cómo habla", respondió la madre, a quien no le gustaba que se descubriera la enfermedad de su hija. Sin embargo, cedió a los deseos de la Hermana, y la pequeña Hortense fue enviada a la escuela parroquial de la Hermana. Su habla imperfecta no mejoraba, a veces tardaba cinco minutos en pronunciar media palabra. Algunos días después, la Hermana Marie, que se compadecía profundamente de la niña, habló a su madre de una novena para curar este defecto. "¡Cure a Hortense, Hermana! ¡Es imposible, es un defecto natural!". La Hermana, con creciente ansiedad, insistió. La novena comenzó el sábado; consistía en oír misa todos los días y recitar algunas oraciones en honor de la Santísima Virgen. La medalla se colgó del cuello de la niña, que debía participar en todos los ejercicios de la novena. Durante varios días no hubo ningún cambio, pero el jueves, después de la misa del Santísimo Sacramento, Hortense, al salir de la iglesia, podía hablar tan claramente y con tanta facilidad como cualquiera. Los que la oyeron por primera vez quedaron impresionados de admiración, la noticia se difundió pronto, y de todas partes vinieron personas a verla; la interrogaron, y la niña respondió, la escudriñaron para ver si era realmente la misma, y reconociéndola, volvieron diciendo: "¡Esto es ciertamente un gran milagro, una curación repentina de un defecto natural!".

La pequeña Hortensia, mostrando su medalla con alegría, decía a todos los que la conocían y la felicitaban: "La Santísima Virgen me ha curado".

En acción de gracias por tan grande beneficio, la niña fue consagrada a María el 21 de noviembre, fiesta de la Presentación, en la misma capilla donde tuvo lugar la aparición de la medalla, y, en conmemoración de este gran acontecimiento de su vida, debía vestir sólo de azul y blanco hasta su Primera Comunión. Antes de esta ceremonia, se confesó, dando muestras de comprender perfectamente la importancia del acto. Cuando se le pregunta si ama a la Santísima Virgen, "¡Oh, sí!", responde, "¡la amo más que a todo mi corazón!", expresión inventada, al parecer, únicamente por la plenitud de su gratitud. Aprecia tanto su medalla de bronce que no la cambiaría por una de plata o de oro, y desea que la pongan con ella en la tumba cuando muera. "Esperamos, Hortense", dijo su padre no hace mucho (siempre encuentra un nuevo placer al oírla hablar), "esperamos que, cuando mueras, nos dejes esta medalla como recuerdo tuyo y reliquia de la Santísima Virgen". "Ciertamente, papá, si os produce tanto placer, pero prometí a la Santísima Virgen, el día de mi consagración, que la medalla no me abandonaría nunca, sino que incluso descendería conmigo al sepulcro cuando muriera."

Publicamos estos detalles, con la cordial aprobación de esta familia, plenamente imbuida de una gratitud cada vez mayor a María Inmaculada.

Estos dos relatos han sido confirmados por otras nueve personas.

CONVERSIÓN DE VARIOS SOLDADOS (HOTEL DES IN-VALIDES)-1834. -Atestiguada.

Nota. -Todos estos detalles edificantes, que han producido ya un efecto muy benéfico en muchos jóvenes, nos fueron dados y atestiguados por las Hermanas Radier y Pourrat, que, encargadas de aquel pabellón, fueron testigos de los hechos, y también instrumentos de la misericordia divina al operar estos prodigios.

"Tuvimos en el pabellón de San Vicente, número 20, real hotel de los Inválidos, en París, a un soldado que llevaba escupiendo sangre unos seis meses, y que, según se creía, moriría pronto de tisis. Era naturalmente cortés y agradecido por las atenciones que se le dispensaban, pero no daba muestras de religión; su moral era mala, y era bien sabido que, durante veinte años, su vida había sido un escándalo.

"Parecía, sin embargo, que la fe no se había extinguido del todo en su corazón, porque otro paciente, su vecino, estando a punto de morir y negándose a ver a un sacerdote, éste le suplicó que cediera, y fue decisivo para lograr su conversión. Desgraciadamente, pronto le llegó el turno a él, le vimos empeorar día a día, se desvanecía visiblemente, y ni una sola vez mencionó recibir los Sacramentos. Como había exhortado a su prójimo a prepararse para la muerte, esperábamos que se preparara él mismo, sin que nadie se lo recordara, o, al menos, que cumpliera de buen grado la primera sugerencia. Por el contrario, se resistió absolutamente a todas nuestras súplicas, diciendo: 'Soy un hombre honrado, hermana, ni he matado ni he robado.' Aun así", le contestábamos, "todos necesitamos la misericordia de Dios, todos somos pecadores". Hermana, déjeme en paz, se lo ruego".

"Sin embargo, empezó a darse cuenta de que llevaba varios días hundiéndose, y dijo en voz alta: '¡No hay esperanza para mí!'. Este pensamiento pareció angustiarle. Un día (era el miércoles 26 de noviembre), la enfermedad empeoró tan repentinamente que temimos que no sobreviviera al día, y como no pudimos hacerle ninguna impresión religiosa, advertimos al capellán de su estado y de su resistencia a todas nuestras súplicas. Éste fue a verle. Nuestro paciente lo recibió con gran respeto, pero deseando deshacerse de él hábilmente, dijo: 'Conozco al cura'. Poco después, el cura le visitó y conversó con él durante algún tiempo. Al salir de su lecho, el venerable y celoso párroco se acercó a nosotros y nos dijo: 'Vuestro paciente está muy decaído, y no he conseguido que haga nada por su alma; es más, no le insistí demasiado, por miedo a que dijera que no, y luego no se retractara, como tantos otros, después de haber dado una vez una negativa decidida'.'

"El mismo día vino a verle también una conocida suya, y le rogó encarecidamente, pero en vano, que hiciera las paces con Dios. Para librarse de su importunidad, le dijo: 'Conozco al cura; ya ha ido a verme y volverá esta tarde'. El cura volvió, en efecto, según lo prometido; el enfermo, al verle, saltó de la cama para demostrar que no estaba tan enfermo como para hacer de la confesión un asunto muy apremiante. El cura, verdadero samaritano, le prestó todos los pequeños servicios imaginables, ayudándole a volver a la cama e incluso ofreciéndose a vendarle la ampolla; luego le habló de su alma, pero sin resultado, pues después de una hora de conversación vino a nosotros y nos dijo: "Estoy profundamente apenado, pues he hecho todo lo que he podido, pero no ha surtido efecto en él". Preguntamos al cura si debíamos llamarle durante la noche, por si el enfermo empeoraba. Creo -dijo- que es mejor que no lo hagáis, a no ser que pregunte por mí". Poco después, uno de nosotros volvió a recordarle al capellán, que estaba de paso, pero él se enfureció y empezó a insultar, de modo que tuvimos que abandonar el tema, a pesar de nuestra angustia al pensar que se presentaba tan poco preparado ante su Dios. Nuestra pena era tanto mayor cuanto mayor era el peligro que corría, pues el estertor estaba ya en su garganta y no parecía posible que pudiera sobrevivir a la noche. Fue entonces cuando mi joven compañero me dijo: "¡Oh, hermana, tal vez nuestros pecados, como dice nuestro santo San Vicente, han sido la causa de la impenitencia de este hombre! Sin esperar nada más del enfermo, Sor Radier dirigió ahora todas sus esperanzas hacia la Santísima Virgen. Durante las oraciones de la noche, le vino a la mente el pensamiento de la medalla, y se dijo: "Si le ponemos la medalla, tal vez la Santísima Virgen obtenga su conversión", y decidió hacer una novena. Después de las oraciones, dijo a su compañera: "Vamos a ver al enfermo y pongámosle la medalla; tal vez la Santísima Virgen conceda nuestras súplicas". Fue inmediatamente y lo encontró levantado y en estado de gran agitación, y a punto de salir de la habitación; todos los demás enfermos lo vieron claramente y dijeron que era con intención de suicidarse. La Hermana le quitó cautelosamente el cuchillo y cualquier otra cosa que pudiera usarse de este modo, deslizó sin ser percibida la medalla entre sus dos colchones, y volvió a nosotros muy triste, diciendo: 'Invoquemos fervorosamente a la Santísima Virgen, porque mucho me temo que este pobre hombre se matará durante la noche'.

"Al día siguiente, nada más levantarnos, y antes incluso de ver a la Hermana que había hecho la guardia, uno de nosotros se apresuró a visitar a nuestro paciente, y no sin los más funestos presentimientos, pero, para nuestro asombro, su mente estaba tranquila y parecía mejor. Al preguntarle cómo se encontraba, respondió: "Muy bien, hermana". "He pasado una buena noche, he dormido bien (cosa que no hacía desde hacía mucho tiempo) y, en consecuencia, estoy mejor". Cuando la Hermana se retiró, él la llamó, diciendo: "Hermana, deseo confesarme, ¡oh! envíeme al cura". "¿Desea confesarse?" replicó la Hermana, "tenga cuidado; ¿va a hacer lo que hizo todo el día de ayer, realmente lo desea?" "Sí, Hermana, por mi honor". 'Bueno, ya que lo deseas, iré por él, ciertamente te hará bien confesar tus pecados, pues se dice que tu vida no siempre ha sido edificante.' Entonces, sin el menor respeto humano, comenzó a mencionar sus pecados en voz alta, y con grandes sentimientos de compunción; apenas pudimos inducirle a detenerse. Vino el cura y se confesó durante una hora. Después, cuando una de nosotras fue a verle, exclamó gozoso ante nuestro reproche: "¡Oh, hermana, qué feliz soy! Me he confesado, he recibido la absolución y el cura volverá esta tarde. Desde mi primera comunión, es el día más feliz de mi vida". Parecía profundamente afectado y expresaba el más ardiente deseo de recibir al buen Dios. ¿Sabe lo que hemos hecho?' '¿Qué ha sido, Hermana?' 'Hemos puesto entre sus colchones una Medalla Milagrosa de la Santísima Virgen'. Ah, entonces por eso pasé una noche tan confortable; además, sentí como si hubiera algo en mí que produjo un cambio maravilloso, y no sé por qué no registré mi cama; pensé en hacerlo'. La Hermana le mostró entonces la medalla, que besó con respeto y afecto. Es ésta -exclamó- la que me ha dado fuerzas para desafiar el respeto humano. La primera cinta que le ofrecieron estaba un poco descolorida. 'No, Hermana', dijo, 'no esa, sino esta; la Santísima Virgen debe tener una cinta nueva'. La Hermana, en vista de su debilidad, le colocó la medalla de manera que quedara un poco oculta. No la ocultéis, Hermana -dijo él-; ponedla junto a mi cruz, que no me avergonzaré de mostrarla".

"Por la tarde, el cura nos preguntó cómo se encontraba nuestro paciente, y no se sintió menos edificado que nosotros al oírnos hablar de sus admirables disposiciones. Se hicieron los preparativos para darle los últimos sacramentos. A la vista del Santo Viático, quedó tan penetrado de emoción que pidió perdón a Dios en voz alta por todos los pecados de su vida en detalle, y fue con la mayor dificultad que pudo ser persuadido a bajar la voz, su corazón estaba demasiado lleno para contenerse. Pasó la noche siguiente y el día siguiente en las mismas disposiciones de fe, arrepentimiento y piedad, hasta la mañana del lunes, 1 de diciembre, en que entregó pacíficamente su alma a Dios, y tenemos toda la confianza de que fue recibida en los brazos de su misericordia.

"Relatamos lo que vimos y oímos; tuvo lugar en nuestro pabellón, que cuenta con sesenta pacientes, la mayoría de los cuales presenciaron una parte de estos detalles."

Nota. -Antes de enterrarlo, la Hermana le quitó la medalla del cadáver, y el enfermo de la cama contigua suplicó que se la diera, tan persuadido estaba de que había sido el instrumento de esta conmovedora conversión.

A esta consoladora vuelta a Dios siguieron otras no menos sorprendentes ni menos sinceras, y en aquella misma institución, por el mismo medio: la medalla. Muy recientemente han tenido lugar dos, pero los detalles son tan parecidos a los anteriores que sólo por esta razón nos abstenemos de darlos.

Todo esto ha sido confirmado por M. Ancelin, cura de los Inválidos.

CURA DE M. FERMIN, SACERDOTE-1834.

Este relato nos ha sido enviado por el Superior General de San Sulpicio, deseoso de que lo tuviéramos. El venerable sacerdote de esta muy estimable Comunidad, favorecido con esta gracia, escribió él mismo los detalles, y fueron atestiguados por el Superior y el Director del gran Seminario de Reims, ambos testigos.

"A la gloria de María sin pecado concebida, yo, Juan Bautista Fermín, indigno siervo de la Santísima Virgen y súbdito del Sr. Olier, he creído mi deber, junto con mi Superior y mis cohermanos, transmitir a nuestro muy honrado Padre una relación del favor especial que se me ha concedido.

"Muchas personas sabían lo que sufrí durante seis años enteros, cómo me agotaba una tos nerviosa y preocupante, cuyos ataques eran tan frecuentes y tan prolongados que apenas se puede imaginar cómo pude sobrevivir a ellos. Mi médico mismo me dijo que, durante los tres primeros años, mi vida estuvo en peligro inminente, y si en los tres últimos estuve menos expuesto a la muerte a cada paso, por así decirlo, el ceder de mi estómago, la debilidad de mi pecho, eran tales que todos mis días se llenaban de amargura, y nuevas cruces se echaban sobre mí. En este estado, ¿qué ayunos eclesiásticos podía guardar? Hace cuatro o cinco años, el deseo de cumplir, hasta cierto punto, con los preceptos de la Iglesia me llevó a ayunar la semana de las brasas antes de Navidad, y el perjuicio para mi salud fue tal que no se me permitió volver a ayunar ni siquiera un día. La abstinencia de carne se hizo imposible, y por haber intentado esta ligera mortificación, ¡cuánto sufrí en consecuencia, incluso en el mismo mes de julio de 1834! Mientras mi salud estaba tan deteriorada, y sólo veía un final lento a mis aflicciones, complació a mis Superiores concederme un año de descanso. Recibí con gratitud esta prueba adicional de su consideración hacia mí y me esforcé por cooperar con ellos en el restablecimiento de mi salud, de la que habían sido tan considerados; pero, en mi condición, los poderes de recuperación de la naturaleza fueron de poca utilidad. Incluso en medio de una tranquilidad y un reposo perfectos durante cuatro meses enteros, experimenté muy poco alivio de mis sufrimientos, pues aunque mi pecho se fortaleció, al menos aparentemente, mi estómago se debilitó y se desordenó cada vez más, de modo que me vi obligada a hacer dieta, lo cual, añadido a la dieta que ya había practicado, me redujo a tal estado de agotamiento que no podía prever las consecuencias.

"¡Oh, María, qué deplorable era mi estado cuando lanzaste sobre mí una mirada de misericordia! El 15 de noviembre de 1834, me fue enviada una medalla, acuñada en honor de la Inmaculada Concepción, y ya celebrada como instrumento de muchos milagros. Al recibirla, me invadió por primera vez un fuerte sentimiento de confianza en que ése era el medio enviado por el Cielo para poner fin a mis aflicciones; no había previsto esta esperanza, y menos aún la había suscitado, pues creo poder decir, en conciencia, que me sentía naturalmente poco inclinado a pedir un favor del que me consideraba indigno. Sin embargo, el sentimiento se hizo tan fuerte que pensé que era mi deber considerarlo en oración a la mañana siguiente; y para no oponerme a un impulso tan bueno, decidí hacer una novena, y la comencé el día 16. Desde ese momento mi confianza fue ilimitada. Desde ese momento mi confianza fue ilimitada, y como un niño que ya no razona, sino que sólo ve lo que se siente seguro de obtener, me sostuvo en medio de las nuevas pruebas a las que me vi sometido; pues el día 19, y varios días después, mis sufrimientos se redoblaron, afectando a la vez al estómago y al pecho. El 22 me sentí considerablemente mejor, el 23 me creí con fuerzas para abandonar una dieta con la que había subsistido largo tiempo, y el 24 deseé comer sólo lo que se servía a la Comunidad; aquella misma mañana comencé, como los cordiales seminaristas, a tomar un poco de pan seco y vino, y me sentó bien. Así se cumplieron mis deseos. Había suplicado a la Santísima Virgen que me diera salud para vivir según la regla, y así lo había hecho; pero una buena Madre como María no dejaba su obra imperfecta, y eligió el mismo día de su Concepción para concederme sus máximos favores. Después de la cena, seguía con una ligera indisposición del estómago que acompañaba a la digestión, pero no era un verdadero sufrimiento, e incluso este vestigio de mi antigua enfermedad desapareció por completo. La víspera de aquella fiesta, mi devoción a María, que había perdido un poco de su primer fervor, se excitó de nuevo, cuando menos lo esperaba, y me sentí impulsado a implorar la consumación de una buena obra tan felizmente comenzada. Así lo hice aquella noche, y a la mañana siguiente en las oraciones, en la Misa, en mi acción de gracias, y fue al terminar este último ejercicio ante una estatua de la Santísima Virgen, después de una oración fervorosísima, cuando me di cuenta de la recompensa de mi confianza: sentí la seguridad de que mis peticiones habían sido concedidas. Desde entonces, no he experimentado ninguna indisposición digna de atención. Pude ayunar la semana de las brasas antes de Navidad y la víspera de esa gran solemnidad; canté la misa mayor de las diez el cuarto domingo de Adviento; seguí todos los oficios del coro en esos días que la Iglesia consagra a la celebración del nacimiento de nuestro Divino Maestro, y, en lugar de lamentar estos esfuerzos, encuentro en cada uno de ellos un nuevo motivo para bendecir al Señor y testimoniar mi gratitud a nuestra buena Madre.

J.B. FERMIN".

"Aunque superando nuestras esperanzas, hemos sido testigos de la pronta y perfecta recuperación de M.J. Fermín, que parece ser algo sobrenatural, ya que no empleó otros remedios que una gran devoción a la Santísima Virgen y una novena en su honor".

"AUBRY, RAIGECOURT GOURNAY".

II.

Gracias obtenidas durante el año 1835, en Francia, Suiza, Saboya y Turquía.

CURA DE MADEMOISELLE JOUBERT.

Nota. -El relato de esta curación tan sorprendente nos ha sido enviado por M. Poinsel, vicario general de Limoges, a quien me he tomado la libertad de pedírselo.

"Obispado de Limoges.

"¡Gloria a Dios! ¡Honor a María!

"El 10 de febrero de 1834, la Srta. Joubert, de veintinueve años, persona de sólida piedad, fue curada repentinamente de una dolorosa y gravísima enfermedad. Desde hacía más de un año, llevaba el brazo izquierdo en cabestrillo, a causa de una enfermedad inexplicable que se extendía desde el hombro hasta la mano, y era de tal naturaleza que el miembro afligido parecía muerto; cuando era necesario manipularlo, había que hacerlo con extrema precaución, e incluso entonces el dolor era tan excesivo que a menudo la paciente caía enferma a consecuencia de ello. La enfermedad fue sucesivamente llamada gota reumática, reumatismo inflamatorio y gangrenoso; la ciencia empleaba para combatirla, baños, baños de ducha, cataplasmas, linimentos de todas clases, remedios vanos que no hacían más que agravar el mal y variar los sufrimientos. A veces se hablaba de amputación: Por Dios, señorita, que no tuviera usted más que un brazo", decía el médico, sin ocultar su angustia y sus temores de muerte, a medida que se acercaba la primavera, pues el brazo enfermo estaba pálido, lívido y espantoso a la vista.

La joven, verdadera cristiana, se resignaba a todo; meditando en la cruz, se animaba a sufrir, y, percibiendo el progreso de la enfermedad, sólo pensaba en morir la preciosa muerte de los justos. Un día, una amiga le propuso llevar la medalla con confianza y hacer una novena a María. Al final de la novena, en el día habitual de su confesión (acostumbraba confesarse semanalmente), se acercó al sagrado tribunal, y ¡he aquí! en el mismo instante en que, recogida, contrita y humillada, recibió el efecto moral de la bendición y de las santas palabras del sacerdote, se produjo un extraordinario cambio físico en el brazo que hasta entonces había sido juzgado incurable, de repente se liberó y quedó libre, ¡desapareció todo sufrimiento! Apenas sabía dónde estaba", dijo, "pero me pareció como si una cuerda que había estado tensada alrededor de mi brazo se desenrollara, anillo tras anillo, ¡y quedé curada! Mi sorpresa, mi alegría, eran extremas y superaban toda capacidad de expresión".

Al llegar a casa, exclamó: "¡Un milagro! ¡Enciende una vela, enciende dos, ven, ven, mira el milagro! Puedo mover el brazo, se me ha devuelto la animación, ¡estoy curada! ¡Cuán grande fue la alegría de aquella familia! Rodearon a la favorecida, miraron, tocaron el miembro resucitado, probaron sus facultades de diversas maneras, haciéndole levantar diversos objetos y ejecutar una variedad de movimientos; luego, todos los miembros de esta familia verdaderamente cristiana, conmovidos hasta las lágrimas, cayeron de rodillas y recitaron ese himno de acción de gracias, el Te Deum.

"Desde entonces (es decir, desde hace más de un año), su brazo está perfectamente bien. El propio médico quedó impresionado por este acontecimiento, que sería difícil atribuir a recursos ocultos o a la repentina acción de la naturaleza. ¿Qué es la naturaleza sin la intervención y la acción de Dios? Él es el único dueño de la naturaleza, la vida y la muerte dependen de su voluntad. No es necesario, pues, razonar tanto sobre el tema; un poco de fe nos hará reconocer fácilmente aquí una gracia especial de Dios, por intercesión de María, nuestra bondadosa y dulce Madre, a quien debemos recurrir siempre, invocándola con amor y confianza.

"Tal es el relato sencillo y concienzudo del suceso que me dio a mí, el abajo firmante, la propia persona, en respuesta a mis preguntas, en presencia de un individuo inteligente y fiable que lo vio todo, habiendo vendado varias veces el brazo, y que, en razón de su habilidad y larga experiencia, estaba bien calculado para juzgar del peligro.

"En fe de lo cual, etc.

"POINSEL, Vicario General.

"14 de febrero de 1835. "

Estos detalles están confirmados por dos cartas de Madame y Mademoiselle Joubert, por el testimonio de la Superiora de las Hijas de la Caridad de Limoges, y el de M. Dumonteil, abogado y amigo de la familia.

CONVERSIONES Y CURACIONES REALIZADAS EN SUIZA.

Carta de Sor Boubat, Superiora de las Hijas de la Caridad de Chesne:

"12 de febrero de 1835.

"No tengo grandes milagros que contar hoy, pero los hechos que doy son ciertamente rasgos de protección muy llamativos. Sin embargo, los contaré tal como son, y dejaré que ustedes los juzguen por sí mismos. Aquellos de los que no fui testigo ocular me han sido relatados por personas muy fiables que sí lo fueron.

"1º. Una mujer que llevaba mucho tiempo enferma y a la que los médicos habían dado por vencida, recibió una noche la Medalla Milagrosa, y aquella noche recobró su salud habitual; sintiéndose perfectamente bien, dijo a su marido a la mañana siguiente que se levantaría y prepararía el desayuno. Él lo tomó como una tontería, y cuando ella se levantó de verdad, su asombro fue grande, y más allá de todo límite cuando comprobó que su salud estaba completamente restablecida.

"2º. En el mismo pueblo, una joven madre tenía dos hijos, uno de seis años y el otro de ocho. Este último fue atacado por una enfermedad violenta, que me fue descrita como una convulsión, y murió a los pocos días. El menor sufrió un ataque similar y parecía al borde de la muerte. La pobre madre estaba sumida en el dolor cuando a alguien se le ocurrió ofrecerle una medalla. La recibió como un tesoro. Era de noche; se la puso al niño moribundo, que no tardó en dormirse, y durmió profundamente toda la noche. Por la mañana se despertó perfectamente curado. Esta buena mujer vino después a pedirme medallas para ella y para otras personas. Ojalá la hubieras visto llorar de alegría mientras me expresaba, con toda sencillez, la emoción de su alma. Nunca lo olvidaré, tan profunda fue la impresión que me causó.

"3º. Un niño de cinco años llevaba varios meses atormentado por una fiebre que resistía a todos los esfuerzos por controlarla. Un día, estaba en brazos de su abuela cuando comenzó el paroxismo. Esta mujer, llena de fe, le aplicó la medalla; el niño mejoró pronto y la fiebre no volvió a perturbarle.

El médico que le atendió era un pariente; al verle después, el niño corrió hacia él, exclamando con toda la animación e ingenuidad de su edad: "Estoy curado, pero no me has curado tú, sino la medalla". Repite estas palabras casi siempre que ve al médico.

"4º. Un joven, en su lecho de muerte, llenó a todos sus amigos de graves temores por su salvación. Después de varios vanos esfuerzos del más caritativo celo, el cura le indujo a aceptar una medalla, y muy pronto el moribundo expresó el deseo de confesarse. Expiró en las más edificantes disposiciones.

"5º. Tres pecadores se negaron obstinadamente a asistir a los ejercicios de una misión dada en su parroquia, e incluso trataron de oponerse a ella. Uno de los misioneros les persuadió a aceptar una medalla, y en cuanto la recibieron, se hizo visible un gran cambio. No sólo hicieron la misión con la mayor devoción, sino que se convirtieron en sus celosos defensores.

"Obtuve estos detalles de un cura muy venerable, que me los dio él mismo.

"6º. Hace poco vino a verme una mujer del vecino distrito montañoso, que me dijo sin ninguna explicación previa: 'Usted curó a una de mis hijas a la que todos los médicos habían dado por muerta; ahora deseo que me dé lo mismo'. Traté inmediatamente de recordar qué medicinas había recetado, e hice una pregunta tras otra sobre la naturaleza de la enfermedad, para saber qué remedio había dispensado. Después de devanarme los sesos para descubrirlo, me dijo que se trataba de una pieza, recordándome así de repente que yo había dado una medalla a una joven de aquel lugar, que vino a consultarme por su débil salud. Para verificar el hecho, mandé decir a la joven que viniera a verme.

"Paso en silencio sobre una multitud de otros acontecimientos que, sin ser llamados milagros, son sin embargo verdaderas gracias; y a mis ojos una gracia muy preciosa y grande para nosotros es que la Santísima Virgen se digna servirse de nuestra pobre casita para propagar su devoción. Oh, si pudierais ver a estos buenos montañeses de todas las edades y sexos venir con la mayor confianza y la más conmovedora sencillez, pidiendo na médaillot, una medalla. Me ha afectado profundamente, y no puedo expresar suficientemente mi gratitud a nuestra tierna e Inmaculada Madre.

"Incluso los protestantes nos han pedido estas medallas, y me aseguran que ha sido con perfecta sinceridad. Los párrocos de Saboya son también muy celosos propagadores de esta devoción a María. Desde que leyeron el anuncio, lo han mencionado desde el púlpito a sus feligreses, muchos de los cuales, en consecuencia, se han procurado la medalla. Asimismo, vemos a jóvenes a punto de entrar en el ejército fortificarse con ella, y a personas que emprenden un viaje llevarla como salvaguardia; de hecho, todo el mundo recurre a ella como remedio universal para el alma y el cuerpo."

CURA DE LA HERMANA HYACINTHE, RELIGIOSA DEL CAL-VARIO.

Es la Madre General de la Comunidad quien nos ha dado estos detalles. Su carta está fechada el 7 de febrero de 1835.

"Estoy embargada de alegría; nuestra pobre enferma está perfectamente curada en virtud de la Medalla Milagrosa. Podría decir que nuestros enfermos, pues nuestras oraciones fueron ofrecidas tanto por el paralítico como por aquella joven que le dije que llevaba once meses enferma; sólo podía permanecer fuera de la cama unas pocas horas al día; siempre que podía ir a misa, y eso era raramente, tenía que ser asistida, y era necesario el apoyo de un brazo cuando se acercaba a la Sagrada Mesa. Desde el jueves camina sola y come sin experimentar el menor síntoma de su anterior enfermedad, excepto una pequeña debilidad. Espero que el Señor termine su obra y le devuelva la salud perfecta; pero hablemos de nuestra querida Hermana.

"Lo que sigue es una copia del relato que escribí de esta maravilla a nuestro santo Obispo anteayer, después de misa:

"Pongo en conocimiento de Vuestra Gracia un incidente de la gran misericordia de Dios, manifestada a nuestra comunidad en la repentina curación de una de nuestras religiosas de coro, llamada Hyacinthe, de cuarenta y siete años de edad. Esta buena Madre, el 14 de enero pasado, sufrió un ataque de parálisis. No le afectó a la cabeza, sino que se fijó inmediatamente en el lado izquierdo, que quedó inmóvil y sin sensibilidad. Nos apresuramos a llamar al médico, que la sangró libremente en el brazo; al día siguiente probamos con sanguijuelas, medicinas, una ampolla en el cuello, y tres días después otra en el miembro paralizado, pero fue en vano. La pobre paciente, al igual que nosotros, debe someterse a los decretos de Aquel que golpea y cura a voluntad. Al cabo de quince días, se me ocurrió hacer una novena en honor de la Inmaculada Concepción, cuya medalla, llamada milagrosa, todos llevamos. El cuarto día de la novena, cuando nos disponíamos a recitar las oraciones en torno a su lecho, la buena Madre deseó la Sagrada Comunión. Fue llevada al coro por tres personas; después de recibirla, el miembro se sintió un poco mejor, y pudo volver con la ayuda de dos personas solamente. Su confianza en la Madre de Dios aumentaba cada día; ayer pidió permiso para bajar el último día de la novena, y esta mañana, con la ayuda de un bastón y de alguien que la sostuviera, bajó y tuvo la dicha de comulgar. Inmediatamente después, terminamos las oraciones de la novena, justo al final de las cuales sintió un dolor en el brazo paralizado, seguido de un frío glacial y luego una sensación de calor extremo. Vino hacia mí con ambos brazos levantados, exclamando: "¡Estoy curada!". Y estaba perfectamente curada, pudiendo andar y usar sus miembros tan libremente como si nunca hubiera sentido un síntoma de parálisis.

"Sería imposible darle una idea de nuestra alegría y gratitud, Monseñor. La paciente se desmayó, y yo estuve a punto de hacer lo mismo; con dificultad pude continuar nuestras oraciones de acción de gracias, tan maravilloso parecía que el Señor hubiera concedido este favor a nuestra comunidad, bajo el gobierno de uno de sus siervos más indignos'.

"Le envío esta copia, que habíamos conservado, de la carta.

"En la misma carta pedí permiso a Monseñor para cantar un Te Deum al final de la bendición. Su Excelencia se apresuró a comunicar que no sólo lo permitía, sino que lo ordenaba, orden que fue cumplida con alegría. El Vicario General, nuestro Superior, me escribió pidiéndome que aplazara nuestras Vísperas media hora, pues deseaba asistir al Te Deum. Varios otros eclesiásticos vinieron también y vieron a nuestros curados bendiciendo a Dios. Desde aquel día nuestra buena Madre Hyacinthe sigue las reglas, cumple con todos sus deberes y nunca ha sentido el menor retorno de su enfermedad.

"Este milagro causó gran conmoción en nuestra ciudad; los obreros que trabajaban en la casa se enteraron en el acto y difundieron inmediatamente la noticia; la noche anterior habían visto a nuestra pobre Hermana arrastrando su miembro, bastón en mano y casi llevada en brazos por dos personas, y a la mañana siguiente la vieron perfectamente curada. Estos hombres, que rara vez tienen mucha religión, cantaron las alabanzas del poder de Dios, y me pidieron que les diera medallas. Les di una medalla a cada uno con gran placer.

Los clérigos han venido a conocer los detalles de este acontecimiento, y he dejado que la propia curada milagrosamente cuente las maravillas del Señor.

"No debo omitir informarle que el médico, habiendo agotado en vano todos los remedios, había estado nueve días sin ver a la paciente; y la misma víspera de su recuperación le dijo a uno de nuestros huéspedes que, habiéndose asentado la enfermedad, creía que nuestra afligida podría caminar, pero que nunca podría volver a usar su brazo. Al día siguiente, cuando fue a visitar a sus otros pacientes, se sorprendió muchísimo al ver que la enferma estaba perfectamente curada. Deseando obtener su sincera opinión sobre el tema, le comenté que probablemente no se trataba de una parálisis real, sino sólo de entumecimiento. Fue un caso muy marcado de parálisis", respondió, "y ciertamente hay algo sobrenatural en su recuperación".

"En acción de gracias continuamos las oraciones de la novena, pero las precedemos con el Laudato.

"Haga de esta carta el uso que estime conveniente. Si la inserta en el aviso, es libre de nombrar nuestra ciudad y casa. Cuánto anhelamos difundir el conocimiento y el amor del poder de Dios, manifestado en respuesta a nuestra invocación a la Inmaculada Madre de su Divino Hijo.

"HERMANA SANTA MARÍA,

"Superiora del Calvario de Orleans".

CURA DE MADAME LEBON (DIJON).

Nota. - "La venerable señora sobre la que se realizó esta curación pertenece a una familia muy honorable de Dijon, y su carácter personal está muy bien calculado para inspirar la mayor confianza", dice L'Ami de la Religion, en su número del 17 de abril de 1835. Además, la carta que escribió el 12 de marzo a uno de sus amigos, y que deseaba que nos fuera transmitida, va acompañada de los certificados de los párrocos de San Miguel de Dijon, de Dampierre y de Beaumont-sur-Vingeanne, también de cinco miembros del consejo municipal, y de varias otras personas muy fiables, algunas de ellas miembros de su familia; más aún, va seguida de un relato detallado dado por el asistente médico, que estuvo a cargo de su caso durante dieciséis años.

"Dijon, 12 de marzo de 1835.

"Madame y querido amigo:

"Me preguntas los detalles de la forma milagrosa en que Dios ha querido devolverme la salud. Bien, podría resumirse en estas pocas palabras: Imploré a María que obtuviera mi curación, y ella la obtuvo al instante; dicho esto, usted lo sabe todo, pero desea que le recuerde las circunstancias de mi enfermedad y mi experiencia posterior a la curación. Se las relato como sigue:

"Sin duda recordáis que, durante más de veinte años, no pude caminar, a consecuencia de un absceso en los intestinos, que me dejó en tal estado de sensibilidad que siempre después de una caminata de más de cien pasos me exponía a los accidentes más graves. Tampoco ignora usted el hecho de que, hace casi quince meses, a causa de la gripe, se formó un segundo absceso, y aumentó de tal modo la irritabilidad, que rondaba entre la vida y la muerte, e incluso cuando me encontraba en mi mejor momento apenas era capaz de arrastrarme de una habitación a otra. Pero probablemente nunca has oído que, desde el 1 de diciembre pasado, mi estado era tan crítico que, con gran dificultad, podía permanecer fuera de la cama tres o cuatro horas seguidas, lo que me hacía pensar, tanto a mí como a los que me rodeaban, que mi fin estaba cerca y que no sobreviviría a la primavera.

"Este era mi estado, querido amigo, cuando alguien me mencionó la medalla de la Virgen Inmaculada y me instó a conseguirla. Pasé mucho tiempo decidiéndome a hacerlo, pues consideraba presuntuoso solicitar la curación de una enfermedad que los médicos habían declarado incurable. Al fin, pensando, por una parte, que cuanto más grave fuera la enfermedad, mayor sería la gloria de Dios si se dignara curarla, y, por otra, que había hecho los milagros más maravillosos con los menos dignos, decidí contárselo a mi confesor. Así lo hice, y él me animó a hacer la novena.

"El 2 de febrero, fiesta de la Purificación, primer día de la novena y memorable para mí, me llevaron a la iglesia en carroza; mi hija, única confidente de mis intenciones, me asistió hasta el altar de la Santísima Virgen, donde, después de oír misa todo lo bien que mi enfermedad me lo permitía, recibí la sagrada Comunión. Apenas me arrodillé para hacer un acto de adoración, me vi obligada a sentarme. Una Hermana de la Caridad, que yo no sabía que estaba allí, pues no esperaba recibir todavía la medalla, me la puso en el cuello. Inmediatamente, me puse de rodillas para rogar a la Madre de los afligidos que intercediera ante su divino Hijo por el restablecimiento de mi salud, si Él preveía que sería conducente a la gloria de Dios y a su honor, a mi salvación y a la felicidad de mi esposo y de mis hijos. Apenas pronuncié algunas palabras, pidiendo al Señor que escuchara la oración de su santa Madre, María intercedió y Dios, en su gran misericordia, me escuchó: estaba curada, Señora, enteramente curada..... Terminé de rodillas todas las oraciones de acción de gracias después de la Comunión y las de la novena, y, sin experimentar la menor molestia, mi mal había desaparecido, y desde entonces no he vuelto a sentir el menor síntoma. Caminé, sin ayuda, hasta la puerta de la iglesia, despedí al carruaje y regresé a casa a pie.

"Le he dado un detalle de los hechos, pero expresar los sentimientos que llenaron mi corazón al volver a entrar en mi casa sería imposible; mi alegría, mi asombro, no tenían límites; apenas podía darme cuenta yo mismo. ¡Curado en un instante! La idea me dominaba. Parecía como si estuviera soñando, pero el asombro de mi marido, de mi madre y de los criados, que al ver el gran cambio que se había operado en mí, aunque ignoraban los medios, no podían dejar de exclamar: "¡Pero si se ha obrado un milagro en usted!", me convencieron de que no estaba dormida.

"Desde entonces camino tan bien como cualquiera; apenas terminada mi novena, podía ir de un extremo a otro de la ciudad. No han pasado seis semanas desde mi curación, y ya he caminado más de tres millas a la vez y podría haber logrado el doble. Ya ve, Madame y querido amigo, que el milagro es de lo más sorprendente.

"Ahora le ruego a usted, así como a todas las demás almas piadosas, que se unan de todo corazón a mí para dar gracias a Dios y a su augusta Madre.

"Su siempre devoto,

"ÉLIS. M. DARBEAUMONT LEBON."

El certificado del médico termina así: "Cualquiera que haya sido la causa de la curación, hasta ahora considerada como imposible por todos los médicos que atendieron a Mme. Lebon, no debe ser considerada menos cierta y positiva, porque la evidencia del hecho es indudable.

"Por lo tanto, firmo la presente atestación, que declaro sincera y verdadera.

"FOURNIER, Doctor.

"Dampierre, 19 de marzo de 1835. "

CURACIONES REALIZADAS EN ESMIRNA Y CONSTANTINO-PLA.

Extracto de una carta de M. Le Leu, misionero lazarista:

"Constantinopla, 16 de marzo de 1835.

"Hace mucho tiempo que me propuse escribirle algo sobre la medalla. A mis ojos, uno de los mayores milagros que ha obrado es la rapidez de su propagación y la confianza que inspira. Por las medallas que le pedimos, puede juzgar su efecto en este país. Podríamos disponer de miles y, sin embargo, no satisfacer las innumerables peticiones que tenemos de ellas. En Esmirna, es lo mismo. Tuvimos ocasión de enviar algunas al interior de Asia, y la Santísima Virgen no se mostró allí menos poderosa ni benéfica que en Europa. En Angora, un anciano estaba privado del uso de todos sus miembros y no caminaba ni trabajaba desde hacía años; vivía en una pobreza espantosa y suspiraba por la muerte, pues se sentía especialmente afligido por haber sido durante tanto tiempo una carga para una familia en situación de indigencia. (En este país hay muchas familias armenias muy devotas de la Santísima Virgen, y ésta era una de ellas). Apenas oyó hablar de la Medalla Milagrosa, solicitó la felicidad de obtenerla y llevarla. En estos países la fe ha conservado su sencillez primitiva; este receptor de una medalla no se contenta con rezar ante ella, o colgársela al cuello, sino que la besa con profundo respeto y se la aplica en la parte afectada; la Santísima Virgen no puede resistirse a tal confianza, y el buen anciano recupera instantáneamente el uso de sus miembros; ahora trabaja y se mantiene a sí mismo.

"He aquí otro incidente: Una joven perteneciente a una familia respetable y muy piadosa había sido, durante mucho tiempo, presa de una enfermedad cuya naturaleza ni los médicos franceses, ni los griegos, ni los turcos podían comprender. Sus síntomas eran dolores muy violentos en el costado, que le impedían caminar, comer o dormir, y que a veces desaparecían, sólo para volver con renovada violencia. Habiendo oído hablar de nuestra medalla, esta señora se sintió interiormente impulsada a emplearla para su curación, pero creyéndose indigna de obtener directamente un milagro, rogó a la Santísima Virgen que iluminase al médico y le diese a conocer el remedio adecuado. Entonces se fue al campo. Al cabo de varios días, vio con asombro a su médico, quien, nada más verla, exclamó: "Señora, ¡buenas noticias! He encontrado el remedio para su enfermedad. Estoy seguro de ello; en pocos días se encontrará perfectamente. No sé por qué, pero su caso ha ocupado constantemente mi mente desde su partida, y mediante un cuidadoso estudio del mismo he descubierto por fin la causa de la enfermedad y la manera de tratarla'. La señora reconoció enseguida que este conocimiento venía de lo alto, y que no había implorado a María en vano. Hoy goza de excelente salud. De boca de su madre recibí estos detalles. Señor -exclamó esta buena madre-, ¡qué feliz me siento por la curación de mi pobre hija! Es la Santísima Virgen quien me la ha devuelto. Si pudiera usted conseguirme algunas medallas más, estoy abrumada de peticiones". El mismo médico publicó los detalles que acabo de dar. Tan persuadido está de la eficacia de la medalla, que la llama su último remedio y aconseja a sus pacientes que la lleven siempre que él no sabe qué hacer con su enfermedad. Y la Santísima Virgen ha recompensado su fe, porque una de sus hijas, persona muy piadosa, pero de salud miserable, acaba de experimentar sus efectos beneficiosos.

"Podría mencionar otros innumerables incidentes, tantas conversiones como curaciones, pero uno más bastará por hoy. No hace mucho, la madre de una familia tenía todos los síntomas de un ataque de apoplejía; ya había perdido el conocimiento, cuando su hijo, un joven muy piadoso, que llevaba una de estas medallas, se la quitó del cuello y se la puso alrededor del de ella. Luego corrió en busca de un médico y un sacerdote. Al llegar a la casa, los tres se asombraron al ver que la mujer se había recuperado. Aquella noche, el hijo pidió la medalla a su madre, que se la devolvió, pero un instante después sufrió un nuevo ataque. La protección de la Santísima Virgen parecía haberse retirado con esta señal de su poder. Inmediatamente volvió a ponerle la medalla en el cuello, esta vez para que permaneciera, y desde entonces se encuentra bien.

"¡Oh! no tarde, se lo ruego, en enviarnos las medallas que le hemos pedido".

CONVERSIÓN Y CURACIÓN DE UN ANCIANO EN CAST-ERA-LES-BAINS.

Nota. -Estos datos nos han sido enviados y atestiguados por M. Bellos, secretario del registro de Auch, y por otras personas muy fiables.

"A principios de marzo de 1835, un anciano de la parroquia de Castera-les-Bains (Gers), cayó peligrosamente enfermo. El venerable párroco, Sr. Barère, se apresuró a visitarlo, con la esperanza de poder persuadir a la pobre criatura a arrojarse en aquellos brazos que se extendían en la cruz por todos los pecadores. Nuestro paciente, que no se confesaba desde hacía muchos años, lo recibió como a un infiel tal como era, rehusó toda asistencia religiosa y terminó diciendo: "¡Monseñor cura, preferiría perder el habla antes que acceder a sus deseos!". Retirándose el caritativo párroco, aunque de muy mala gana, pensó ahora en la Medalla Milagrosa que llevaba, y, quitándosela, la entregó a uno de los domésticos con instrucciones de ponerla en la cama del enfermo; aconsejando, sin embargo, por si se descubría el ardid, que no se aludiera al asunto, para evitar al infeliz toda ocasión de invectivas contra la religión. Pero, ¡oh maravilla de relato! poco después, el moribundo despierta como de un profundo sueño y ruega encarecidamente que se haga venir al cura para oír su confesión. Ante esta noticia, el buen pastor vuela hacia su oveja perdida, que le recibe con toda expresión de alegría, le suplica perdón y le pide recibir el Sacramento de la Penitencia. Sería superfluo que nos extendiéramos en los sentimientos y en el lenguaje del caritativo ministro de la religión. Estaba tan conmovido por las disposiciones de su penitente, que no dudó en llevarle el Santo Viático a la mañana siguiente. Muchos fieles acompañaron al Santísimo Sacramento a la cámara del enfermo; éste, confesándose de nuevo, abjuró de sus errores ante todos los asistentes, y les rogó encarecidamente que perdonaran el escándalo que su conducta pasada les había causado. Todos se conmovieron hasta las lágrimas, y fue en medio de esta emoción universal cuando recibió al buen Dios, con los más profundos sentimientos de humildad y compunción, y encomendándose a las oraciones de todos los presentes. En el transcurso de la noche siguiente, temiendo que le sobreviniera un ataque de debilidad, pidió la Extremaunción, y la recibió con las mismas pruebas de fe y piedad. Esta conversión fue seguida de su perfecta recuperación, y el buen anciano bendice ahora a la Divina Providencia, que, a través de la protección de María, le rescató de los bordes de un espantoso abismo en el que su infidelidad le habría sumido para siempre.

"El que suscribe, que obtuvo estos detalles de boca del cura de Castera, da fe de su autenticidad. No les ha añadido ni quitado nada, sabiendo muy bien que la Santísima Virgen no tiene necesidad de falsedades para probar su poder y su bondad. Es, pues, por su palabra de conciencia que da este hecho, que ninguno de los habitantes de Castera y del país vecino negaría, aunque fuera incrédulo."

CURA DE ROSALIE MORVILLIERS, RECONOCIDA COMO MILAGROSA POR TODA LA PARROQUIA.

"Hangest (Somme).

"Os he mencionado la curación obrada por la Medalla Milagrosa en una persona de cincuenta años; el hecho es incontestable. Rosalie Morvilliers, la beneficiaria de este favor, no había dejado de sufrir desde que tenía siete años; una afección de los nervios le causaba palpitaciones casi constantes y fuertes dolores de cabeza, que, sin embargo, no le impedían realizar algunos trabajos ligeros sin agravar la enfermedad. Pero hace unos cinco años, sufrió un ataque de epilepsia que causó gran consternación en su familia. A partir de entonces, se vio obligada a guardar cama, y sólo veía a sus amigos más íntimos; la sola visión de un rostro que no le era familiar bastaba para provocarle espantosas convulsiones durante varias horas. Independientemente de cualquier causa externa, estos paroxismos solían producirse tres veces al día, y eran tan violentos, que con gran dificultad podía ser mantenida en su habitación; lanzaba los gritos más espantosos, sus facciones estaban horriblemente distorsionadas, su boca cubierta de espuma, y, de hecho, según el testimonio de aquellos que solían presenciar los ataques, pasaba algún tiempo antes de que recuperara la conciencia.

"Tal era su estado cuando alguien le dio una Medalla Milagrosa. Ella la recibió con la mayor confianza, y se la aplicó inmediatamente en la parte de la cabeza donde el dolor era más agudo; el dolor desapareció inmediatamente. Desde aquel momento se sintió impulsada a hacer una novena en honor de la Inmaculada Concepción para la curación de su epilepsia. Pero la desconfianza a la hora de comentárselo a su director le hizo aplazar la ejecución de este piadoso designio durante seis semanas. Al final, cedió a sus deseos, diciendo que se sentía plenamente persuadida de que esta novena aseguraría su recuperación por intercesión de la Santísima Virgen, y su confianza no estaba equivocada. El cura comenzó inmediatamente la novena, comprometiendo en ella a la cofradía de la Sagrada Familia. Mientras estaba en misa, en la mañana del último día, el 17 del mes de María, la paciente sufrió el ataque más violento posible, el peor que había tenido nunca, aunque durante la novena los paroxismos habían aumentado de intensidad. De repente cesa. Varias personas comienzan a rezar y a recitar la coronilla; la paciente, mirándolas con una sonrisa, se duerme suavemente. Pocos minutos después, abre los ojos y exclama: "¡Estoy curada! ¡Estoy curada! ¡La Santísima Virgen acaba de curarme de la epilepsia! ¡Qué buena es, qué poderosa! Me parece como si se hubiera producido una revolución general en todo mi cuerpo. Estoy seguro, amigos míos, de que esta enfermedad ha desaparecido de mi organismo para siempre.

"Fue muy fácil para los asistentes creer que realmente se había producido en ella algún cambio extraordinario, pues su semblante no presentaba el menor vestigio del ataque. ¡Ahora deseaba comunicarse, y ¡oh! con qué transportes de fe, gratitud y amor recibió al buen Dios!

"El ruido de esta curación llegó pronto a las aldeas vecinas. ¡Qué hermosa es todavía, señor, la sencillez de la fe en estas comarcas rurales! En adelante, todos deseaban llevar la medalla.

"Este acontecimiento tuvo lugar el 17 de mayo, a las nueve de la mañana. Desde entonces la paciente no ha sentido el menor síntoma de epilepsia. Sale de su habitación, pasea por el jardín y recibe visitas indistintamente, sin experimentar ningún mal efecto. Sin embargo, la Santísima Virgen no curó todas sus dolencias; todavía tiene la afección nerviosa que existía antes de los ataques epilépticos, pero debo observar que como la novena se hizo únicamente para la curación de la epilepsia, la Santísima Virgen ha obtenido todo lo que se le pedía.

"Esta, Monsieur, es la declaración exacta. Algunos, sin duda, atribuirán la curación a causas naturales; nosotros, como el enfermo, estamos convencidos de que se debe a la poderosa intercesión de María. El cura está de acuerdo con nosotros, al igual que todos los que se glorían en las verdades de la religión. Honrado sea, pues, el poder y la bondad de María sin pecado concebida".

CURA DE UNA HIJA DE LA CARIDAD Y DE OTRA PERSONA (DIÓCESIS DE MOULINS).

La siguiente carta fue enviada por un caballero de indudable veracidad al Journal du Bourbonnais, y publicada en su número del 6 de junio de 1835:

"Monsieur:

"Todos somos hijos de María; al pie de la cruz de su Divino Hijo, su corazón maternal nos adoptó como suyos. Todas las épocas han sentido los saludables efectos de su poderosa protección; nuestros padres los han admirado, nosotros mismos los admiramos, y nuestros días están llenos de maravillas. También recientemente ha aparecido derramando torrentes de gracia sobre un reino privilegiado, y este reino es Francia. La visión se verifica, pues la época que la vio ha sido también testigo de la multiplicación de innumerables curaciones y conversiones milagrosas.

"¿Y Bourbonnais, nuestro querido país, será aceptado en la distribución de los favores de María? No, también participará en esta cosecha de gloria. La rapidez verdaderamente asombrosa con la que se han distribuido las mil medallas milagrosas traídas a nuestra ciudad es para mí garantía suficiente de nuestras esperanzas, y sería de uso diario anotar los maravillosos rasgos de la protección de María.

"Primero. La hermana Chapin, del Hospital de San José, estuvo durante más de dos años atormentada por dolores y una fiebre que desafiaba toda habilidad médica.

"Este ángel de la tierra se lamentaba de su incapacidad para cumplir con los deberes de su noble vocación; lejos de disminuir, su caridad, celo y resignación parecían aumentar con el declive gradual de su salud, que ahora excitaba nuestros serios temores. Habiendo agotado en vano todos los recursos de la medicina, dio la espalda al arte y a la naturaleza para dedicarse sólo a la fe. Llena de confianza en la Medalla Milagrosa, comenzó una novena a María por la recuperación de su salud. Antes de terminar la novena, tanto los dolores como la fiebre habían desaparecido, y en adelante, comenzó una nueva existencia, sus fuerzas volvieron, y es feliz de demostrar con hechos (cumpliendo con facilidad los deberes más penosos) lo que sus virtudes siempre la han proclamado, una verdadera hija de San Vicente de Paúl.

"2ª. Ayer, de nuevo, se presenció en nuestro Bourbonnais, otro maravilloso rasgo de la protección de María. He aquí los hechos: El lunes, 1 de junio, a las ocho de la tarde, en la parroquia de Montilly, cerca de las fronteras de Allier y del castillo de Beau-Regard, una mujer sufrió un violento acceso de sangre en la cabeza; los lamentos y los gritos desgarradores de la familia atrajeron a sus vecinos. Se sucedieron dos crisis alarmantes, a las que siguió una tercera, que se creyó mortal. La paciente, después de luchar violentamente contra los esfuerzos combinados de cuatro hombres para sujetarla, cayó inmóvil y aparentemente sin vida; sus miembros estaban rígidos y fríos, su cara de un azul lívido, sus rasgos distorsionados, sus ojos fijos, su respiración insensible, la muerte parecía inminente. Este espantoso ataque había durado cerca de media hora, cuando alguien de los presentes pensó en la Medalla Milagrosa; se acerca a la moribunda y le pone la medalla en los labios. En ese instante ésta se despierta de su sueño, respira, junta las manos como agradeciendo a la persona que la había devuelto a la vida, reconoce a todos los que la rodean, les habla y les agradece sus amables atenciones.

"A la mañana siguiente, martes, no la encontré a las puertas de la muerte, sino en las calles de Moulins, donde yo mismo la vi y le hablé.

"Perdóname, oh divina María, si entre mil rasgos sorprendentes de tu poder y bondad, me detengo en algunos que son comparativamente leves, es sólo por su reciente aparición entre nosotros. Feliz seré de despertar entre mis hermanos un tributo pasajero a la fe, esa fe viva y saludable, cuya eficacia he experimentado, y cuyas verdades anhelo ver plantadas y alimentadas en todos los corazones.

"Dignaos acordar, etc."

Hemos sabido que la recuperación de la Hermana Chapin es permanente.

CURA DE MARIE LACROIX (DIÓCESIS DE LANGRES).

Nota. -Es M. Barillot, vicario general, quien nos envía este relato:

"Obispado de Langres, 20 de junio de 1835.

"Monsieur

"El Sr. Regnault, cura de Ormoy, cantón de Chateau-Villain, en nuestra diócesis, excelente pastor y juicioso sacerdote, me escribe la carta adjunta del 19 inst.:

"Acaba de ocurrir algo extraordinario en mi parroquia. Una joven de veinte años se quedó ciega como consecuencia de una caída; se le desplazó la cadera y perdió todo el uso de sus miembros, excepto los brazos. Durante tres meses estuvo en un hospital de Bar-sur-Aube, bajo tratamiento para estas graves aflicciones, pero fue en vano. Por fin, juzgando que su caso no tenía remedio, los médicos la enviaron de vuelta con sus padres a Ormoy. Aquí, como en Bar-sur-Aube, soportó durante tres meses sufrimientos increíbles, sin poder siquiera girarse en la cama o cambiar de posición en lo más mínimo. El ministro recibió una petición (acompañada de los certificados de los dos médicos que la habían atendido en Bar-sur-Aube) solicitando su ingreso en el hospital de Quinze-Vingts. Mientras tanto, esta joven, que siempre me había parecido muy piadosa y sumisa a la voluntad de Dios, habiendo recibido una Medalla Milagrosa, comienza inmediatamente una novena. Transcurren siete días, y sus sufrimientos, lejos de disminuir, se intensifican; al octavo está bañada en una profusa transpiración, después de la cual se levanta de repente, se viste y camina por las calles hacia la iglesia, ante el gran asombro de toda la gente, que, al verla, no puede contener las lágrimas.

"'La interrogué detenidamente, pero no expresé mi opinión sobre el tema. Fui a Bar-sur-Aube para obtener más información; el médico la declara asombrosa, sobre todo si tenemos en cuenta su anterior estado desesperado. Las hermanas del hospital, los curas de Bar-sur-Aube, los pacientes, todos dicen que es verdaderamente un milagro. La gente de Ormoy e incluso de los alrededores, que vienen a verla, se extrañan de que no lo mencione desde el púlpito. Le ruego que me haga saber cómo debo actuar en este asunto, y también que hable de ello con el obispo".

"Desde entonces, el obispo ha enviado un mensaje a través de mí al cura de Ormoy, para que publique este milagroso suceso entre sus feligreses; también me ha encargado que le envíe una copia de la carta del buen cura, dejando a su discreción el uso que pueda hacer de ella.

"Soy, etc,

"BARILLOT, Canónigo, Vicario General."

Antes de imprimir esto, quisimos averiguar si la curación era permanente, y el Vicario General nos envió la siguiente respuesta del cura de Ormoy:

"La curación es permanente; desde hace varios meses la joven está con las Ursulinas de La Chapelle, que la consideran físicamente capaz de participar en las labores de la casa; su estado ha sido atestiguado por tres médicos. Su súbita recuperación, como ya se ha dicho, nos lleva a creer que seguramente fue sobrenatural. Estaba lejos de merecer este favor que se había concedido a mi pobre parroquia. Espero que la Santísima Virgen termine su obra.

"3 de noviembre de 1835."

CURACIONES REALIZADAS EN EL DISTRITO DE CHABLAIS (SABOYA).

"Monsieur:

"El país purgado de la herejía de Calvino por los trabajos del santo obispo de Ginebra, no es extraño a las bendiciones figuradas por los rayos misteriosos de la medalla. Este maravilloso instrumento de la liberalidad de María se ha propagado con asombrosa rapidez, aunque sólo hace unos meses que oímos hablar de él entre nosotros. Considero una obligación piadosa ofreceros unas piedrecitas para la construcción de ese templo de gloria que ahora se está erigiendo, en honor de Ella, que últimamente se ha mostrado más poderosa y misericordiosa que nunca en la tierra. Soy un joven aldeano que vive en medio de mi familia; no os anuncio milagros, sino que me limito a relatar los hechos tal como los he visto u oído. Podría haber adjuntado una lista de firmas, pero no lo he juzgado necesario, pues el corazón dócil y religioso las considera superfluas, y el escéptico, fraudulentas, como los hechos. Al leer las primeras frases de cada incidente, las personas que viven en la vecindad reconocerán a los individuos en cuestión, y por lo tanto quedarán más profundamente impresionadas.

"1º. En el mes de julio de 1824, la señorita C., de veintinueve años de edad, se despidió por última vez de su familia; ella y otras generosas compañeras iban a una de las grandes ciudades del sur de Italia para consagrarse allí al servicio de los enfermos y de los pobres. Después de unos meses de noviciado en una casa religiosa dedicada a obras de esta naturaleza, fue atacada por una de esas enfermedades debilitantes y debilitantes que los médicos no saben definir. Atribuyéndolo al clima, los Superiores, después de veintidós meses de tratamiento ineficaz en el noviciado, la enviaron a respirar su aire natal. Pero el cambio de aire también resultó vano, y los médicos finalmente cesaron sus visitas, juzgando imposible el restablecimiento de su salud. Hace unos seis años, había mejorado lo suficiente como para caminar unos pasos más allá de su habitación, e incluso permanecer al aire libre algunos minutos, pero la mejoría era ilusoria, y desde 1830 no había podido abandonar su lecho de sufrimiento excepto por unos instantes. Muchas veces, durante estos últimos cinco años, estuvo aparentemente al borde de la muerte, y eso durante varios días consecutivos, conservando siempre, sin embargo, sus facultades auditivas e intelectuales, ya que podía responder por señas al sacerdote que la visitaba. Fue él quien me dio estos detalles. Su estado era tal que se consideró oportuno administrarle los últimos sacramentos. Esta casa era ahora una escuela de edificación, donde los cristianos podían estudiar el precio de los sufrimientos y el heroísmo de la paciencia. Finalmente, a finales del pasado mes de abril, esta pobre criatura, tan torturada durante los últimos once años, concibió la esperanza de alivio a través de la Medalla Milagrosa, pero, desconfiando de las impresiones un tanto extraordinarias que el pensamiento causaba en su imaginación, sólo por obediencia pudo ser inducida a comenzar una novena. Los únicos ejercicios consistían en repetir tres veces al día la invocación: "¡Oh María, sin pecado concebida, ruega por nosotros que recurrimos a ti! El miércoles 24 de abril, segundo o tercer día de la novena, sintió un deseo irresistible de levantarse. Era aún muy temprano; un niño la ayudó a vestirse. Al comprobar que sus miembros la sostienen, comienza a pensar que debe tratarse de algo milagroso y, llena de alegría, desea anunciar la noticia a su madre, que se encuentra en una habitación contigua. Al llegar a la puerta, se asusta y da media vuelta precipitadamente; pero, como la facilidad con que llega a su habitación la tranquiliza, se sobrepone y, volviendo sobre sus pasos, busca los abrazos de su madre, de su hermana y de su hermano. Su inesperada aparición los llena de gran emoción, y abundantes lágrimas atestiguan la profundidad de su alegría y gratitud. Un clérigo, que visitaba a menudo a esta señora, pronto oyó rumores de su recuperación, pero no les dio crédito. Encontrándose poco después con su madre en la calle, ésta rompió a llorar al verle, sin poder expresar la causa de su emoción. Sospechándolo, se dirigió inmediatamente a la casa y comprobó por sí mismo el milagro que se había obrado. Con la señorita C., se une para bendecir a su poderosa protectora, la Inmaculada María.

"Desde entonces, el 24 de abril, hasta hoy, 18 de junio, la señorita C. se levanta a eso de las siete, oye misa de rodillas, se dedica a diversas tareas durante el día, hace visitas y paseos de media hora o incluso de una hora, y sigue bien, incluso su tez empieza a tomar un tinte saludable. Todavía tiene las piernas un poco hinchadas y no puede alimentarse mucho.

"La repentina aparición de esta persona, a la que todo el mundo conocía como gravemente enferma desde hacía once años, causó una sensación extraordinaria. Todas las miradas se fijaron en ella, y mucha gente incluso la siguió. Esto ocurrió en la capital de la provincia.

"2º. En el mes de agosto de 1833, mi hermana, al ver a un niño que apenas se salvó de caer por una trampilla abierta, fue atacada repentinamente por espantosas convulsiones nerviosas, que en lo sucesivo volvieron diariamente, e incluso hasta quince veces al día. Sólo al cabo de dos meses los remedios y un estricto tratamiento hospitalario de cuatro semanas consiguieron detenerlas. El año pasado, volvieron a manifestarse en el mes de febrero, pero desaparecieron, dejándola presa de una gran debilidad y de una fiebre que la mantuvo en cama cuatro semanas.

"En febrero de este año, volvieron las convulsiones nerviosas, y con una frecuencia y fuerza verdaderamente alarmantes. La paciente se consumía visiblemente, los paroxismos se renovaban siete y diez veces al día y eran de un carácter espantoso; la circulación de su sangre parecía detenida, sus pies y manos estaban mortalmente helados, sacudía la cabeza con violencia y precipitación, un grito agitado escapaba de su pecho; el ataque duraba de tres a seis minutos y la dejaba completamente exhausta. Los testigos de este doloroso espectáculo se conmovieron hasta las lágrimas. La llevaron a un hábil médico, que después de verla en una de estas convulsiones, declaró que el caso no tenía remedio, diciendo: 'le desconcertaba, no podía entenderlo'. Sin embargo, le recetó remedios. Mientras tanto, las primeras medallas llegaron a nuestro entorno. El martes de Carnaval, mi hermana tuvo cinco ataques, que, según me aseguró, fueron los peores que había sufrido nunca. Al día siguiente, llevando la medalla, empezó una novena, y las dos convulsiones que tuvo aquel día fueron las últimas; desde entonces no ha vuelto a sentir el menor síntoma (y eso sin emplear los remedios prescritos), ni ha tenido un signo de la fiebre, que el año pasado sustituyó a las convulsiones menos violentas. Esta curación se realizó de manera insensible, pero muy eficaz, el primer día de una novena hecha a través de la medalla. Mi hermana reanudó inmediatamente las múltiples tareas de un hogar laborioso. Ella atribuye, y nosotros también, su curación sólo a María. ¡Miles de veces sea el amor y la gloria a esta buena Madre!

"3ª. En el distrito de Chablais, en las fronteras del cantón de Ginebra, vivía una pobre viuda, madre de una familia bastante numerosa. Esta buena mujer, de unos sesenta años, tenía una predisposición natural a la parálisis. A la edad de cuarenta y ocho años, un ataque de esta enfermedad la privó del uso de su brazo izquierdo. A intervalos desde entonces, ha tenido episodios de enfermedad tan graves y prolongados, que al menos cien veces pareció estar al borde de la tumba. Nunca consultó a un médico, sino que, animada por una fe viva y perseverante, sólo recurrió a medios sobrenaturales. Dios y los santos son los únicos médicos buenos", decía, y "Dios y los santos" recompensaban su confianza.

Se ha recuperado de estas enfermedades desesperadas de una manera extraordinaria. El primero de marzo pasado, su pie izquierdo perdió la capacidad de sostener su cuerpo al caminar, sin duda debido a su predisposición natural a la parálisis. Personas informadas sobre el tema han dado la siguiente descripción de los movimientos convulsivos del pie de esta pobre mujer: suspendido, conservaba su posición natural, pero al ponerlo en el suelo, perdía inmediatamente el equilibrio; su cuerpo estaba doblado, la rodilla vuelta hacia fuera, la planta del pie expuesta, y el lado izquierdo del pie era la base de apoyo del miembro izquierdo al andar. Iba así a la iglesia, distante unos cuatro minutos a pie; pero incluso en ese corto espacio de tiempo, los movimientos convulsivos del pie eran a veces tales que no era capaz de mantener el equilibrio, sino que caía al suelo. Todo el mundo la compadecía, siempre estaba tranquila y perfectamente resignada. Sus hijos le habían hecho una férula de hierro que le llegaba hasta la rodilla, pero después de una prueba, se vio obligada a desecharla, pues el remedio le causaba más sufrimiento que la enfermedad. Durante la Cuaresma, algunas personas caritativas le aconsejaron que buscara la ayuda de María a través de la Medalla Milagrosa. La buena viuda así lo hizo y llevó su medalla con la mayor confianza. El Sábado Santo percibió que su pie se había estabilizado; al día siguiente, Pascua de Resurrección, sin haber utilizado ningún remedio, volvió a su posición natural, y desde entonces, aunque un poco más débil que el derecho, ni una sola vez ha cedido ni se ha torcido. Ella atribuye su recuperación a la Santísima Virgen, a quien invocó llevando la medalla, tan justamente llamada milagrosa.

"Podría citar muchos otros casos menos sorprendentes; una vez se trata de un robusto campesino que atribuye a la intercesión de María el alivio de violentos dolores; otra vez, un niño pequeño que, en pocos días, se cura completamente de un gran tumor bajo el brazo, acompañado de fiebre; una madre que me cuenta cómo la mala salud de su hija mejora sensiblemente con la aplicación de la medalla; o una niña protestante que, después de llevarla, abjura de la herejía, etc. Casi todos los niños de nuestro pueblo llevan la Medalla Milagrosa al cuello, recitan la invocación, besan la preciosa imagen y se la dan a besar a sus hermanitos de cuna.

III.

Gracias obtenidas de 1836 a 1838 en Francia, Italia, Holanda, etc.

CONVERSIÓN Y CURACIÓN DE M. GAETAN (BOULOGNE).

Este relato me fue enviado por el cura de Boulogne, el 8 de febrero de 1836.

"En mi parroquia, un joven llamado Gaetan U--, de veintisiete años, llevaba una vida de intimidad criminal con una mujer. Varios años después de haber abandonado a su madre y a su hermano, para no tener freno en su desvergüenza, fue postrado por un grave ataque pulmonar. El Sr. Jean Pulioli, un excelente médico, se hizo cargo del caso; pero la violencia de la enfermedad pudo más que su habilidad, y el paciente (todavía en la casa del mal personaje con el que vivía) quedó reducido a un estado de agotamiento tan deplorable, que no podía moverse por sí mismo. Desde el principio de su enfermedad, había insistido en que no se dejaría preocupar por un sacerdote. Pero como la enfermedad progresaba muy rápidamente, el médico creyó su deber advertir a un sacerdote de su estado. Mi capellán fue inmediatamente a verle y le rogó encarecidamente que pusiera fin a esta escandalosa situación casándose con la mujer, pero todo fue en vano. Entonces le hice una visita, y además de no notar en él ninguna intención de casarse ni de separarse de ella, percibí por las excusas que daba, que su alma estaba envuelta en una impenetrable indiferencia. Habiendo agotado inútilmente todos los esfuerzos para lograr un cambio, concluí que sería mejor dejarle un tiempo para que reflexionara tranquila y seriamente y volver más tarde para conocer su decisión. Le insté a que buscara la mediación de ese refugio de pecadores que es la Santísima Virgen, y deslizando la Medalla Milagrosa bajo su almohada, me marché. No hubo necesidad de que volviera para conocer su decisión, me mandó llamar a su madre, con la que entretanto se había reconciliado; después de informarme de las justísimas razones que tenía para no casarse con aquella mujer, me preguntó si no le pediría que se marchara, encargo que acepté de buen grado. Ella consintió, e inmediatamente abandonó la casa. La paz y la alegría del enfermo ante esto fueron indescriptibles; cuando le mostré la medalla, la besó de la manera más ferviente e impulsiva, a pesar de su estado de agotamiento. Luego, con todas las señales de sincero arrepentimiento, se confesó, recibió el Santo Viático y la Extremaunción, pues esperábamos a cada momento su último suspiro. Esto ocurrió el 19 de enero de 1836. Interiormente, gozaba de una paz indecible, favor que siempre atribuyó a la Santísima Virgen. A partir de este momento, comenzó a mejorar, y en pocos días su salud se restableció por completo. Continúa perseverando en sus buenos propósitos, y lleno del más tierno afecto hacia su celestial Bienhechora, lleva aún con reverencia la medalla que le regalé, besándola a menudo con verdadero amor filial.

"Monsieur, yo fui testigo del hecho arriba mencionado; se lo envío, no sólo con el permiso del recién convertido y curado, sino a petición suya, y espero que el conocimiento redundará en honor y gloria del Dios Omnipotente, que, por intercesión de la Santísima Virgen, ha obrado este doble milagro.

"Adjunto el certificado del médico que atestigua la enfermedad y su curación".

CURACIÓN DE UN JUEZ EN NÁPOLES.

El juez del tribunal civil de Nápoles, M. Joseph Cocchia, gravemente debilitado por una enfermedad crónica de los intestinos, fue afligido con los dolores más violentos, acompañados por una sensación espasmódica que, aumentando continuamente, desterró el sueño y el apetito, y disminuyó perceptiblemente su marco. A esto siguió una fiebre gástrica biliosa, larga y obstinada, de cincuenta días de duración. Cuando se liberó de la fiebre, el enfermo se encontró en un espantoso estado de emaciación y agotamiento; signos de inflamación en los intestinos, y una irritación tan extrema que la menor sacudida le inducía la fiebre, hacían temer a los médicos expertos que éstos fueran los síntomas de una enfermedad incurable aún más deplorable. Mientras se hallaba en este lamentable estado, llegaron a oídos del enfermo relatos de los prodigios que la misericordia divina había obrado en favor de los que llevaban la medalla; pidió ansiosamente una, y la recibió con fe; en adelante, ya no tuvo necesidad de asistencia médica, pues recobró la fuerza y la perfecta salud de que ahora goza.

CURA DE F.P. DE MAGISTRIS.

M.F. Paul de Magistris, de siete años de edad, fue atacado, hacia mediados de noviembre de 1835, por una fiebre gástrica biliosa que, por las circunstancias que la acompañaban, amenazaba con acortarle la vida. Después de tres semanas de enfermedad, su sistema nervioso también fue atacado, y se convirtió en presa de un estado de somnolencia profunda que dio lugar a la pérdida de la razón y el habla. Sus afligidos padres, viendo la obstinación de la enfermedad, a pesar de todos los esfuerzos de la habilidad médica en sentido contrario, consideraron el caso sin esperanza, y a su hijo perdido para ellos. La noche del 9 de enero, el cura le administró la Extremaunción, creyendo, como todos los asistentes, que al pequeño enfermo le quedaban pocas horas de vida. Un joven que llegó a la casa, mencionó la Medalla Milagrosa traída de Francia por los sacerdotes de la Congregación de la Misión, fue inmediatamente conseguida y, con confianza en sus poderes curativos, aplicada al niño, mientras todos los presentes se arrodillaban alrededor de su cama y recitaban el Ave Maris Stella. Apenas terminaron, se le consideró fuera de peligro. Con renovada confianza en la medalla, se resolvió comenzar una novena en honor de la Santísima Virgen. Durante su transcurso, la enfermedad disminuyó sensiblemente, y el niño se ha recuperado por completo. Sus padres, así como otras personas de crédito y veracidad, entre ellas el médico asistente, atestiguan que, habiendo presenciado su deplorable estado, se sienten convencidos de que su recuperación fue un milagro, resultado de la aplicación de la medalla.

22 de febrero de 1836.

CURACIÓN DE UN HOMBRE HIDRÓPICO (SUIZA).

"Soleure, 19 de enero de 1836.

"Baptiste, un aserrador de madera, a quien usted conoció durante su estancia en esta ciudad, estuvo confinado en su cama durante dos meses enteros por un ataque de la forma más severa de hidropesía en el pecho. Uno de nuestros mejores médicos, que le atendió al principio de la enfermedad, dijo a la esposa de Baptiste que el caso era desesperado, por lo que la familia decidió consultar a otro, M. Gougelmann, en Attyswill, a una legua de Soleure. Después de ver al paciente, también dio la misma opinión, y la angustia de la pobre esposa era inexpresable. Una piadosa señora, testigo de su dolor, le regaló una Medalla Milagrosa. El enfermo tenía los brazos, las piernas y todo el cuerpo muy hinchados. Su respiración era entrecortada y apenas podía moverse; su espalda y sus codos, sobre los que se veía obligado a apoyarse, eran una masa de llagas. En este estado lamentable, la muerte podía esperarse de un momento a otro. Su confesor, que había ido a visitarle, le llevó el aviso de los milagros obrados por la Medalla Milagrosa. El enfermo, al recibirla, comenzó a leerla en voz alta, con gran asombro de su esposa y del sacerdote, que eran testigos de que hacía pocos minutos que casi había perdido el habla. Y así siguió leyendo hasta que terminó el librito (era una de las primeras ediciones). Era la noche del 19 de enero. Su mujer, vencida por el cansancio, se durmió unos instantes, sus hijos estaban en una habitación contigua esperando oír en cualquier instante la triste noticia de la muerte de su padre. Durmió un poco hacia las tres de la mañana, y al despertar se encontró tan bien que le fue imposible resistir el deseo de levantarse de la cama y arrojarse de rodillas ante un crucifijo, en acción de gracias a Nuestro Señor y a su divina Madre. Su mujer se despertó y, al no verle en la cama, le llamó para saber dónde estaba. Estoy bien; la Santísima Virgen me ha curado", fue la respuesta de Baptiste, a quien vio arrodillado ante el crucifijo. Los niños, al oír el ruido, se apresuraron a acudir a la presencia de su padre, creyendo que estaba a punto de exhalar el último suspiro, pero ¡juzguen su sorpresa al encontrarlo restablecido y con las llagas perfectamente curadas! Imaginen, si pueden, la alegría de esta pobre familia y los felices efectos que la noticia de esta maravillosa curación produjo en muchos de los que la oyeron. Desde entonces, Baptiste goza de excelente salud".

CURACIÓN DE FRANÇOIS WENMAKERS, DE BOIS-LE-DUC (HOLANDA).

El Noord Brabander, periódico holandés, impreso en Bois-le-Duc, contiene en el número 68 el siguiente relato de una curación extraordinaria, atribuida a la Santísima Virgen:

"Bois-le Duc, 6 de junio de 1836.

"El 25 de abril pasado, François Wenmakers, un joven aprendiz de catorce años, cayó desde una altura de unos dieciséis pies. Una afección del cerebro y una parálisis casi completa de los pulmones, la laringe y el esófago fueron el resultado; no estaba en condiciones de tomar ningún medicamento en el estómago, ni siquiera de tragar el menor líquido, y estaba privado de conocimiento. Uno de los médicos, preocupado por su mirada fija, aconsejó la administración de la Extremaunción; y otro, la víspera de su recuperación, lo declaró al borde de la muerte. El enfermo, además, se había quedado casi ciego en los últimos días. El 1 de mayo se aprovechó un intervalo de lucidez para administrarle el Santo Viático, y el 4 del mismo mes recibió la Extremaunción de manos de uno de los capellanes de San Juan. Sus padres, que inmediatamente después de su caída, le habían colgado al cuello una medalla de la Inmaculada Concepción, viendo que ya no había esperanza de su curación, sino en la bondad divina y en la intercesión de la Santísima Virgen, comenzaron, el 16 de mayo, una novena en honor de la Madre de Dios. Tres días después, hacia las seis de la mañana, el enfermo preguntó repentinamente a su madre si la medalla que llevaba al cuello estaba bendecida. Ella respondió que sí, considerando la pregunta efecto del delirio. Inmediatamente la besó y se incorporó por primera vez desde la caída, pues hasta entonces había estado tendido en la cama sin poder hacer nada y, desde hacía algunos días, privado del uso de sus miembros. Algo me dice", exclamó, "que debo levantarme, que estoy curado". Es fácil imaginar el asombro de los presentes. La madre llamó a sus hermanas, que acudieron a la habitación con una niña mayor, y ellas, viendo que persistía en declararse curado, persuadieron a su madre para que le dejara levantarse. En efecto, se levantó y, señalando un cuadro que había en la habitación y que representaba la medalla, dijo: "Es esta buena Madre la que me ha curado". Desde aquel momento la salud del niño se restableció perfectamente, y sus facultades intelectuales brillaron más que nunca.

"Reflexiones aquí sobran. ¡Gloria a Dios y a la que recompensa así la confianza de sus servidores! Los padres y su hijo recordarán siempre la bendición que han recibido, ¡y nunca dejarán de publicarla!"

CURA DE ROSALÍA DUCAS, DE JAUCHELETTE (BÉLGICA).

Rosalie Ducas, de Jauchelette, cerca de Jodoigne, de cuatro años y medio de edad, fue, el 9 de noviembre de 835, repentinamente afectada de ceguera total, sin el menor síntoma premonitorio; no había enfermedad, ni debilidad, estaba aparentemente en perfecto estado de salud. No sólo le dolía la menor luz, sino también el menor soplo de aire, hasta el punto de que había que cubrirle constantemente la cara con un paño cuatro veces doblado. Los sufrimientos de esta pobre niña, día y noche, eran desgarradores. Finalmente, la madre enfermó. Una persona piadosa le consiguió una medalla bendita de la Inmaculada Concepción. La tomó y comenzó una novena. El 11 de junio de 1836, hacia las seis de la tarde, le pusieron otra medalla en el cuello; a medianoche, el pequeño dejó de gemir; al cuarto o quinto día de la novena, abrió los ojos. La madre y el padre redoblaron sus oraciones a la Santísima Virgen, y el noveno día, hacia el anochecer, el niño recobró totalmente la vista, con gran asombro de los vecinos y de todos los que fueron testigos del suceso.

"El cura de Jodoigne-la-Souveraine, que había dado la medalla, ha visto él mismo al niño, que vive a no más de media legua de distancia; afirma positivamente que ha recobrado perfectamente la vista, y que no queda el menor vestigio del ataque, hecho que es bien conocido, y contribuye no poco a excitar la devoción a la Inmaculada María."

CONVERSIÓN DEL PADRE DE FAMILIA (BÉLGICA).

"Todavía existen aquí algunas familias que, reconociendo persistentemente en el clero actual sólo un poder puramente civil, se mantienen completamente alejadas, viven en estado de cisma y no cumplen ninguno de los deberes de la religión.

"Una de estas miserables criaturas estaba aquejada de un virulento cáncer en un lado de la cara, que durante mucho tiempo le había estado carcomiendo la carne. Como el mal iba en aumento, creí mi deber visitarlo y ofrecerle los consuelos de mi ministerio. Lo vi varias veces, sufría mucho; el esófago estaba expuesto, el lado derecho de su rostro demacrado no presentaba más que una llaga profunda, el ojo, saliéndose de su órbita, colgaba suspendido sobre una boca terriblemente desfigurada; la lengua le causaba un dolor agudo; su estado era verdaderamente lamentable, sobre todo porque parecía decidido a morir impenitente. Era un hombre áspero y brusco, que no quería oír hablar de sacerdotes ni de Sacramentos. En vano se le recordaba la generosa bondad de Nuestro Señor y los rigores de su justicia, nada le conmovía; a todas las expostulaciones su invariable respuesta era: 'Grande es la misericordia de Dios, me confesaré con Dios, con la Santísima Virgen, con Santa Bárbara y con los buenos Santos'. Era la contrapartida de aquellos hombres a los que Jesucristo dijo: 'In peccato vestro moriemini-morirás en tu pecado'.

"Sus parientes y numerosos amigos se esforzaron tanto con oraciones como con súpli-cas para arrancarlo de la perdición, pero por otro lado, visitado diariamente y sostenido por sus antiguos socios en la impiedad, persistió en morir como había vivido, en el cisma.

"Mientras tanto, me vi obligado a ausentarme varios días. Este período fue para él de misericordia divina. Una señora de la parroquia hizo un último intento de volverlo a Dios, trayéndole una de esas medallas de la Inmaculada Concepción llamadas milagrosas. Se la envió con el ruego de que se la pusiera y depositara toda su confianza en la Santísima Virgen. El enfermo tomó la medalla, la besó respetuosamente y la puso bajo su almohada. Al dársela, su hija había tenido cuidado de informarle de su origen y ventajas, instándole al mismo tiempo, como de costumbre, a que se confesara. Dejadme en paz", fue la respuesta del desdichado padre, y ella no pudo decir nada más. Al día siguiente, un cura vecino fue enviado a administrar la Extremaunción a otra persona de la parroquia. Llegó, y olvidan-do, por así decirlo, a la persona para la que había sido enviado, sólo pensó en el paciente canceroso. Sentí", me dijo después, "un deseo inexplicable e irresistible de visitarlo, no habría podido volver sin verlo". Pide a alguien que anuncie su llegada al enfermo; esta persona habla con éste y le insta a confesarse. 'El cura de P. está aquí', añade, 'y querría verle, si no tiene inconveniente'. Bueno, sí, que venga'. El cura fue inmediatamente; al principio hubo un ligero aire de resistencia en el paciente, pero desapareció, había llegado la hora de la gracia, se confesó con todos los indicios de verdadero arrepentimiento, y recibió la Extremaunción con una paz y una alegría indescriptibles, que nunca vacilaron durante los cuatro días que le quedaban de vida. No se le pudo administrar el Santo Viático porque no podía tragar.

"A mediodía del 18 de mayo pasado, mes consagrado a María, murió, a la edad de setenta y ocho años.

"Salvo sus antiguos compañeros de irreligión, esta conversión fue motivo de regocijo para la parroquia, y sin duda regocijará a todos los siervos de María que oigan hablar de ella. Que este ejemplo, entre miles, inspire a los pecadores una gran confianza en la Santísima Virgen, propague la devoción a ella y multiplique la medalla llamada milagrosa.

"He creído un deber dar estos pocos detalles, con el fin de dar a conocer los efectos verdaderamente visibles de la protección de la Madre de Dios, y los resortes siempre impenetrables de la gracia con respecto al hombre.

"Tengo el honor de ser, Monsieur, con gran estima, &c."

CURA DE MLLE. ANTOINETTE VAN ERTRYCK

(BOIS-LE-DUC).

"La protección de la Santísima Virgen, que durante los últimos meses se ha mostrado tan poderosa en un reino vecino, también ha obrado maravillas en Bois-le-Duc. María también ha dado aquí pruebas de su bondad maternal cuando hemos implorado su intercesión.

"La señorita Antoinette Van Ertryck, de veinticinco años de edad, llevaba más de veinte meses privada del uso de sus miembros; estaban rígidos y paralizados, casi sin sensibilidad, y extendidos inmóviles en una especie de banco hecho expresamente para ello. La medicina no le proporcionó ningún alivio. En esta triste condición, llevando una medalla bendita de la Inmaculada Concepción, pensó en hacer una novena en honor de la Fiesta, para recuperar su salud. El último día de la novena, hizo una ferviente comunión. Incluso después de la salida del sacerdote, que vino a administrarle el Santísimo Sacramento, no parecía haber ningún cambio para mejor, sino que sintió un escalofrío por todo el cuerpo, como la impresión que se experimenta a menudo por un frío repentino. Sin embargo, justo al terminar las últimas oraciones, le pareció oír una voz interior que le decía: "Estás curada". Al intentar moverse, se dio cuenta de que sus miembros se habían vuelto flexibles y podía caminar. El milagro se produjo el sábado 16 de mayo. Al día siguiente, domingo, fue a la iglesia para agradecer esta bendición a la Madre común de todos los fieles. Las gentes de nuestra ciudad, que siempre se han distinguido por su veneración a la Santísima

Virgen y su confianza en su intercesión, no están faltas de gratitud, y este nuevo favor no hará sino aumentar su devoción a María Inmaculada.

"La duración de la enfermedad, la inutilidad de la habilidad médica y su asombrosa curación repentina son atestiguadas por el médico.

"A. BOLSIUS, M.D."

CURACIÓN DE UNA JOVEN EN CRACOVIA, POLONIA.

Extracto de una carta de la Condesa Lubinska:

"12 de marzo de 1837.

"Tomé a mi servicio, el 20 de diciembre pasado, a una joven cuyas excelentes cualidades suscitaron mi más profundo interés.

"Después de haber estado conmigo algunos meses, comenzó a sufrir dolores muy agudos en la cabeza; los remedios que empleamos no le proporcionaron ningún alivio, el médico que la atendió le aconsejó guardar cama, y no le ocultó su opinión de que estos dolores procedían del humor que fluía constantemente de sus oídos, y que parecía estar en el cerebro, amenazando su vida, o en todo caso, su razón.

"Lo que confirmaba esta opinión era el hecho de que cada vez que caminaba rápidamente o se inclinaba, el dolor la obligaba a echar la cabeza hacia atrás, como me aseguró varias veces durante su enfermedad. Los continuos sufrimientos la indujeron, finalmente, a seguir el consejo del médico y consentir, si era necesario, en la operación de trepanación. Me estremecí ante la sola idea y le hice prometer que averiguaría si un retraso de diez días tendría consecuencias graves. Ante la respuesta negativa del médico, suspendí todos los medicamentos y decidí probar la eficacia de la Medalla Milagrosa. Era sábado, y precisamente el día que ella observaba como ayuno estricto, en acción de gracias a la Santísima Virgen por haberla curado milagrosamente de un tifus mortal, después de que su madre la hubiera consagrado a María. Su confianza en María era grande; y como no le di la medalla hasta algunas horas después de habérsela prometido, dijo a una de sus amigas, según he sabido después, que su impaciencia por recibirla era casi ilimitada, y aseguró que no habría dudado entre ella y dos mil francos si se le hubiera permitido elegir, y debemos recordar que esta muchacha era muy pobre. Para mostrar más claramente la naturaleza milagrosa de la curación, Dios permitió que sus sufrimientos aumentaran hasta tal punto ese mismo día, que a pesar de su paciencia y resignación, parecía como si realmente no pudiera soportarlos mucho más tiempo. Conociendo su viva fe y confianza, juzgué innecesario entrar en detalles sobre los saludables efectos de la medalla; se la di; inmediatamente hizo con ella la señal de la cruz sobre su pobre cabeza, repitió la invocación y se durmió en medio de excesivos sufrimientos. Al despertar estaba perfectamente curada y desde entonces no ha vuelto a experimentar el menor síntoma de la enfermedad.

"Llena de sentimientos de la más profunda humildad y de la más viva gratitud, la milagrosamente curada desea ahora consagrarse a Dios en la vida religiosa.

"¡Benditos sean mil veces Dios y María Inmaculada, y que podamos apreciar siempre tan ilimitada misericordia!".

CONVERSIÓN DE M. REGNAULT, ALCALDE DE POITIERS.
-1837

El abate de Chazelle nos envía el siguiente relato:

"Poitiers, 12 de junio de 1837.

"El Sr. Regnault, alcalde de Poitiers, ejercía sus funciones desde el año 1830. En algunas dificultades, surgidas durante su administración, con el obispo y varios miembros del clero, se había mostrado justo y equitativo. Su caridad con los pobres era bien conocida. Pero muy diferentes son estas virtudes morales, que generalmente reciben su recompensa aquí abajo, de las virtudes cristianas tan raramente recompensadas, excepto en un mundo mejor. El Sr. Regnault nunca aparecía por la iglesia, excepto cuando su presencia como alcalde era necesaria. Presa durante algún tiempo de una grave enfermedad, continuó ejerciendo sus funciones mientras le fue posible, imponiéndose para ello muchos sacrificios y haciendo gala de un celo admirable; pero, vencido por la enfermedad, se vio obligado a suspender sus funciones y, desde el 1 de enero pasado, a dimitir por completo. El cura de St. Hilaire, al enterarse del alarmante estado de salud de su feligrés, se apresuró a visitarlo y ofrecerle los consuelos de su ministerio, pero fue en vano. Repitió sus visitas. Le recibieron en casa, pero no le llevaron a ver al paciente. Le dijo que estaba a sus órdenes y que acudiría inmediatamente cuando se le solicitara. Mientras tanto, la enfermedad progresaba tan rápidamente que ya no había esperanza de recuperación. Varios de sus amigos, interesados en su salvación, se entristecieron al verle tan cerca de la muerte sin la menor preparación para ello. Una de ellas le trajo una Medalla Milagrosa, y no pudiendo verlo ella misma, pidió a una mujer de la casa que se la diera de su parte. La mujer así lo hizo y, temiendo que él la rechazara con desprecio, le rogó que la recibiera por el bien del donante. Él la tomó, diciendo: 'Es una medalla de la Santísima Virgen; la acepto respetuosamente, con Dios no se juega'. Y, poniéndola bajo la almohada, envió un amable mensaje de agradecimiento a la señora que se la había regalado. Unos instantes después, la saca, la contempla y la besa respetuosamente.

"Habiendo puesto en orden sus asuntos temporales, expresa ahora el deseo de hacer lo mismo con su conciencia y pide a sus asistentes que manden llamar al cura de la parroquia. Éste se apresura a acudir a la cabecera del enfermo. Le he hecho venir deprisa", dice el enfermo, "quiero tener una conversación con usted". Después de esta conversación, pide al cura que vuelva al día siguiente, pues desea tener tiempo para prepararse para la gran acción que contempla. El paso que voy a dar", añade, "lo doy con pleno conocimiento y total convicción". El cura de St. Hilaire, con quien, como alcalde, acababa de tener un pleito, le sugirió que se confesara con algún otro sacerdote; él respondió que no deseaba a nadie más que a su párroco. Al día siguiente, el cura regresó, y mientras se dirigía a su penitente con el título de M. el Alcalde: 'No me llames así', dijo M. Regnault; 'ahora eres mi padre, yo soy tu hijo, te ruego que te dirijas a mí así'. El cura le visitó con frecuencia y, como la enfermedad seguía avanzando, le propuso administrarle el Santo Viático y la Extremaunción. No he sido confirmado", respondió el piadoso paciente, "deseo ardientemente recibir la Confirmación". El obispo no tardó en ser informado y, olvidando todo motivo de queja y dando gracias a Dios por este cambio inesperado, el venerable prelado se dirigió inmediatamente al enfermo. Las felices disposiciones de éste le conmovieron profundamente, y le administró el Sacramento de la Confirmación el mismo día de recibir la Extremaunción y el Santo Viático.

"Es imposible dar una idea de la fe y del fervor verdaderamente angélico del Sr. Regnault durante esta ceremonia, ni de la profunda impresión que le causó ver a Monseñor entrar en su cámara. Era el sábado 21 de enero, víspera del domingo de Septuagésima. Monseñor se dirigió a él con unas palabras llenas de unción y caridad, y para inspirarle esperanza, le recordó la conmovedora parábola del Evangelio del día siguiente, la de los labradores de la viña del Padre, que al llegar la última hora recibieron la misma recompensa que los que habían soportado el calor y la carga del día. Todos los asistentes quedaron profundamente conmovidos ante este edificante espectáculo, y muchos se emocionaron hasta las lágrimas. El obispo, al marcharse, encargó al cura que volviera a testimoniar a M. Regnault el gran consuelo que había experimentado por este feliz cambio, y lo mucho que le había edifica-do su piedad durante esta conmovedora pero larga ceremonia. Como primer magistrado de la ciudad", respondió con una sonrisa apacible, "debo dar buen ejemplo a los que están bajo mi administración". El cura trató, mediante repetidas visitas, de sostener esta piedad recién nacida, ya probada muy severamente por los atroces sufrimientos de la enfermedad, sufrimientos que el paciente soportaba con calma y resignación, ofreciéndolos a Dios como expiación por sus ofensas pasadas. Para recompensar los servicios prestados a la ciudad durante su administración, el gobierno le concedió la cruz de honor. El cura no pudo evitar felicitarle. No lo sé", fue la modesta respuesta, "no sé lo que he hecho para merecerla", y cuando se le recordaron sus servicios a la ciudad, "¡Oh! no hables de ellos", dijo, "tales cosas podrían despertar el amor propio". ¡Qué inmensos progresos hace la virtud en el alma en muy poco tiempo! En estas felices disposiciones murió el 2 de febrero siguiente, fiesta de la Purificación. Podemos decir que toda la ciudad de Poitiers asistió al funeral. El obispo, las autoridades y un sinfín de personajes ilustres acudieron a rendir tributo de gratitud y admiración a su memoria, y el prefecto felicitó al cura de San Hilario por tan maravillosa conversión."

PROTECCIÓN DE MARÍA A UN NIÑO (PARÍS).

Madame Rémond, que vivía en el número 70 de la calle Mouffetard, tenía en la ventana de su habitación, en el segundo piso, a uno de sus hijos, de veintidós meses. Desmayándose repentinamente, cayó de espaldas en la habitación, y el niño se precipitó sobre el pavimento. Naturalmente, cabía esperar la muerte inmediata como consecuencia inevitable de semejante caída; pero no, y es maravilloso contarlo, el niño no resultó herido. Después de leer la circular del Arzobispo (con ocasión de la consagración de la iglesia de Notre Dame de Lorette), en la que recomienda a todos los fieles llevar la Medalla Milagrosa, los piadosos padres se apresuraron a conseguir una y ponérsela a su hijo. La Inmaculada no dejó de recompensar su piedad. Al levantar a la pobre criatura y examinarla, no se le descubrió ni el más leve hematoma. Como la madre tardó mucho en recuperarse de su desmayo, esto causó gran ansiedad, y llamaron a varios médicos para que la vieran. Ellos también vieron al niño y declararon que había escapado de forma maravillosa. Pero, por precaución, le aplicaron algunas sanguijuelas y una cataplasma en una rodilla que parecía sufrir un ligero dolor. El niño había estado comiendo un instante antes de esta terrible caída, que, por extraño que parezca, no le provocó ningún vómito, e inmediatamente después de ser recogido tomó todos los pequeños manjares que le ofrecieron. Todo el mundo declaró que este suceso era un milagro, y la propia criaturita inocente parecía proclamarlo, besando la medalla y apretándosela contra los labios, especialmente cuando se mencionaba el tema, como nosotros mismos presenciamos cuando el padre nos lo mostró el 25 de junio de 1837.

"La madre se recuperó perfectamente, y no cesa de agradecer a la Inmaculada María la doble protección que considera debida a la medalla".

LA ARCHICOFRADÍA DE NOTRE DAME DES VICTOIRES.

Apenas habían transcurrido seis años desde la aparición de 1830 y los designios de la Providencia ya se habían realizado; la Medalla Milagrosa había despertado la devoción a la Santísima Virgen, la creencia en la Inmaculada Concepción había penetrado en todas las clases de la sociedad, y los innumerables favores concedidos a los que recitaban fervorosamente las oraciones reveladas por María, habían demostrado claramente cómo ella apreciaba este primero de todos sus privilegios. Pero hasta entonces, sus servidores permanecían aislados, sin tener ningún vínculo de unión, ningún punto central donde reunirse; la mayoría de los que llevaban la medalla como librea de la Virgen inmaculada, no conocían ni el lugar, ni el modo, ni la fecha de su origen.

Dios estaba ahora a punto de completar la obra, dando a esta devoción, una organización y ejercicios fijos que favorecieran su desarrollo, y aumentaran la eficacia de la oración, por el poder de la asociación.

Hacia finales del año 1836, un hombre fue levantado para ejecutar los planes divinos; este hombre era M. Dufriche Desgenettes, cura de Notre Dame des Victoires, París. De 1820 a 1832, encargado de la iglesia de San Francisco Javier, contaba entre los establecimientos religiosos de su parroquia la Casa Madre de las Hijas de la Caridad, donde se había aparecido la Santísima Virgen. Fue uno de los más fervorosos en agradecer a Dios esta gracia, y el más deseoso de propagar la medalla. Era su deseo que la capilla privilegiada se convirtiera en santuario de peregrinos, pero al no realizarse este deseo, fue elegido por la Providencia para suplirlo.

Citemos sus propias palabras, relatando cómo fue llevado a fundar la Archicofradía del Sagrado e Inmaculado Corazón de María. "Había en París una parroquia apenas conocida incluso por muchos de los parisinos. Está situada en el centro de la ciudad, entre el Palais Royal y la Bourse, rodeada de teatros y lugares de disipación, un barrio tragado por la vorágine de la codicia y la industria, y el más abandonado a todas las especies de indulgencia criminal. Su iglesia, dedicada a Notre Dame des Victoires, permanecía desierta incluso en las fiestas más solemnes.... En esta parroquia no se administraba ningún sacramento, ni siquiera a los moribundos.... Si, a fuerza de persuasión novedosa, el cura obtenía permiso para visitar a una persona peligrosamente enferma, no era sólo a condición de esperar a que las facultades del paciente se debilitaran, sino también con otra condición casi insuperable, la de presentarse con un hábito secular. ¿De qué servían tales visitas? No eran más que un tormento inútil para el moribundo". [20]

Tal era la parroquia confiada a M. Desgenettes. Con la esperanza de devolver a Dios algunas almas extraviadas, el pobre cura empleó, durante cuatro años, todos los medios que el celo más activo podía sugerir, pero fue en vano. Triste y apenado sin medida, pensó en abandonar este ingrato puesto, cuando una comunicación sobrenatural reavivó su decaído coraje.

El 3 de diciembre, fiesta de San Francisco Javier, profundamente convencido de la inutilidad de su ministerio en esta parroquia, estaba celebrando misa en el altar de la Santísima Virgen, hoy altar de la Archicofradía..... Después del Sanctus, oyó claramente estas palabras pronunciadas de manera muy solemne: "Consagra tu parroquia al Santísimo e Inmaculado Corazón de María". No le llegaron al oído, sino que parecían proceder de una voz interior. Inmediatamente recobró la paz y la libertad de espíritu. Al terminar su acción de gracias, temiendo ser víctima de una ilusión, se esforzó por desterrar el pensamiento de lo que aparentemente era una comunicación sobrenatural, pero la misma voz interior volvió a resonar en el fondo de su alma. Vuelto a su casa, comienza a componer los estatutos de la asociación, con el fin de librarse de una idea importuna, y apenas toma la pluma en la mano, antes de estar plenamente ilustrado sobre el tema, y la organización de la obra no le cuesta más que el trabajo manual de la escritura[21].

Los estatutos preparados se someten a Mons. de Quélen, que los aprueba, y el 16 del mismo mes, una ordenanza arzobispal erige canónicamente la Asociación del Sagrado e Inmaculado Corazón de María para la conversión de los pecadores. La primera reunión tuvo lugar el domingo 11 de diciembre. Al anunciarla en la misa mayor, el piadoso párroco esperaba ver por la tarde no más de cincuenta o sesenta personas como máximo. Juzguen su asombro al encontrar reunida, a la hora señalada, una congregación de unas quinientas personas, de las cuales una gran proporción eran hombres. ¿Qué los había traído? La mayoría ignoraba el objeto de la reunión. Una instrucción explicando el motivo y el fin de los ejercicios causó una profunda impresión; la Bendición fue cantada con gran fervor, y hubo un notable aumento de fervor durante las Letanías de la Santísima Virgen, especialmente en la invocación repetida tres veces: "Refugium peccatorum, ora pro nobis". La causa estaba ganada, María tomó posesión de la parroquia de Notre Dame des Victoires.

El buen cura seguía dudando; para asegurarse de que la asociación era verdaderamente obra de Dios, exigió una señal, la conversión de un gran pecador, un anciano de los alrededores de la tumba, que varias veces se había negado a verle. Su oración fue concedida, el anciano le recibió con gusto y se convirtió sinceramente. No pasó mucho tiempo antes de que las nuevas gracias derramadas sobre su parroquia aumentaran la confianza de M. Desgenette, numerosos pecadores cambiaron de vida, cristianos indiferentes se volvieron prácticos y fervientes, se asistió a los oficios de la Iglesia, se frecuentaron los Sacramentos, se reavivó la Fe aparentemente extinguida, y esta parroquia, últimamente tan escandalosa, pronto se convirtió en una de las más edificantes de París.

La Cofradía del Santísimo e Inmaculado Corazón de María no debía abarcar una sola parroquia. Dios quiso que se extendiera por toda Francia, e incluso por el mundo entero. El Sr. Desgenettes, que comprendió este designio, se dirigió al Soberano Pontífice, y obtuvo, el 24 de abril de 1838, un breve, erigiendo la asociación en Archicofradía, con el poder de afiliar a sí misma otras asociaciones de la misma clase en toda la Iglesia, y concediéndoles una participación en los favores espirituales acordados. A partir de ese momento, la Archicofradía se desarrolló maravillosamente y se convirtió en una fuente inagotable de gracias. La iglesia de Notre Dame des Victoires figuró a partir de entonces entre los santuarios más célebres del mundo. A todas horas se puede ver a los fieles alrededor de sus altares en actitud de oración y recogimiento. Las reuniones que se celebran todos los domingos ofrecen un espectáculo conmovedor, una densa multitud compuesta por personas de toda condición que, después de cantar fervorosamente las alabanzas de María, escuchan atentamente una larga serie de peticiones recibidas en el transcurso de la semana de todos los rincones del globo.

Éstas presentan un cuadro de todas las miserias, de todos los sufrimientos, de todas las necesidades corporales y espirituales posibles; a las que se añaden innumerables acciones de gracias por los beneficios obtenidos gracias a las oraciones de los asociados. Estas peticiones son tan multitudinarias que no pueden ser anunciadas sino de manera general y por categorías; ascienden, cada semana, al número de veinticinco o treinta mil, y, para todo el año, forman un total de un millón y medio. En el momento de la muerte de su fundador, la Archicofradía contaba con quince mil cofradías afiliadas en todos los rincones del globo y más de veinte millones de asociados. A principios de este año, 1878, las cofradías afiliadas ascendían a 17.472.

Un boletín, publicado mensualmente, da cuenta de la marcha de la Archicofradía, de los ejercicios que tienen lugar en Notre Dame des Victoires, de las gracias obtenidas, etc. Los nueve primeros números fueron publicados por el mismo Sr. Desgenettes, pero a intervalos irregulares; están llenos de interés y edificación.

En medio del maravilloso éxito de su obra, el venerable pastor, lejos de buscar la gloria, sólo piensa en humillarse; considerando su participación en ella como la de un simple instrumento, confiesa incluso su resistencia a las inspiraciones de la gracia, sus dudas, su incredulidad [22]; [22] no admite que se le pueda llamar fundador de esta obra de misericordia; es Dios quien lo ha hecho todo, es el Corazón Inmaculado de María, que ha abierto a los pobres pecadores una nueva fuente de gracias, en cuanto a él, ni siquiera fue el iniciador de la idea.

Estos sentimientos revelan el alma de un santo; los verdaderos servidores de Dios son siempre humildes de corazón, y el bien que realizan es proporcional a su abajamiento.

En su profunda gratitud a Dios, el piadoso cura nunca olvidó el vínculo que unía Notre Dame des Victoires a la capilla de las Hijas de la Caridad; siempre amó este santuario bendito; allí María había ocultado la fuente de esas aguas vivificantes que fluían por su parroquia; allí esta Madre de la gracia divina había prometido esas bendiciones que la Archicofradía cosechó tan abundantemente. Para conservar el recuerdo de esta misteriosa relación, quiso que la medalla de la asociación fuera la Medalla Milagrosa. En adelante, la influencia de esta medalla se confundió con la de la Archicofradía, las gracias extraordinarias atribuidas a la primera se debían a menudo a las oraciones de los asociados, y recíprocamente, por ejemplo, la conversión de M. Ratisbonne. En este caso, como en muchos otros, dos medios igualmente sobrenaturales se unieron para obtener el mismo resultado.

Se cuenta que M. Desgenettes, viendo con frecuencia a las Hijas de la Caridad en torno al altar del Santísimo Corazón de María en Notre Dame des Victoires, les decía a veces: "Mis buenas Hermanas, me complace mucho veros en mi querida iglesia, pero sabed que vuestra propia capilla es el verdadero santuario de peregrinos, allí tenéis a la Santísima Virgen, allí se os manifestó...".

La Medalla Milagrosa, tal como fue revelada a Sor Catalina, lleva en el reverso los Sagrados Corazones de Jesús y de María, el primero coronado de espinas, el segundo atravesado por una espada. Son símbolos que todos comprenden. ¿No son, al mismo tiempo, un signo profético?

Se nos permite reconocer aquí una prefiguración de la devoción que rendirá la Archicofradía de Notre Dame des Victoires al Santísimo e Inmaculado Corazón de María.

Podemos igualmente ver prefigurado el desarrollo posterior, en nuestros días, de la devoción al Sagrado Corazón de Jesús, una devoción nacida en Francia, y que la nación entera desea proclamar en medio de pompa y grandeza, mediante la construcción de un espléndido monumento, que desde las alturas de Montmartre, dominará todo París.

Así, por una gradación misteriosa, la medalla de la Inmaculada Concepción nos ha conducido al Corazón Inmaculado de María, y el Corazón de la Madre nos ha introducido en el Corazón del Hijo, el Corazón adorable de Jesús, ese Corazón que tanto ha amado a los hombres, y que salva tanto a las naciones como a los individuos.

IV.

Gracias obtenidas de 1838 a 1842, en Grecia, América, China, etc.

CURA REALIZADA EN SANTORÍN (GRECIA)-1838.

Carta de M.N., Sacerdote de la Misión, en Santorin:

"La Sra. Marie Delenda, esposa del Sr. Michel Chigi, hijo del vicecónsul de Holanda en Santorín, sufría desde hacía siete años los dolores más atroces, que le habían provocado un estado de sensibilidad nerviosa tal, que era incapaz de soportar la menor excitación. Había tenido varios hijos, pero todos murieron antes de nacer y recibir el bautismo. Los médicos consultados declararon unánimemente que su enfermedad era incurable y que ninguno de sus hijos vendría al mundo con vida. Muy afligida por tan triste perspectiva, recurrió a la Medalla Milagrosa, y obtuvo de ella lo que la habilidad médica era incapaz de lograr; su siguiente hijo, nacido no mucho después, fue un niño hermoso, vivo y sano. Su marido, tan piadoso como ella, se sintió transportado por la alegría y la gratitud. He aquí nuestra Protectora, nuestra Libertadora, la Madre de nuestro hijo", dijo al médico que lo asistía, y lo condujo hasta una imagen de la Inmaculada. El médico se arrodilló, rezó una oración y se retiró. Desde entonces, la salud de la madre es buena; al menos no ha tenido ninguna recaída de su antigua enfermedad, aparentemente incurable, recuperación que basta para atestiguar la protección de María Inmaculada. Llenos de gratitud, los dos esposos no han cesado de insistir en la erección del altar y la inauguración de la imagen de María Inmaculada, en cumplimiento de su promesa.

"Otras varias curaciones milagrosas se han realizado también allí por la invocación de María Inmaculada. Estoy seguro de ello; cuatro de ellas están bien atestiguadas, y son maravillosas. El obispo, el clero, el pueblo de Santorín, todos están dispuestos a afirmar mis afirmaciones, y ninguno de ellos estaría más dispuesto a exagerar que a desvirtuar mi relato. Cuando Monseñor fue a visitar a la familia Chigi después del nacimiento de su hijo, pidió ver la imagen, y mirándola, dijo: 'Este es el segundo milagro obrado en Santorín por la Virgen Inmaculada. El primero lo conozco a través del confesionario y, por consiguiente, no puedo divulgarlo'.

"El 28 de mayo tuvo lugar la inauguración de la imagen de la Inmaculada Concepción. El propio Monseñor ofició el traslado, tras la misa mayor y la procesión que ponía fin a la Devoción de las Cuarenta Horas en la catedral. La imagen se colocó cn un altar preparado al efecto, en el patio de la casa del donante. Desde el altar hasta la puerta exterior, se formó un camino arqueado muy bellamente decorado con cortinas, y sobre el umbral, un arco triunfal. Todo el pavimento, no sólo en el patio sino hasta nuestra iglesia, estaba cubierto de flores y hierbas fragantes. Monseñor, precedido por el clero y seguido por todos los católicos y varios cismáticos griegos, se dirigió al lugar donde estaba expuesta la imagen. Después de incensarla, entonó el Ave, Maris Stella, y la procesión se puso en marcha. Los clérigos con la cruz a la cabeza comenzaron a profanar. Luego vinieron dos muchachas que llevaban cada una un estandarte de seda blanca, en el que estaba representada la Virgen inmaculada, suspendidos en diagonal a la entrada del santuario. A continuación, otras dos jóvenes sostenían extendida la parte delantera del altar, que representaba el reverso de la medalla, y, por último, la imagen portada por el donante y uno de sus parientes más cercanos. Monseigneur caminaba inmediatamente después, y tras él, Mme. Chigi con su hijo en brazos y acompañada por su hermana. La gente no estaba en las filas de la procesión, sino alineada a cada lado, para poder ver fácilmente la imagen y besarla a su paso, lo que hicieron con tanta impaciencia y entusiasmo que había un considerable peligro de que sufriera un accidente. Esto, sin embargo, lo evitamos con muchas precauciones, y al final llegamos a la iglesia. A la entrada se había erigido otro bellísimo arco triunfal, coronado por una gran representación del reverso de la medalla sobre un estandarte flotante, con la inscripción: "Ave, Maria Immaculata". La puerta de la iglesia estaba adornada con cortinajes, al igual que el interior de las paredes, que también estaban colgadas con flores, coronas verdes y guirnaldas. La imagen fue colocada en un trono provisional, que se había preparado hasta que se pudiera erigir uno más adecuado. Se celebró otra misa mayor, al final de la cual los niños cantaron alternativamente con el coro el "Te Mariam laudamus", siendo ésta la primera vez que se oía en este país. Los otros individuos que ya he mencionado como curados por la intercesión de la Inmaculada María, hicieron cada uno una ofrenda votiva a su imagen. Una dio un velo, otra una bonita cruz de oro, que adornó el pecho de la Santísima Virgen durante la ceremonia; una tercera propuso que se le hiciese una corona de plata en cumplimiento de su voto, pero se le aconsejó que diese otra cosa, pues varias otras al unísono habían prometido ya una hermosísima corona de oro."

CURA DE MLLE. ÉLISE BOURGEOIS.

Carta de la Superiora de las Hijas de la Caridad, en Troyes:

"Troyes, 4 de marzo de 1842.

"En 1838, teníamos en nuestro obrador a una joven, llamada Élise Bourgeois, de dieciocho años, que, después de grandes sufrimientos, fue atacada por una anquilosis en la rodilla. Durante siete meses y medio sufrió atrozmente, y su enfermedad había llegado a la crisis. Su miembro se había encogido unos cinco centímetros y no podía caminar sin la ayuda de un bastón o del brazo de alguien. El 8 de abril, que era lunes de Semana Santa, una de nuestras jóvenes Hermanas me dijo que en el Aviso había un relato de un Hermano cristiano, cuyo pie, a punto de ser amputado, fue curado por la sola aplicación de la Medalla Milagrosa, una noche en que sus sufrimientos eran mayores que de costumbre. Me reproché entonces haber permitido que esta pobre niña sufriera durante tanto tiempo, sin que se nos ocurriera recurrir a María para su curación; y subiendo al cuarto de trabajo, conté a los niños el relato del Hermano cristiano, y dije a la joven que despertara su fe, que pusiera toda su confianza en María Inmaculada, que se aplicara la medalla en la rodilla y que comenzara una novena con sus compañeras. Durante toda la noche del martes, sus sufrimientos fueron verdaderamente grandes, dijo que parecía como si todos sus huesos estuvieran dislocados. Al día siguiente no pudo descansar ni un momento. De un pequeño orificio que se le había formado en la rodilla le salía una gran cantidad de materia serosa. Al día siguiente, se levantó con mucha dificultad y fue llevada a la capilla donde oyó la Santa Misa. En la elevación, colocó su rodilla sana sobre el banco, diciendo muy fervorosamente al buen Dios: 'Ya que estás presente, dígnate curarme, para que sea enteramente Tuya'. Inmediatamente sintió algo parecido al tacto de una mano, que colocó los huesos en su posición natural y alargó el miembro encogido; pero aún no se atrevía a apoyarse en él, por miedo a lastimarse. Al final de la misa, se arrodilló para recibir la bendición del sacerdote, y a pesar suyo, apoyó su peso sobre la rodilla afligida. Permaneció en la capilla con sus compañeras para rezar sus oraciones y agradecer a la Santísima Virgen el gran favor que acababa de obtener. Desde entonces, nunca ha sufrido el menor dolor en el miembro, y parece perfectamente sano.

"En cuanto los niños percibieron que estaba curada, lo declararon un milagro, y todos los corazones se llenaron de la más profunda emoción y gratitud. Élise me pidió permiso para ir a la catedral a confesarse, petición que le concedí a regañadientes, aunque me aseguró que no sufría lo más mínimo; sin embargo, hacía siete meses y medio que no salía, y yo apenas podía darme cuenta de su recuperación. En nuestra capilla se celebraron varias misas de acción de gracias, durante la primera de las cuales se expuso el Santísimo Sacramento y se cantó el Te Deum. El ruido de este milagro se extendió pronto por toda la ciudad, y varias personas acudieron a ver a la sanada. Ella también pidió permiso para ir a casa de uno de sus tíos, que tenía un vecino muy impío, al que se le había informado de su milagrosa curación, pero al que también se le había dicho que no tenía por qué creer hasta haber visto a Élise por sí mismo. Él estaba perfectamente convencido, lo reconoció más allá de toda negación, y dijo que en acción de gracias, un Te Deum debería ser cantado en la catedral.

"Olvidé decir que nuestro médico había visto a esta joven dos meses antes de su recuperación y había declarado la enfermedad incurable. También la había hecho examinar por un cirujano, que ordenó que se le hicieran muchas ampollas, pero sin esperar la curación."

Acompañan a esta carta las firmas de siete Hermanas de la Caridad y de otras veintitrés personas, testigos del milagro.

UN RASGO DE PROTECCIÓN. (TEXAS).

Lo que sigue nos lo envía Mons. Odín, Vicario Apostólico de Texas, en carta fechada el 11 de abril de 1841.

"Tuve, en la ciudad de Nacogdoches, ocasión de presenciar cómo María Inmaculada ama conceder las oraciones de los que ponen en ella su confianza. Una señora de Maryland, al dejar su Estado natal para establecerse en Texas, había recibido una Medalla Milagrosa; su confesor, al dársela, le exigió la promesa de que nunca omitiría la recitación diaria de la pequeña oración: "¡Oh María, sin pecado concebida, ruega por nosotros que recurrimos a ti!" y asegurándole al mismo tiempo que esta buena Madre nunca le permitiría morir sin los últimos consuelos de la religión. Ella cumplió fielmente su promesa. Durante cuatro años estuvo postrada en cama, y a menudo, se creía, a punto de morir, pero su confianza en María, siempre le inspiró la esperanza de recibir los últimos Sacramentos antes de dejar este mundo. Tan pronto como supo de nuestra llegada, fuimos llamados a su lecho; recibió el Santo Viático y la Extremaunción, y expiró pocos días después, llena de gratitud hacia su celestial Benefactora.

CURACIONES E INCIDENTES DE PROTECCIÓN. (CHINA).

En una carta de julio de 1838, Mons. Rameaux, Vicario Apostólico de las provincias del Kiang-Si y del Tché-Kiang, al enviarnos la invocación de la medalla traducida al chino, dice que los chinos tienen una gran devoción a esta pequeña oración, y que siempre la recitan después del Ave María. También nos informó de que Mons. de Bézy, Vicario Apostólico de los Hou-Kouang, y Mons. Perboyre, Misionero Apostólico, nos transmitirían varios relatos de señales milagrosas de protección. Recibimos estos relatos algunos meses más tarde, y los citamos como sigue:

"1º. En la provincia de Hou-Kouang, un cristiano sufría desde hacía dos meses una terrible fiebre, acompañada de delirios constantes. Tres médicos le habían atendido, pero en vano. Encontrándose al borde de la muerte, me mandó llamar para que le administrara los últimos sacramentos. Le di el Santo Viático, pero diferí la Extremaunción, viendo que mis deberes me retendrían en esa localidad algún tiempo más. Le regalé la medalla y le aconsejé una novena, asegurándole que, si era por el bien de su alma, recuperaría la salud. Comenzó la novena; al séptimo día, la fiebre le abandonó, y al octavo había recuperado su fuerza habitual. El noveno día de la novena vino a verme y me aseguró que se encontraba perfectamente. Le recordé que debía dar gracias a la Santísima Virgen por tan gran favor, y prometió rezar con sus amigos el Rosario en su honor. Pero nuestro cristiano, pre-ocupado por diversos asuntos que su enfermedad había interrumpido, olvidó la promesa. Cinco días después, tuvo una recaída. Esto le hizo consciente de su falta; se acercó de nuevo a los Sacramentos y comenzó otra novena. Aunque seguía empeorando de día en día, yo aún tenía grandes esperanzas de que la Inmaculada María vendría en su ayuda, y le aseguré su recuperación antes del final de la novena. Mi confianza no se vio defraudada; se recuperó por completo, para gran asombro de todos los cristianos. Esta vez su gratitud fue eficaz y la fiebre no volvió.

"2º. En Tien-Men, un pueblo de la misma provincia, los cristianos, que son unos doscientos, se distinguen por su piedad y una gran devoción a la Santísima Virgen. Durante ocho años, sucesivas inundaciones habían reducido a estos cristianos a una extrema pobreza; pero este año, a la primera señal de desbordamiento, recurrieron a María Inmaculada por medio de la medalla, y pronto las aguas se retiraron sin hacer el menor daño al territorio cristiano, mientras que el de los paganos fue devastado. Y nuestros cristianos vuelven ahora muy agradecidos a su buena Madre por la abundante cosecha que acaban de recoger.

"3º. El siguiente relato nos fue enviado por M. Perboyre, en carta del 10 de agosto de 1839. El lector sabrá, con interés, que se trata del mismo misionero que, arrestado un mes después por su religión, tan generosamente confesó la Fe un año entero en medio de las más espantosas torturas, y al fin consumó el sacrificio con su glorioso martirio, el 11 de septiembre de 1840.

"Mientras estaba dando una misión a los cristianos de la provincia de Honan, en noviembre de 1837, me trajeron a una joven que había estado afligida por aberración mental durante unos ocho meses, diciéndome que estaba muy ansiosa por confesarse, y, aunque era incapaz del Sacramento, me rogaron que no le negara un consuelo que parecía desear tan fervientemente. Su triste estado de ánimo excluía toda idea de que pudiera sacar algún provecho del ejercicio de mi ministerio, pero la escuché por pura compasión. Al despedirme de ella, la puse bajo la protección especial de la Santísima Virgen, es decir, le di una medalla de la Inmaculada Concepción. Ella no comprendió entonces el valor del santo remedio que recibía; pero, desde aquel momento, comenzó a experimentar sus beneficiosos efectos, su destrozado intelecto mejoró tan rápidamente que, al cabo de cuatro o cinco días, estaba completamente cambiada. A una completa confusión de ideas, a los temores que la mantenían siempre en agonía mortal, y que, según creo, eran obra del demonio, sucedió el buen sentido, la paz mental y la felicidad. Volvió a confesarse y comulgó con los más vivos sentimientos de alegría y fervor. Este ejemplo especial de la generosidad de María no os sorprenderá, sin duda, a vosotros que sabéis tan bien que la tierra está llena de su misericordia; pero vuestros corazones se sentirán impulsados de nuevo a una ferviente acción de gracias por este favor, que es la razón principal por la que os lo comunico."

1ª. Carta de un misionero de Macao, fechada el 25 de agosto de 1841:

"Una viuda que no tenía más que un hijo, criado como ella en el paganismo, lo vio caer repentinamente bajo el poder del demonio; sus paroxismos eran tan furiosos que todos huían ante él, y corría por los campos lanzando los gritos más lamentables. Cualquiera que intentaba detenerlo era inmediatamente apresado y arrojado al suelo. Su pobre madre estaba desesperada y casi moribunda de dolor, cuando la Divina Providencia se dignó lanzarle una mirada de compasión. Un día en que estaba inusualmente atormentado, el joven huyó de aquí para allá como un vagabundo, sin saber adónde iba; todos trataban de detenerlo, pero él rechazaba brutalmente a todos los que le ponían las manos encima. Dios misericordiosísimo permitió que un cristiano se encontrara entre los testigos de este espectáculo. Animado por una fe viva, y conmovido por los sufrimientos de la desdichada criatura, el cristiano dijo a todos los que perseguían al endemoniado que desistieran, que él sin ayuda podría detenerlo, que lo calmaría y lo devolvería dócil y manso a su madre. Este lenguaje asombró a los paganos, pero hicieron lo que se les pedía, aunque pensando que el cristiano corría un gran riesgo. Nuestro buen cristiano llevaba la Medalla Milagrosa de la Inmaculada María; tomándola en sus manos se acercó al endemoniado y mostrándosela ordenó al demonio que huyera y dejara al joven en paz. El demonio obedeció al instante, y el joven al ver la medalla en manos del cristiano, se postró humildemente ante la milagrosa imagen, sin saber lo que era. Los paganos, que observaban desde lejos, se quedaron muy asombrados. El cristiano ordenó al joven que se levantara y le siguiera, y sosteniendo aún en la mano la medalla, que atraía como un imán al joven pagano, le condujo hasta su madre. Madre -exclamó, para gran consuelo de ella, en cuanto la vio-, no llores más, me he librado del demonio; me ha abandonado en cuanto ha visto esta medalla". Imaginaos la alegría de la pobre madre al oír estas palabras. No sabía si era un sueño o una realidad. El cristiano la tranquilizó, le contó todo lo sucedido y añadió que su hijo no volvería a ser poseído si ella renunciaba a sus ídolos y se hacía cristiana. Ella lo prometió sinceramente, e inmediatamente empezaron a despojar su altar de sus falsos dioses. Entonces el cristiano, sintiéndose seguro de que serían fieles cuando fuesen instruidos en las verdades de la religión, se retiró, cargado con el agradecimiento tanto de la madre como del hijo por el inestimable servicio que acababa de prestarles."

2º. Extracto de una Carta de M. Faivre, Sacerdote de la Misión de la Provincia de Nankin, 6 de mayo de 1841:

"Los dos grandes medios de que Dios se sirve para la realización del bien en esta Misión son la cruz de Nuestro Señor y la protección de la Inmaculada María. En cuanto a la poderosísima protección de María concebida sin pecado, la hemos experimentado tantas veces y de manera tan especial, tanto en lo que se refiere a nosotros mismos como al bienestar de la Misión, que sería tedioso relatar en detalle, aunque quisiera hacerlo, todos los favores que hemos recibido de sus manos maternales.

"Viendo la clemencia de la Santísima Virgen para con nosotros y nuestros cristianos, hemos hecho cuanto hemos podido para honrarla y promover su honor entre los cristianos, procurando inspirarles la más viva confianza en esta buena y santa Madre. En la fiesta de la Asunción de 1839, le consagramos esta misión, que desde entonces se llama diócesis de María. Hemos dado como regla a nuestras vírgenes una devoción especial a la Inmaculada Concepción. Hemos instituido a María Inmaculada patrona del seminario que la Providencia ha creado en esta Misión. (Este seminario cuenta ahora con seis eruditos que llevan una vida de regularidad y edificación y progresan rápidamente en el estudio del latín). Una de nuestras vírgenes, ya de edad avanzada, llevaba varios años postrada en cama, sin la menor esperanza de recuperación, pues los trece médicos consultados sucesivamente habían declarado incurable su mal. Viendo acercarse su fin, pidió la presencia del misionero para recibir los últimos sacramentos. Él acudió y le administró los Sacramentos de los moribundos, exhortándola a aceptar la muerte con espíritu de conformidad con la voluntad de Dios. Ella le contestó que estaba plenamente resignada a Su santa voluntad y que no tenía ninguna esperanza de obtener ningún beneficio por medios humanos, pero que se sentía convencida de que si conseguía una Medalla Milagrosa, recuperaría la salud. El misionero, al ver tanta fe y confianza, le dio la que él llevaba, no teniendo otra conveniente en aquel momento, y le recomendó que hiciera una novena en honor de la Inmaculada Concepción de la Santísima Virgen. Toda la familia se unió a ella para hacer la novena, y a partir del quinto día se curó por completo. El médico que la atendía, que era pagano, vino a verla al final de la novena, se sorprendió mucho al encontrarla tan bien, y preguntó ansiosamente qué remedio extraordinario se había empleado para efectuar tal cambio. Ella respondió que no había utilizado ningún remedio, sino que el Señor del Cielo le había devuelto la salud. El médico regresó, lleno de veneración por el Señor del Cielo, que había desplegado tan gran poder; y la virgen, en expresión de su gratitud a la Inmaculada María, su augusta Bienhechora, donó trescientas piastras para reparar una capilla dedicada a María."

CONVERSIÓN DEL ISRAELITA M. RATISBONNE.

Roma, 1842.

M. Alphonse Ratisbonne pertenecía a una familia judía de Estrasburgo, distinguida en el mundo tanto por su posición social como por la estima universal en que era tenida; él mismo era miembro de una sociedad de fomento del trabajo, contribuyendo así en beneficio de sus desgraciados hermanos. Hacia finales del año 1841, contrajo matrimonio con una joven judía, que reunía en su persona todas las cualidades necesarias para asegurarle la felicidad. Antes de entrar en este nuevo estado de vida, decidió hacer un viaje de placer a Oriente, visitando por el camino algunas de las ciudades más notables de Italia. No había nada, pensó, interesante para él en la Ciudad Eterna, por lo que desde Nápoles dirigiría su rumbo a Palermo; pero la misericordia divina le llamó, aunque no reconoció la voz; se ve obligado, por así decirlo, por un designio secreto del Cielo, a cambiar su determinación, y visitar Roma. Era en este centro de la unidad católica donde le esperaba el Dios de toda paciencia y bondad, era aquí donde la gracia iba a tocar su corazón. Pero, ¿cuáles eran sus disposiciones? Tú, Señor, las conoces. ... Su odio al catolicismo estaba muy lejos de sugerirle la idea de abrazarlo jamás. Sentía por nuestra santa y sublime religión esa violenta animosidad que no podía contenerse, que le irritaba cualquier cosa que le recordara el cristianismo, y que incluso se había vuelto más rencorosa desde que su hermano M. Theodore Ratisbonne abjuró del judaísmo y recibió las órdenes sagradas. No podía perdonar esta deserción, y su odio implacable aumentaba con el tiempo. Pero el inocente objeto de su aversión no cesaba de suplicar al Cielo que derramase un rayo de luz divina sobre el engañado hermano, que lo cargaba de indignación y desprecio. Hecho subdirector de la Archicofradía de Notre Dame des Victoires, imploraba a menudo las oraciones de los asociados por la conversión de este hermano.

Tales eran los sentimientos del Sr. Ratisbonne cuando entró en Roma. Apenas había llegado, pensó en marcharse; todo lo que veía en la Ciudad Santa le impulsaba a apresurarse a salir de ella, todo le incitaba a declamar contra lo que escandalizaba y vilipendiaba su creencia..... Sin embargo, la visita a la iglesia de Ara Coeli no le impidió experimentar una especie de emoción; pero fue una emoción que perdió toda su influencia, (si es que podía decirse que ejercía influencia sobre este corazón enterrado en las sombras de la muerte), cuando comprendió que era el efecto general producido por la primera vista de este notable monumento. Así, lejos de ceder a ello, se apresuró, por el contrario, a afirmar que no se trataba de una emoción católica, sino de una impresión puramente religiosa. Al atravesar el gueto, su odio contra el cristianismo se encendió aún más al presenciar la miseria y la degradación de los judíos; ¡como si el castigo de ese pueblo deicida hubiera sido infligido por los hijos de la Iglesia, como si este pueblo no hubiera hecho caer sobre sí la venganza de la sangre inocente!

Antes de salir de Roma, Ratisbonne debía visitar a uno de sus amigos de la infancia, un antiguo compañero de escuela con el que siempre había mantenido una relación íntima, a pesar de que sus creencias religiosas eran tan divergentes. Este amigo era Gustave de Bussière, un ferviente protestante, que varias veces había intentado sacar provecho de su intimidad, persuadiendo a Ratisbonne para que abrazara el protestantismo, pero éste era inamovible, y los dos amigos, después de inútiles discusiones, solían terminar con una renovación de su fe en dos palabras, expresando enfáticamente cuán invencible se consideraba cada uno. "¡Judío obstinado!", decía uno; "¡Protestante enfurecido!", respondía el otro. Tal fue el resultado de estas conversaciones, que nunca lograron sacudir la opinión de ninguno de los dos, ni disipar ninguno de sus deplorables errores. Esta oposición de principios, sin embargo, no distanció su amistad. El Sr. Ratisbonne fue a ver al Sr. De Bussière y fue recibido por un criado italiano. Preguntó por Gustave de Bussière, pero este caballero estaba ausente, y por un error providencial el criado le introdujo en el salón de Theodore Bussière, hermano de Gustave, a quien Ratisbonne sólo había visto una vez. Era demasiado tarde para retirarse, y aunque algo desconcertado por el error, se detuvo para intercambiar unas palabras de cortesía con el hermano de su amigo. El señor De Bussière había tenido la dicha de abjurar del protestantismo, y era un ferviente defensor de la Fe que tan recientemente había aprendido a apreciar. Sabía que M. Ratisbonne era judío; lo recibió con afectuosa avidez, y la conversación, que naturalmente giró en torno a los diversos lugares de interés de Roma visitados por el joven viajero francés, pronto derivó hacia una discusión religiosa. M. Ratisbonne no disimulaba sus verdaderos sentimientos, expresaba su animadversión contra el catolicismo, su adhesión inalterable al judaísmo y a los sólidos argumentos del barón De Bussière, sus únicas respuestas eran la frígida cortesía del silencio, una sonrisa de piedad, o nuevas protestas de fidelidad a su secta, ¡repitiendo que judío había nacido y judío moriría!

Fue entonces cuando el Sr. De Bussière, sin desanimarse lo más mínimo por el enfático lenguaje del Sr. Ratisbonne, e impulsado por un secreto impulso de gracia, pensó en ofrecerle la Medalla Milagrosa. Sin duda esta idea parece temeraria a muchos, y muchos la habrían desterrado como una verdadera locura, pero la sencillez de la fe nos enseña a discernir las cosas bajo una luz muy diferente de aquella con la que se revelan al mundo. Lleno de esta santa intrepidez de los santos, M. De Bussière regala al joven judío una medalla de la Inmaculada Concepción. "Prométeme", le dice, "llevar siempre esta pequeña imagen, te ruego que no me rechaces". M. Ratisbonne, incapaz de disimular su asombro ante tan extraña proposición, la rechaza al instante con una expresión de indignación que habría desconcertado a cualquier otro que no fuera su nuevo amigo. "Pero", continúa sin inmutarse nuestro ferviente católico, "no puedo comprender la causa de tal negativa, ya que, según su visión de las cosas, el llevar este objeto debe ser para usted un asunto de total indiferencia, mientras que sería un verdadero consuelo para mí si condescendiera a mi petición." "Accederé, entonces, si le da tanta importancia", respondió el otro con una carcajada. "No me disgustaría, además, tener la oportunidad de convencerle de que los judíos no son tan testarudos como los pintan. Además, me proporcionará un capítulo interesante que añadir a mis notas e impresiones de viaje". Y continuó bromeando sobre el tema de una manera bastante dolorosa para los corazones cristianos que le rodeaban.

Durante este debate, el buen padre de familia había dicho a sus dos hijitas (niñas interesantes, a las que una educación eminentemente religiosa había imbuido ya de sentimientos de piedad), que pusieran la preciosa medalla en un cordón. Así lo hicieron y se la entregaron a su padre, que la colgó del cuello del joven israelita. Animado por este primer éxito, desea ir aún más lejos. Intenta nada menos que obligar al propio Sr. Ratisbonne a pedir el favor y la protección de María, de María a la que desprecia sin conocerla, María cuya imagen recibe de muy mala gana. M. De Bussière le entrega un papel en el que está escrita la poderosa invocación de San Bernardo, el Memorare.... Esta vez, el judío puede disimular aún menos su disgusto, parece que lo intenta hasta el extremo; pero el barón se siente movido por un impulso secreto, que le empuja a perseverar en sus súplicas, y a vencer. Repite su petición, e incluso va tan lejos cuando presenta la oración como para rogar a M. Ratisbonne que tome una copia para él, ya que no tiene más que una. M. Ratisbonne, convencido de que es inútil resistirse, en lugar de repetir su negativa prefiere acceder a la petición y librarse así de tan enojosa importunidad. "De acuerdo", dijo, "en que usted se quede con mi copia y yo con la suya". Y, apresurándose hacia este indiscreto zelote, se retiró, murmurando para sí: "Realmente me pregunto qué diría si yo insistiera en que recitara las oraciones judías. Debo admitir que me he encontrado con un original sorprendente". Fue así como abandonó esta casa de bendición y salvación, ignorando el tesoro que llevaba consigo, la llave del Cielo que le había sido entregada; la imagen de la Madre de la santa esperanza que llevaba en su corazón, y cuyos benditos efectos tan pronto experimentaría.

M. De Bussière, profundamente apenado por la ligereza del joven judío, se unió a su familia para conjurar al Dios de la misericordia para que perdonara las palabras de alguien que no sabía lo que decía; y recomendó a sus queridos hijos que alzaran sus manos al Refugio de los Pecadores, suplicándole que obtuviera el don de la Fe para esta pobre alma en las sombras de la oscuridad y el error. ... Oh María, tu tierno amor acogió graciosamente estas oraciones de los inocentes, penetraron en tu corazón maternal, y pronto obtuvieron el objeto de sus deseos. El celo de este devoto servidor de la Reina del Cielo no quedó confinado dentro de los estrechos límites de su propio círculo familiar..... Acudiendo aquella noche, según una piadosa costumbre en Roma, a velar ante el Santísimo Sacramento con el príncipe B. y algunos otros amigos, comprometió también sus oraciones por la conversión del joven israelita..... Sigamos con atención todos los detalles que precedieron al día siempre memorable que iba a coronar los piadosos esfuerzos de M. De Bussière. No olvidemos que un cristiano generoso, elevado por una fe viva por encima de los vanos prejuicios del mundo, y dócil a las secretas inspiraciones de la gracia, se convierte en el instrumento de la Providencia para procurar la gloria de Dios y la salvación de un alma.

Mientras tanto, M. Ratisbonne hacía los preparativos para dejar Roma; ya había fijado el día de su partida y había venido a despedirse de su amigo y a comunicarle su intención de partir la tarde siguiente. "¡Irse!" replicó M. De Bussière; "no piense en ello. Quiero que me conceda sólo ocho días más; nuestra conversación de ayer ocupa mis pensamientos más que nunca; permítame suplicarle que prolongue su estancia y vayamos a la oficina de diligencias para contradecir su orden." Fue en vano. M. Ratisbonne declinó, diciendo que ya había decidido irse y que no tenía ningún motivo para aplazar su partida. Con el pretexto de una imponente ceremonia que iba a tener lugar en San Pedro, De Bussière le obligó, en lugar de persuadirle, a quedarse unos días más.

No entraremos aquí en el relato detallado de lo que pasó entre ellos desde el momento en que la constancia de M. de Bussière obtuvo el último triunfo -es decir, desde el 16 de enero hasta el 20-, ya que no hubo la menor señal del feliz cambio, ni en el lenguaje ni en la conducta de M. Ratisbonne, hacia el nuevo amigo que la divina Providencia le había dado, a pesar suyo. Sin embargo, no pudo evitar recibir las atenciones de este nuevo amigo, ni negarse a que le acompañara a visitar los diversos lugares notables de la Ciudad Eterna. M. de Bussière, lleno de esperanza contra toda esperanza humana, no dejó escapar ninguna ocasión de ilustrar a su joven amigo; pero ni una respuesta consoladora pudo obtener, M. Ratisbonne, con bromas y burlas, eludiendo siempre los argumentos que no se tomaba la molestia de refutar, ridiculizando siempre el catolicismo, y afligiendo así el corazón del siervo de Jesucristo al responder fríamente a la asiduidad de su celo, a la seriedad de sus proposiciones. "Tranquilízate; pensaré en todo esto, pero no en Roma. Voy a pasar dos meses en Malta; me servirá para pasar el tiempo". Le asombraba la imperturbable tranquilidad con que M. De Bussière perseveraba en tratar de convencerle; no podía comprender aquella unión de serenidad (que sólo la religión inspira) con aquel ardiente deseo (que sin duda atribuía a la obstinación) de conducirle a una nueva creencia, por la que, según sus propias palabras, sentía más aversión que nunca. A él esta tranquilidad le parecía incomprensible. M. De Bussière no vaciló en expresar su creencia en el triunfo de su causa; por ejemplo, al pasar por la Scala Sancta con el joven israelita, al señalarla desnudó respetuosamente la cabeza y dijo en voz alta, como con voz de profeta: "¡Salve, escalera santa! he aquí un hombre que un día subirá de rodillas tus peldaños." Esto fue el día 19. La única respuesta de M. Ratisbonne fue una desconcertante carcajada, y los dos amigos volvieron a separarse, sin que el israelita hubiera recibido la menor impresión religiosa, aunque, sin que nadie lo supiera, estaba en vísperas del día más brillante de su vida.

Durante este breve intervalo, M. De Bussière probó la amargura de perder a uno de sus amigos más queridos. El Sr. de La Ferronays murió repentinamente en la tarde del día 17, dejando a su familia y a todos los que le conocían la dulce esperanza de que había dicho adiós a esta vida perecedera para entrar en las alegrías de una vida inmortal. Sin duda este acontecimiento contribuyó a la rápida conversión del joven israelita, ya que mientras estaba en la tierra el Sr. de La Ferronays había rezado por él, y tenemos motivos para creer que pronto se convirtió en su abogado en el cielo. M. de Bussière había informado a este querido amigo de sus esperanzas y de los medios empleados para ganar al joven israelita para Jesucristo, y había recibido la consoladora respuesta: "No te inquietes; si has conseguido hacerle decir el Acordaos, es tuyo". ... ¡Tal era la admirable confianza de este ferviente cristiano en la poderosa protección de la compasivísima Virgen María!

Sin embargo, a pesar de la amargura del sacrificio que el Cielo acababa de exigir del barón de Bussière, le resultaba difícil separarse de aquel joven a quien anhelaba conquistar para la fe, y la resignación de su dolor era una nueva plegaria que atraía la misericordia divina. Inmediatamente después de dejarlo, el día 19, fue a postrarse junto a los restos de su virtuoso amigo, suplicando desde las alturas del cielo la asistencia de ese amigo para obtener lo que ya se había recomendado a sus oraciones en la tierra.

Jueves, 20. -M. Las disposiciones de Ratisbonne no han cambiado en lo más mínimo; nunca eleva sus pensamientos por encima de las cosas terrestres, las discusiones religiosas de los días precedentes ni siquiera han fijado su atención, o al parecer no han excitado en su alma la menor ansiedad. En cuanto a su falsa creencia, nunca sueña con dar un paso hacia el conocimiento de la verdad; M. De Bussière no está con él para continuar la conversación sobre religión, y descarta el tema de su mente. Al salir del café, se encuentra con uno de sus compañeros de pensión; hablan de bailes y otras diversiones frívolas de tal manera que uno se convence de que seguramente no estaba absorto en nada serio. Era entonces mediodía, y dos horas más tarde el joven judío había visto la luz, dos horas más tarde deseaba ansiosamente la gracia del santo bautismo, dos horas más tarde creía en la Iglesia... ¿Quién es semejante a Ti, oh Dios mío? ¿Quién puede así, en un instante, triunfar sobre la razón humana y obligarla a rendir homenaje a Tu verdad soberana? ... ¡Ah, eres Tú mismo, sólo Tú mismo, Señor, es prerrogativa de Tu misericordia obrar tales prodigios! Volvamos a nuestro israelita.

Es la una; M. de Bussière debe ir a la iglesia de San Andrés delle Fratte para hacer algunos preparativos para las exequias de M. de La Ferronays, que tendrán lugar mañana. Se pone en camino, y en el trayecto se encuentra felizmente con M. Ratisbonne, que se une a él, con la intención de dar uno de sus paseos habituales, cuando M. De Bussière hubiera cumplido con el deber imperativo que requería su atención inmediata.... Pero el momento de gracia ha llegado. Entran en la iglesia, donde varias decoraciones anuncian ya las ceremonias del día siguiente; el israelita pregunta el significado de las mismas, y M. de Bussière, habiendo respondido que eran para las exequias fúnebres de M. de La Ferronays, el íntimo amigo que acababa de perder, le ruega que espere allí un instante, mientras él entra en la casa para ejecutar un encargo con uno de los monjes. El Sr. Ratisbonne echa entonces una fría mirada alrededor de la iglesia, pareciendo decir con su aire de indiferencia que no merece su atención. Hay que señalar que se encontraba entonces en el lado de la epístola del altar. El Sr. de Bussière regresa tras una ausencia de unos doce minutos y se sorprende de no ver a su joven compañero. ¿Se habrá cansado de esperar en un lugar que sólo le inspiraba repugnancia y asco? ... No lo sabía y buscó a M. Ratisbonne. ¡Cuál no sería su asombro al encontrarlo en el lado izquierdo de la iglesia, arrodillado y aparentemente envuelto en devoción! ... Apenas podía creer lo que veían sus ojos, y sin embargo no se trataba de un error.... Era en la capilla del arcángel San Miguel donde el príncipe de las tinieblas acababa de ser aplastado.... Una gran victoria ya regocijaba a todo el Cielo.... El joven judío había sido vencido.

M. De Bussière se acerca, pero no le oyen; toca a su amigo, pero no puede distraerle; vuelve a tocarle, pero sigue sin responder; lo repite una tercera o cuarta vez, y por fin M. Ratisbonne se vuelve para responder, y su semblante lloroso, su absoluta incapacidad para expresar lo que ha pasado, sus manos entrelazadas con el mayor fervor, revelan en parte el secreto celestial. "¡Oh, cómo ha rezado por mí el Sr. de La Ferronays!", exclama. Esto es todo lo que dice. Nunca M. De Bussière disfrutó de una sorpresa más consoladora. La venda del error que cegaba al joven israelita había caído, y el corazón de M. De Bussière se llenó de la más viva gratitud a Dios..... Levanta a su joven amigo, que estaba completamente sobrecogido por esta visita celestial; lo coge y casi lo saca de la iglesia.... Está ansioso por conocer los detalles.... Pide a M. Ratisbonne que le revele el misterio y le ruega que le diga adónde quiere ir. "Llévame", responde el nuevo Pablo, completamente vencido, "llévame adonde quieras.... Después de lo que he visto, obedezco". ... Y no pudiendo decir más, saca el tesoro desconocido que llevaba en el corazón desde hacía cuatro días. Toma en sus manos la querida medalla, la cubre de besos, la riega abundantemente con lágrimas de alegría, y en medio de sus sollozos se le escapan unas palabras expresivas de su felicidad, pero que una profunda emoción casi le impide articular. "¡Qué bueno es Dios! ¡Qué abundancia de dones! ¡Qué dicha desconocida! Ah, qué feliz soy y qué lástima me dan los que no creen". Y continuando derramando torrentes de lágrimas sobre las miserias de aquellos a quienes la Fe nunca ha iluminado, siente ya el santo deseo de ver extendido por todo el mundo el reino de Jesucristo. Apenas puede comprender por sí mismo semejante transformación, y en medio de los diversos sentimientos que recorren su corazón, interrumpe sus lágrimas, sus exclamaciones y su silencio, para preguntar al Sr. De Bussière si no le considera un loco..... Luego responde a su propia pregunta: "No", continúa: "No estoy loco.... Sé bien lo que pienso y lo que pasa dentro de mí.... Sé que estoy en mi sano juicio.... Además, todo el mundo sabe que no estoy loco". Poco a poco, estos primeros arrebatos de emoción dan paso a un estado de ánimo más sereno; por fin puede expresar sus nuevos deseos, su nueva creencia, y pide ser conducido a los pies de un sacerdote, pues anhela la gracia del santo bautismo.... Favorecido ya con la más viva Fe, aspira a la felicidad de confesar a su Divino Maestro entre tormentos y recordando los sufrimientos de los mártires que había visto representados en los muros de St. Étienne le Rond; desea derramar su sangre en testimonio de su Fe como discípulo de Jesucristo.... Mientras tanto, no ha dicho nada al Sr. De Bussière del golpe repentino que lo venció, y se niega a contarlo excepto en presencia del ministro de Dios; "porque lo que vio no debía, no podía revelarlo excepto de rodillas."

El padre De Villefort, de la Compañía de Jesús, es elegido para recibir al neófito y escuchar este consolador secreto, que revelará el exceso de misericordia divina hacia el alma del joven israelita. El mismo Sr. De Bussière lo conduce ante el Reverendo Padre, que lo acoge con ternura..... Luego, en presencia del Sr. De Bussière, el Sr. Ratisbonne toma en su mano la medalla, querida prenda de la protección de la Inmaculada María, y la cubre de nuevo con besos respetuosos, mezclados con una lluvia de lágrimas. Intenta sobreponerse a la emoción y exclama lleno de alegría: "¡La he visto! La he visto". Conquistando sus sentimientos, prosigue su relato, interrumpido de vez en cuando por los suspiros de un corazón sobrecargado.

"No llevaba más que un instante en la iglesia, cuando de repente me invadió un miedo inexplicable. Levanté los ojos, todo el edificio había desaparecido de mi vista, una sola capilla había concentrado, como si dijéramos, toda la luz, y en medio de esta refulgencia apareció de pie sobre el altar la Virgen María, grandiosa, brillante, llena de majestad y dulzura, tal como está representada en la medalla; una fuerza irresistible me impulsó hacia ella. La Virgen me hizo una señal con la mano para que me arrodillara, y pareció decirme: "Está bien". No me habló, pero lo comprendí todo".

APARICIÓN DE LA MEDALLA MILAGROSA

A M. Ratisbonne, el 20 de enero de 1842, en la iglesia de San Andrés, delle Fratte, en Roma. "No me habló ni una palabra -dijo M. Ratisbonne-, pero lo comprendí todo". "

Cesó, pero este breve relato revelaba elocuentemente los abundantes favores con los que su alma acababa de ser inundada. El reverendo padre De Villefort y el piadoso barón escuchaban con una santa alegría, mezclada con un involuntario sentimiento de religioso temor, al pensar en el infinito poder que acababa de triunfar por tan sorprendente manifestación de misericordia.... El misterio fue revelado, pero M. Ratisbonne, ahora discípulo del más humilde de los Maestros, un Dios aniquilado, expresó su deseo de que la maravillosa visión se mantuviera en profundo secreto; incluso suplicó encarecidamente que así fuera, pero el Padre De Villefort consideró más prudente no ceder a la modestia del neófito, a la gloria de Dios, al honor de la Inmaculada María, exigiendo que tal milagro fuera proclamado. La humildad del Sr. Ratisbonne dio paso a la obediencia. En la breve narración que acabamos de citar, una cosa había impresionado especialmente al Reverendo Padre: "Ella no me habló, ¡pero yo lo comprendí todo!". ¿Qué había comprendido, pues, aquel que, habiendo vivido hasta entonces en las tinieblas, se encontró en un instante instruido en el conocimiento celestial? ¿Qué había comprendido, pues, aquel que de repente fue llamado del seno de la muerte que amaba, a una nueva vida que poco tiempo antes había declarado solemnemente que ignoraría siempre, "judío nació y judío morirá"? ¿Qué había entendido, él, el joven judío, tan testarudo últimamente en sus creencias, enemigo declarado de la catolicidad, pero que ahora se postra humildemente a los pies del ministro de Nuestro Señor para retractarse de sus palabras y renunciar a su propia voluntad, pues declara que, después de lo que ha visto, obedece? ... ¿Qué ha comprendido? ¿Qué ha visto? Ha visto a la Madre de la gracia divina, la aurora luminosa del Sol de Justicia; ha comprendido el don de Dios, la verdad eterna... la unidad de la Iglesia, su infalibilidad, la santidad de su moral, la sublimidad de sus misterios, la grandeza y elevación de sus esperanzas.... Ha comprendido el Cielo, y en adelante todo cambia para él, todo se renueva en su interior, ya no es el mismo. Sus deseos, sus proyectos, sus pensamientos, sus afectos terrenales, ¿dónde están en la brillantez de este resplandor celestial? Los vanos prejuicios del error, ¿dónde están? ... La Inmaculada Madre de Jesús ha rasgado la venda que velaba los ojos del joven israelita, y las sombras del error se disipan, el ciego ve la luz, y su alegría es indecible, porque no conocía hasta entonces los verdaderos dones, las bendiciones prometidas a los hijos de la verdadera Iglesia.--

M. El Sr. Ratisbonne ignoraba hasta entonces por completo las verdades del catolicismo, reconoce no haber leído nunca un solo libro que pudiera ilustrarle sobre el tema, su odio al cristianismo le mantenía alejado de todo lo que pudiera cambiar su opinión sobre él. Blasfemaba sin examinar el objeto de su blasfemia, juzgaba sin oír, despreciaba sin investigar.... Y he aquí que, a pesar suyo, en un instante, desafiando todas sus protestas pasadas, se doblega, cae, es vencido.

Alégrate, oh María, porque el rocío de la gracia no ha descendido sobre un suelo ing rato.... No; no en vano en tu escuela misteriosa ha aprendido toda esta alma privilegiada de tu amor, este corazón que tu belleza incomparable, tu generosidad inefable ha vencido por Jesucristo.

Vemos, en efecto, que, desde el momento en que sus ojos se abren a la luz, adora los misterios que antes despreciaba, ama lo que odiaba, venera lo que ridiculizaba, y se muestra tan humilde y sumiso a la Iglesia como el más ferviente cristiano. Ese mismo día, se dirige a la basílica de Santa María la Mayor, en homenaje de gratitud a la que acababa de descender del Cielo, para traerle el don de la Fe, y las bendiciones que conlleva; de allí se dirige a San Pedro, para declarar en ese santuario dedicado al Príncipe de los Apóstoles, su creencia en las verdades que Pedro enseñó. El Sr. De Bussière, que encontró un piadoso placer en ofrecer a Dios esta conquista de la gracia, le acompañó en su santa peregrinación, y conversó íntimamente con él, no tenían más que un solo corazón y una sola alma. Un nuevo Pablo, Ratisbonne, en lo que experimentaba, ahora la Santísima Virgen le obligaba suavemente a postrarse a sus pies, a recibir la luz del Cielo, reconocía la fuerza de Aquel que venció a sus perseguidores.... La profunda emoción, el santo estupor que llenaba al neófito al entrar en una iglesia, declaraba más plenamente los secretos que le habían sido revelados.... Penetrado de la más viva fe por el gran Sacramento del amor, no podía acercarse al altar, se sobrecogía al pensar en la Presencia Real del Dios que reside en el Santísimo Sacramento. Se consideraba indigno de aparecer en esta augusta Presencia, ya que todavía estaba manchado con el pecado original, y M. De Bussière relata, que se refugió en una capilla, consagrada a la Santísima Virgen, exclamando: "Aquí no tengo miedo, pues me siento bajo la protección de una misericordia sin límites". Oh María! le abriste tu corazón maternal, y allí se ocultó, sabiendo que la justicia divina cede a la misericordia, cuando el alma culpable ha encontrado e invocado con confianza el Refugio de los Pecadores.... Tan grande era la alegría del ferviente neófito cuando se encontraba en el templo del Señor, que no era capaz de encontrar palabras expresivas de su felicidad. "¡Ah!" dijo en un santo transporte, "¡qué delicioso es estar aquí! ¡Cuánta razón tienen los católicos para amar sus iglesias y frecuentarlas! ¡Con qué celo deberían ornamentarlas! ¡Qué dulce es pasar toda una vida en estos santos lugares! No son verdaderamente de la tierra, sino del cielo". ¡Ah, no estamos confundidos y avergonzados por el fervor de quien acaba de nacer a la verdad! ¿Qué pensaría de la frialdad, de la ligereza, de la ingratitud de la mayoría de los cristianos? ... Reconozcámoslo para nuestra confusión; hay una Hueste que mora en medio de nosotros, y a quien no conocemos; nosotros que comemos a su mesa, que nos alimentamos de su propia carne, el Pan descendido del Cielo, y ¡he aquí! un joven israelita, instruido sólo unas horas en las maravillas del amor de Dios, nos enseña cómo debemos comportarnos en presencia de esta Hueste, y con qué sentimientos debe llenarse entonces nuestro corazón.

Al día siguiente, la noticia de esta maravillosa conversión se había extendido por Roma; todo el mundo estaba ansioso por saber algo al respecto, y recogía con piadosa curiosidad las diversas declaraciones que circulaban; todo el mundo deseaba ver al recién convertido y escuchar su relato..... El general Chlabonski fue incluso a casa del señor De Bussière. "Así que has visto la imagen de la Santísima Virgen", le dijo al neófito. "¿La imagen?", respondió éste, "¡ah! no era una imagen, sino a ella misma a quien vi; sí, M. a su verdadero ser, ¡tal como te veo a ti ahora!". Hay que señalar aquí que sólo a la Iglesia corresponde el poder de juzgar y calificar esta visión; pero todo el mundo quedó impresionado por el hecho de que el error o la ilusión parecían imposibles, teniendo en cuenta el carácter, la educación, los prejuicios y el horror al cristianismo del joven israelita; además, en esta capilla no había ni estatua, ni cuadro, ni representación alguna de la Santísima Virgen. Y nos encanta citar aquí las palabras de un sabio, que, refiriéndose al acontecimiento, dice: "que sin un grano de exageración, tal como sucedió, tal como lo narra toda Roma, el hecho inesperado, el hecho público de esta conversión, considerando todas las circunstancias, sería de por sí un milagro, si un milagro no lo hubiera causado."

M. Ratisbonne dio a regañadientes los detalles de lo que había visto. Interrogado atentamente sobre lo que ocurrió en el momento en que se vio rodeado por esta efluvios celestial, responde ingenuamente que no podía explicar el impulso involuntario que le hizo abandonar el lado derecho de la iglesia para dirigirse a la capilla de la izquierda, tanto más cuanto que estaba separado de ella por los preparativos de las ceremonias del día siguiente; que, cuando la Reina del Cielo apareció ante él en toda la gloria y brillo de su inmaculada pureza, vislumbró su incomparable belleza, pero inmediatamente se dio cuenta de la imposibilidad de contemplarla, que urgido por el deseo, tres veces había intentado alzar los ojos al rostro de esta Madre de misericordia, cuya dulce clemencia se había dignado manifestarse a él, y tres veces, a pesar suyo, su mirada se había detenido a la vista de las manos benditas, de donde escapaba un torrente de gracias. "No podría", nos dijo él mismo después de su llegada, "no podría expresar lo que vi de misericordia y liberalidad en las manos de María. No sólo era un resplandor de luz, sino que tampoco eran rayos lo que distinguía, las palabras son inadecuadas para describir los dones inefables que llenaban las manos de nuestra Madre, y descendían de ellas, la munificencia, la misericordia, la ternura, la dulzura y la riqueza celestiales, fluyendo a torrentes e inundando las almas que ella protege."

En los primeros momentos de su conversión, M. Ratisbonne dio rienda suelta a algunos de esos pensamientos que le preocupaban fuertemente, esas efusiones de un corazón ferviente que, felizmente, aún se conservan. "¡Oh, Dios mío!", exclamó entre asombrado y agradecido, "¡Yo, que sólo media hora antes blasfemaba! ¡Yo, que sentía un odio tan violento contra la religión católica! ... Todos mis conocidos sabían muy bien que, según todas las apariencias humanas, me era imposible pensar en cambiar de religión. Mi familia era judía, mi prometido, mi tío era judío. Al abrazar el cristianismo, sé que rompo con todas las esperanzas e intereses terrenales.... Y, sin embargo, lo hago de buen grado; renuncio a la felicidad pasajera de un futuro que me fue prometido; lo hago sin vacilar, actúo por convicción; ... porque no estoy loco y nunca lo he estado ellos bien lo saben.... ¿Quién, pues, podría negarse a creerme y a creer en la verdad? ... Los intereses más poderosos me encadenaron a mi religión, y en consecuencia todos deben convencerse de que un hombre que sacrifica todo a una convicción profunda debe sacrificarse a una luz celestial, que se ha revelado por pruebas incontrovertibles. Lo que he afirmado es verdad. Lo sé, lo siento; ¿y cuál podría ser mi objeto al traicionar así la verdad y desviar la religión con una mentira sacrílega? ... No he dicho demasiado; mis palabras deben llevar convicción".

El barón de Bussière tuvo el consuelo de recibir en su propia casa al nuevo hijo que el Cielo le había dado; el joven judío permaneció allí hasta el retiro que precedió a su bautismo. Era justo, en efecto, que este amigo recogiera la primera flor de un corazón refrescado por el rocío de la gracia, que fuera el feliz testigo de las maravillas obradas en aquella alma..... M. Ratisbonne mismo tenía necesidad de un confidente, de alguien que le comprendiera a fondo y a quien pudiera comunicar las emociones de su corazón.... Era en los momentos de dulce intimidad, cuando estaba a solas con su amigo, cuando podía dar rienda suelta a sus sentimientos y, al unísono con él, admirar los amorosos designios de la divina Providencia y los medios que habían disipado tan deplorables errores. Se lamentaba de la ceguera en que había vivido. ... "¡Ay!", dijo, "cuando mi excelente hermano abrazó el catolicismo, y después entró en el estado eclesiástico, yo, de todos sus parientes, fui su más implacable perseguidor..... No podía perdonar su deserción de nuestra religión; estábamos en desacuerdo, al menos; le detestaba, aunque él sólo tenía los pensamientos más amables hacia mí .... Sin embargo, en el momento de mis esponsales, me dije que debía reconciliarme con mi hermano, y le escribí unas frías líneas, a las que él respondió con una carta llena de caridad y ternura.... Uno de mis sobrinitos murió hace unos dieciocho meses. Mi buen hermano, al enterarse de que estaba gravemente enfermo, pidió como favor personal que bautizaran al niño antes de su muerte, añadiendo, con gran delicadeza, que para nosotros sería una cuestión indiferente, mientras que para él sería una verdadera felicidad, y esperaba que no nos negáramos. Me enfurecí ante semejante petición.

"Espero, sí, espero que mi Dios me envíe duras pruebas, que redunden en su honor y gloria, y convenzan a todos de que me mueve la conciencia....". ¡Qué generosidad de corazón! ¡Qué conocimiento! Apenas se le abren los ojos a las verdades del catolicismo, antes de abrazarlas en toda su extensión.... Sabe ya que la cruz es el distintivo de los hijos de la Iglesia, de los elegidos de Dios, y esta cruz que tantos cristianos arrastran a regañadientes tras de sí, él la saluda, la espera, la desea..... Además, le había sido mostrada de un modo muy misterioso; pues cuenta que la noche que precedió a su conversión tenía constantemente ante los ojos una gran cruz sin el Cristo, que la vista le fatigaba realmente, aunque no la consideraba de importancia. "Hice -dice- esfuerzos increíbles para desterrar esta imagen, pero en vano. Sólo más tarde, al ver por casualidad el reverso de la Medalla Milagrosa, reconoció exactamente el signo que le había impresionado.

La Divina Providencia, mirando con amor a este joven converso, dirigió sus pasos, y en estos primeros días de su conversión, le condujo a un venerable Padre que había de darle preciosos consejos, sobre la vida de abnegación y sacrificio perpetuo que había abrazado. Este siervo del Señor, le expuso inmediatamente la importancia del paso que había dado, las pruebas que le esperaban, la tentación que con toda seguridad acecharía su camino, y sin temer sacudir su constancia, le leyó algunos versículos del capítulo segundo del Eclesiástico, sobre las pruebas que ponen a prueba la virtud del verdadero siervo y amigo de Dios. Con placer citamos aquí una parte de las instrucciones de este buen sacerdote:

"Hijo mío, cuando vengas al servicio de Dios, mantente en justicia y en temor, y prepara tu alma para la tentación. Humilla tu corazón y soporta; inclina tu oído y recibe las palabras del entendimiento; y no te apresures en el tiempo de las nubes. Espera en Dios con paciencia; únete a Dios y resiste, para que tu vida sea aumentada en el postrer fin. Acepta todo lo que te sobrevenga; y en tu dolor soporta, y en tu humillación conserva la paciencia. Porque el oro y la plata se prueban en el fuego, pero los hombres aceptables en el horno de la humillación. Cree en Dios, y Él te recobrará; y dirige tu camino, y confía en Él. Guarda Su temor y envejece en él".

M. Ratisbonne escuchó en respetuoso silencio estas palabras de vida; las recordó con cariño y, la víspera de su bautismo, pidió al Reverendo Padre que las pusiera por escrito para poder meditarlas el resto de sus días..... Se cumplió, las alegrías de la tierra fueron sacrificadas a la gloria de llevar la cruz de Jesucristo.... Fue iniciado en los secretos celestiales gracias a los favores que la Inmaculada María le había conferido.... Sentía ya la fuerza que Dios comunica al alma, resuelta a compartir las penas de su divino Maestro.

Diez días transcurrieron entre el feliz momento de la súbita comprensión de la verdad por parte del joven israelita y su bautismo. La Madre de Misericordia le había traído del Cielo, la antorcha de la Fe; al iluminar su inteligencia, había tocado su corazón; suspiraba por el feliz día, en que la Iglesia le admitiría en el número de sus hijos, y fue el 31 de enero, esta tierna Madre le abrió todos sus tesoros, le revistió de inocencia, hizo descender sobre él la plenitud de los dones del Espíritu de amor, y le invitó al banquete de los Ángeles para darle el Pan de vida.

El Gésu fue la iglesia elegida para esta solemne ceremonia. Mucho antes de la hora señalada, se llenó de una multitud devota y ansiosa por acercarse lo más posible al santo altar. Nada perturbaba la belleza ni la serenidad de la ocasión, ninguna nube empañaba el resplandor de esta fiesta celestial, que inundaba de las más puras alegrías los corazones verdaderamente cristianos.

M. Ratisbonne, vestido con la túnica blanca del catecúmeno, apareció hacia las ocho y media, acompañado del reverendo padre Villefort, (cuyo consolador deber había sido preparar al neófito para este hermoso día), y del barón de Bussière, su padrino. Le condujeron a la capilla de San Andrés, donde iba a tener lugar la conmovedora ceremonia. Objeto de la más profunda curiosidad, el ferviente neófito, envuelto en el recogimiento, aguardaba con angelical serenidad, el solemne momento.... Los piadosos romanos manifestaban sus sentimientos con palabras y gestos, besando sus coronillas en una efusión de amor agradecido a María Inmaculada, causa de nuestra alegría.... Se señalaban unos a otros al celoso barón, a quien la divina Providencia había elegido para entregar la Medalla Milagrosa al joven israelita. "Es un francés", repetían, "¡es un francés! Bendito sea Dios!"

Su Eminencia, el Cardenal Vicario, debía recibir la profesión de fe de M. Ratisbonne. Apareció a las nueve, vestido con sus ropas pontificias, y comenzó las oraciones prescritas para el bautismo de adultos.

Terminadas las oraciones, Su Eminencia se dirigió en procesión con el clero a los pies de la iglesia; el joven israelita fue conducido a su presencia. "¿Qué le pides a la Iglesia de Dios?". "Fe", fue la respuesta inmediata. "¿Qué nombre deseas?" "María", dijo el neófito, en un tono de tierna gratitud; María, que le había abierto el camino de la salvación; María, que iba a conducirle a la nueva vida; María, que un día le introduciría en la Ciudad de los Santos, de donde descendería para conducirle al redil divino.... Luego siguió su profesión de fe, sus solemnes promesas.... Lo cree todo, lo promete todo, lo acepta todo, desea ser cristiano, ya lo es de corazón.... Sus deseos son satisfechos, las aguas vivificantes son derramadas sobre su cabeza, la gracia del santo bautismo le ha investido con todos los derechos de su herencia eterna, el espíritu de las tinieblas es confundido. He aquí al hijo de Dios, al hermano de Jesucristo, al nuevo santuario del Espíritu de amor, al predilecto de la Reina del Cielo, al amigo de los Ángeles y al hijo bien amado de la Madre Iglesia.

Fue en esta ocasión cuando el abate Dupanloup, que se encontraba entonces en Roma, celebró ante un inmenso auditorio las infinitas misericordias de Dios y la protección milagrosa de la Inmaculada María a un hijo de Francia. No podemos abstenernos de insertar aquí algunos fragmentos del relato impreso en Roma. Está bien calculado para aumentar la devoción a María:

"Cuán admirables son los pensamientos y los caminos de la divina Providencia, y cuán deplorable la suerte de quienes no los comprenden ni los bendicen. Para ellos, la vida del hombre es sólo un triste misterio, sus días una serie fatal de acontecimientos, el hombre mismo una criatura noble pero miserable, arrojado lejos del Cielo sobre esta tierra de lágrimas, para vivir aquí en perpetua oscuridad, para morir en la desesperación, ajeno a un Dios que no atiende ni a sus virtudes ni a sus penas.... Pero, no; Señor, Tú no te olvidas de nosotros, y la vida no es así; a pesar de nuestra infinita miseria, tu Providencia vela por nosotros, está muy por encima de los cielos, es más ilimitada que el mar; es un abismo de poder, sabiduría y amor. --

"Nos has hecho para Ti, Señor, y nuestros corazones no descansan hasta que descansan en Ti. Sentimos una necesidad insaciable, que agita las profundidades de nuestro ser, que nos consume, y cuando cedemos a ella, ¡te encontramos inevitablemente!

"¡Te bendigo especialmente, Te adoro, cuando desde las profundidades de Tu eternidad, Te acuerdas compasivamente de la bajeza de nuestro ser, del polvo del que estamos hechos; cuando desde las alturas del cielo, lanzas una mirada de piedad y de amor sobre el más humilde de Tus hijos; cuando, según la expresión del Profeta, 'mueves cielo y tierra', y obras innumerables maravillas para salvar a los que Te son queridos, para conquistar una sola alma!

"Oh, tú, sobre quien, en este momento, todas las miradas están inclinadas con inexpresable emoción, con el más tierno amor; pues es a Dios, es Su misericordia a quien amamos en ti, en ti cuya presencia en este santo lugar inspira estos pensamientos, dinos tú mismo ¿cuáles fueron tus pensamientos y caminos, por qué secreta misericordia el Señor te persiguió y reclamó?

¿Quién eres tú? ¿Qué buscas en este santuario? ¿Qué honores pareces llevar? ¿Qué es este manto blanco con el que te veo vestido? Dinos de dónde vienes y adónde vas. ¿Qué obstáculo ha cambiado repentinamente tu rumbo? Pues siguiendo las huellas de Abraham, tu antepasado, de quien hoy eres hijo bendito, como él, ciegamente obediente a la voz de Dios, sin saber a dónde tiende tu camino, te encuentras de repente en la Ciudad Santa..... La obra del Señor aún no se había cumplido; pero te corresponde a ti describirnos la salida del Sol de la verdad y de la justicia sobre tu alma, imaginarte su brillante aurora.... Dinos por qué gozas, como nosotros, quizá más que nosotros, de la buena palabra, de las virtudes del porvenir y de todas nuestras más benditas esperanzas.... Dinos, pues tenemos derecho a saberlo, por qué entras en posesión de nuestros bienes como patrimonio tuyo. ¿Quién te ha introducido entre nosotros, pues ayer no te conocíamos, o más bien te conocíamos.... Oh! sí, lo contaré todo; sé la alegría que llenará vuestro corazón al revelar vuestras miserias así como las celestiales misericordias. --

"No amasteis la verdad, sino que la verdad os amó. A los esfuerzos más puros y ardientes de un celo que buscaba iluminaros, opusisteis una sonrisa desdeñosa, un silencio indiferente, una respuesta sutil, una firmeza altiva y, a veces, blasfemas complacencias. ¡Oh Dios paciente! ¡Oh Dios, que nos amas a pesar de nuestras miserias! Tu misericordia tiene a menudo una profundidad, una sublimidad, una ternura y, permíteme que lo diga, un poder y una delicadeza infinitos.

"De repente circula un rumor por toda la Ciudad Santa, un rumor que consuela a todos los corazones cristianos, el que ayer blasfemaba, el que esta mañana incluso ridiculizaba a los amigos de Dios, se ha convertido en discípulo de Cristo; la gracia celestial ha tocado sus labios, ahora sólo pronuncia palabras de bendición y dulzura, las luces más vivas de la ley evangélica parecen brillar en sus ojos; podemos decir que una unción celestial le ha enseñado todas las cosas. ¿De dónde recibe esta iluminación de los ojos del corazón, de ese corazón que todo lo ve, que todo lo ha comprendido? ¡Oh Dios! Tú eres bueno, infinitamente bueno, y me encanta repetir esas dulces palabras, tan recientemente en los benditos labios de él, cuyo recuerdo está desde ahora inefablemente impreso en nuestros corazones. Lo lloramos hace unos días, lo lamentamos todavía, pero hemos secado nuestras lágrimas. (Últimas palabras del Sr. de La Ferronays.) ¡Tú dejas a un lado las leyes de la naturaleza, no consideras nada demasiado para salvar a tus hijos! Cuando Tú no vienes, envías a tus ángeles. ... ¡Oh Dios! ¿Debo relatarlo todo aquí? Debería imponer reserva a mi discurso.... ¿Pero quién es ella? ¿Quæ est ista? No puedo pronunciar la palabra, y sin embargo no puedo callar.

"¡Salve María! Estás llena de gracia; Ave, gratia plena, y desde la plenitud de tu corazón maternal, amas concedernos tus dones. El Señor está contigo, Dominus tecum, y por ti se complace en descender hasta nosotros. Y ahora, para alabarte dignamente, debo tomar prestadas las imágenes del Cielo o hablar el lenguaje inflamado de los profetas. Porque, ¡oh María! tu nombre es más dulce que las alegrías más puras, más delicioso que los perfumes más exquisitos, más encantador que la armonía de los ángeles, in corde jubilus; más refrescante para el corazón fiel que el panal de miel para el viajero cansado, mel in lingua; más alentador y animador para el corazón culpable pero arrepentido que el rocío de la tarde para las hojas resecas y marchitas por el sol del mediodía, ros in herba. Tú eres bella como el orbe de la noche, pulchra ut luna; tú, que guías al viajero perplejo; tú eres brillante como la aurora, aurora consurgens; bella y pura como la estrella de la mañana, stella matutina; y eres tú quien precede en nuestros corazones a la aurora del Sol de Justicia.

"¡Oh María! Nunca podré describir toda tu hermosura y grandeza, y es mi alegría sucumbir bajo el peso de tanta gloria. Pero ya que hablo en medio de tus hijos, tus hijos que son mis hermanos, seguiré proclamando tus alabanzas desde lo más profundo del afecto de mi corazón…. Ante tu nombre, oh María, el cielo se regocija, la tierra tiembla de alegría, el infierno humea de rabia impotente…. No, no hay criatura tan sublime ni tan humilde, que invocándote, perezca. Esas augustas basílicas, erigidas por la piedad de naciones poderosas, esos caracteres dorados, esos ricos estandartes labrados por manos reales, igualmente las modestas ofrendas del marinero en tus humildes capillas, en las grietas de la roca, a orillas del mar, o incluso tu humilde imagen que las manos de los mártires han trazado sobre las catacumbas, todo atestigua tu poder para aplacar las tempestades de la ira divina, y atraer sobre nosotros bendiciones celestiales.

"Oh María, he visto a la naturaleza más salvaje sonreír a tu nombre y florecer en belleza; los piadosos habitantes de los desiertos celebran tu gloria, los ecos de las montañas, las olas de los torrentes, compiten entre sí repitiendo tus alabanzas. He visto grandes ciudades engendrar y abrigar, a la sombra de tu nombre, las más puras y nobles virtudes. He visto a la juventud, con impulso generoso, ardor confiado y el inexpresable encanto de la virtud irradiando su semblante, preferir tu nombre y la felicidad de celebrar tus fiestas a todos los encantos del mundo y sus destinos más brillantes. He visto a ancianos, después de una vida impía de sesenta u ochenta años, levantarse sobre su lecho de dolor, para recordar al son de tu nombre al Dios que había bendecido su primera infancia; ¡tú eras para ellos como una prenda de seguridad y de entrada pacífica en la Ciudad Eterna! Oh María, ¿quién eres entonces? ¿Quæ est ista? Tú eres la Madre de nuestro Salvador, y Jesús, fruto de tu vientre, es el Dios bendito desde toda la eternidad. Eres nuestra Hermana, soror nostra es; aunque hija de Adán como nosotros, no has participado de nuestra triste herencia, y nuestros males excitan tu más profunda y tierna compasión.

"¡Oh María, tú eres la obra maestra del poder divino! Eres la invención más conmovedora de la bondad de Dios. No podría decir más: ¡eres la sonrisa más dulce de Su misericordia! ¡Oh Dios, da ojos a los que no los tienen, ojos para que puedan ver a María y comprender la hermosa luz de su mirada maternal; y a los que no tienen corazón, dales uno, para que puedan amar a María; porque de María al Verbo Eterno, a la Belleza siempre antigua y siempre nueva, a esa Luz increada que fortalece la débil vista y apacigua todos los deseos de nuestras almas, de María a Jesús, de la Madre al Hijo, no hay más que un paso!

"Nuestro amadísimo hermano -y me complace ser el primero en llamarte así-, mira bajo qué auspicios favorables entras en esta nueva Jerusalén, el tabernáculo del Señor, 'la Iglesia del Dios vivo, que es columna y fundamento de la verdad'. Pero antes de entregar tu corazón a estas emociones de alegría, hay una severa lección que debe aprender este día; y puesto que estoy destinado a ser el primero en anunciarte las palabras del Evangelio, no te ocultaré nada de la austeridad que inculca. Lo habéis comprendido todo", decís; pero permitidme que os pregunte si habéis comprendido el misterio de la cruz. Ah, ten cuidado, porque es el fundamento del cristianismo. Hablo ahora no sólo de esa bendita cruz que adoráis amorosamente, porque pone ante vuestros ojos a Jesús crucificado en expiación de vuestros pecados, sino que, tomando prestado el enfático lenguaje de un antiguo apologista de nuestra Fe, os diré: 'No se trata de la cruz que te es dulce adorar, sino de la cruz a la que pronto deberás someterte.' Ecce cruces jam non adorandæ, sed subeundæ. ¡He aquí lo que debes comprender si eres cristiano y lo que el bautismo debe revelarte! ... Además, en vano me esforzaría en disimular la verdad, diciendo que tu futuro no puede revelar cruces; yo las veo reservadas para ti. Sin duda, debemos venerarlas desde lejos, pero es infinitamente mejor doblegarse bajo su peso cuando nos las imponen, y llevarlas con valentía. Me equivocaré, si las virtudes evangélicas no se acrecientan y fortifican en tu alma por la paciencia. Bendito sea Dios por ello. Te has introducido en el cristianismo a través de María y de la Cruz. ... ¡Es un modo admirable de introducción! Y repito: ¡Bendito sea Dios por ello! Porque os digo que Él os ha dado oídos para oír y corazón para sentir este lenguaje. Hijo de la Iglesia Católica, compartirás el destino de tu Madre. Mira Roma, Roma donde acabas de nacer a la Iglesia; su herencia aquí abajo, es siempre combatir y siempre triunfar. Además, nada la asombra; y después de dieciocho siglos de combates y victorias, es aquí, en el centro de la unidad católica, al pie de la Sede Apostólica, ese foco de donde emanan diariamente los rayos más vivos y más puros de la Fe, traspasando las sombras del paganismo, del error y del judaísmo, donde la Iglesia ha derramado sobre tu frente el agua bienhechora de la regeneración celestial. ¿Qué digo? Es el mismo Pedro, el Moisés de la nueva ley, dignamente representado por el primer Vicario de su augusto Sucesor, quien ha golpeado para ti la roca misteriosa, la piedra inamovible. Petra erat Christus, de donde brotan esas aguas que saltan para vida eterna.

"Pero ya he dicho bastante; retraso vuestra felicidad. El cielo, en este momento, te saluda con amor, la tierra te bendice y Jesucristo te espera; ¡adelántate, pues; los ángeles han comenzado la fiesta, y los amigos de Dios la continúan contigo aquí abajo! Y aun aquel que parece muerto a nuestros ojos, y cuyo corazón vive en la mano del Señor, tú lo conoces, sus súplicas y oraciones se han derramado en tu favor; ¡ha llegado ahora el momento solemne! Abraham, Isaac, Israel, los patriarcas y los profetas desde su morada celestial te alientan, y Moisés te bendice, porque la ley en tu corazón se ha convertido en Evangelio; la misericordia y la verdad te sostienen, la justicia y la paz te asisten, el arrepentimiento y la inocencia te coronan.... Y, finalmente, es María quien te acoge y te protege.

"Es una necesidad y un deber para nosotros repetir una vez más esta oración, esta querida oración, y sé que ninguno de los aquí reunidos la repetirá fervientemente conmigo: Acuérdate, piadosísima Virgen María, de que nadie ha recurrido jamás a tu protección, implorado tu ayuda o buscado tu mediación, sin obtener alivio. Gimiendo bajo el peso de nuestros pecados, venimos, oh Virgen de las vírgenes, a arrojarnos en tus brazos y a suplicarte humildemente. Oh Madre del Verbo Eterno, acuérdate de los justos, acuérdate de los pecadores, acuérdate de los que te conocen y de los que no te conocen; acuérdate de nuestros males y de tu misericordia". No diré acuérdate de este joven, pues es tu hijo, dulce y gloriosa conquista de tu amor, sino que diré acuérdate de todos aquellos seres queridos por los que ofrece en este día, las primeras oraciones de su corazón católico; devuélveselos en el tiempo y en la eternidad. --

"Y puesto que soy forastero aquí (no, permíteme recordar mis palabras, nadie es forastero en Roma, todo católico es romano), pero puesto que ambos nacimos en el suelo de Francia, creo que mis oraciones encuentran eco en los corazones de todos los que me escuchan, cuando digo: acuérdate de Francia, ella sigue siendo la patria de las virtudes nobles, de las almas generosas, del amor heroico.... Devolved a la Iglesia de Francia su prístina belleza".

El Santo Sacrificio puso fin a la imponente ceremonia. Nuestro nuevo cristiano, abrumado bajo el peso de tantos favores, tuvo que ser asistido hasta la Santa Mesa, donde recibió el Pan de los Ángeles como sello de su alianza celestial. Inundado de felicidad, las lágrimas brotaban de sus ojos, y después de recibirlo, fue necesario asistirlo hasta su lugar.... Varios piadosos cristianos participaron en el banquete divino, al que tan tiernamente invita la Iglesia a todos sus felices hijos, y el admirable espectáculo de una bendita unión con su nuevo hermano, fue otro edificante episodio de este memorable día.

El Te Deum que siguió, el más ferviente himno de gratitud, surgido de todos los corazones y mezclado con el sonido de todas las campanas, no fue menos impresionante. "Ruego a Dios", escribió un testigo de esta ceremonia, "que nunca permita que se borre de mi corazón el recuerdo de lo que he experimentado durante estas tres horas; tal impresión es, sin duda alguna, una de las gracias más preciosas que un alma cristiana puede recibir."

Revestido de inocencia, enriquecido con los dones del Cielo, admitido a sus alegrías, sepultado en los dulces transportes de la gratitud y del amor, M. Ratisbonne no podía renunciar inmediatamente a su querida soledad. Había hecho un retiro, como preparación a la recepción de estos tres grandes Sacramentos, y estaba lleno de un consuelo inefable; Sintiendo ahora la necesidad, el deber imperioso de dar gracias a su Bienhechor, quiso comenzar un segundo retiro, para poder, lejos del mundo, hacer oídos sordos a los ruidos confusos de sus frívolas alegrías, y en medio del silencio de una dulce paz, celebrar la magnificencia del Señor, entonar himnos de gratitud, saborear en secreto y a placer los dones que le habían sido impartidos y los nuevos tesoros que poseía.

Otro gran consuelo le estaba reservado. Suspiraba por el feliz momento de poder postrarse a los pies del Soberano Pontífice, y testimoniar allí su sumisión y su amor a aquella santa Iglesia que acababa de admitirlo en el número de sus hijos predilectos. Se le concedió audiencia. Los dos amigos, el Sr. Ratisbonne y el Barón de Bussière, fueron conducidos a la presencia de Su Santidad por el reverendo Padre General de la Compañía de Jesús. Después de haber doblado la rodilla tres veces ante el Vicario de Jesucristo, recibieron al unísono esa santa y deseable bendición, que muchos piadosos cristianos se consideran felices de obtener, después de largos y fatigosos viajes. Fueron acogidos con una ternura verdaderamente paternal por el venerable Pontífice, que conversó un rato con ellos y les colmó de muestras de su favor. El Sr. Ratisbonne no sabía cómo expresar su admiración por la gran sencillez, humildad y bondad de este digno Sucesor del Príncipe de los Apóstoles. "Fue tan amable, me ha dicho varias veces el Sr. Ratisbonne, que nos hizo pasar a su habitación, donde me mostró, cerca de su cama, un magnífico cuadro de mi querida medalla, cuadro por el que siente la mayor devoción. Me había procurado bastantes Medallas Milagrosas. Su Santidad las bendijo alegremente para mí, y éstas son las armas que utilizaré en la conquista de las almas para Jesucristo y María."

El Santo Padre corona todos sus favores, regalando a M. Ratisbonne un crucifijo, precioso recuerdo que el joven cristiano conservará siempre, aferrándose a él en sus combates y en sus penas, como arma que ha de asegurarle la victoria sobre el infierno. Nuevo soldado de Jesucristo, no necesita más armas que la cruz y María Inmaculada, protectores de señales que le guiarán por los caminos de la justicia y le conducirán un día a la luz de la felicidad eterna.

Poco después de su segundo retiro, M. Ratisbonne preparó su regreso a Francia y se despidió de la Ciudad Santa, aunque no sin la dulce esperanza de volver a ofrecer allí su tributo de ferviente acción de gracias. Le hemos visto y conversado con él muchas veces.

Las primeras emociones de una felicidad sin límites y casi sin parangón han pasado, pero los frutos permanecen; cada día el precioso don de la Fe echa raíces más profundas en esta alma regenerada por las aguas del santo Bautismo; y la vida divina, que le fue comunicada el día de su bautismo, nuestro nuevo hermano la alimenta con la frecuente recepción de la Sagrada Eucaristía, y un retiro de toda sociedad mundana; pues mientras espera las manifestaciones de la voluntad del Señor con respecto a su futuro, siente la necesidad de preservar, en el secreto de una vida pacífica y recogida, los tesoros que ha recibido.

M. La conversión del Sr. Ratisbonne, calificada públicamente de milagro, suscitó demasiado interés y comentarios como para que la Santa Sede la dejara pasar inadvertida. El Soberano Pontífice ordenó un examen canónico según las reglas de la Iglesia. El Cardenal Vicario prescribió una investigación. Nueve testigos fueron examinados; todas las circunstancias sopesadas, y después de una conclusión favorable, el eminentísimo Cardenal Patrizzi, "pronunció y declaró el 3 de junio de 1842, que la conversión instantánea y perfecta de Alphonse Marie Ratisbonne, del judaísmo al catolicismo, fue un verdadero e incontrovertible milagro, obrado por el Dios más bendito y poderoso, a través de la intercesión de la Santísima Virgen María. Para la mayor gloria de Dios y el aumento de la devoción a la Santísima Virgen María, Su Eminencia se digna permitir que el relato de este milagro señal, no sólo sea impreso y publicado, sino también autorizado"-Un cuadro conmemorativo de la aparición de la Santísima Virgen a M. Ratisbonne, una representación de la Virgen de la medalla, fue colocado en la capilla de la iglesia de San Andrés, donde había tenido lugar el milagro.

Pocos días después de su regreso a Francia, M. Ratisbonne, en prueba de gratitud y con la intención de obtener la conversión de su familia, se sintió impulsado a erigir una capilla bajo la advocación de María Inmaculada, en el orfanato de la Providencia del Faubourg St. La colocación de la primera piedra tuvo lugar el 1 de mayo de 1842, y el santuario fue terminado y dedicado el 1 de mayo de 1844, con gran solemnidad, en presencia del fundador de la casa, M. Desgenettes, cura de Notre Dame des Victoires, el barón de Bussière, M. Étienne, Superior General de los Sacerdotes de la Misión y de las Hijas de la Caridad, M. Eugène Boré, entonces un simple laico, pero después el sucesor inmediato de M. Étienne, el abate de Bonnechose, más tarde Arzobispo y Cardenal, y muchas otras personas distinguidas.

El piadoso converso acudía a menudo a este santuario para mezclar sus oraciones con las de las Hijas de la Caridad y sus queridos huérfanos; y muchas veces ha gozado también del inefable consuelo de celebrar el Santo Sacrificio y dar gracias a su celestial Bienhechora, ante el hermoso cuadro de la Inmaculada Concepción colocado sobre el altar mayor, como recuerdo del milagro de San Andrés delle Fratte, pues M. Ratisbonne es ahora sacerdote. No contento con llevar una vida piadosa en el mundo, ha renunciado para siempre a las alegrías y esperanzas del tiempo para abrazar el estado eclesiástico, que le consagra sin reservas a Dios. Desde hace varios años está asociado con su querido hermano Teodoro en la orden de Nuestra Señora de Sión, cuyo objeto es la conversión de los israelitas.

V.

Gracias obtenidas de 1843 a 1877, en Francia, Alemania, Italia, América.

CURACIÓN DE UNA NIÑA (PARÍS)-1843.

Este relato nos fue enviado en el mes de enero de 1877, por la misma persona que fue curada:

"Hacia el 15 de diciembre de 1843, una niña, Zénobie de M., de apenas un año de edad, fue atacada, al mismo tiempo, de agua en el pecho, de una enfermedad intestinal y de una congestión cerebral. El Dr. Flandrin, amigo de la familia, fue llamado inmediatamente, y prestó a la niña toda clase de atenciones, pero su habilidad fue impotente, y la familia quedó sumida en el más profundo dolor. Sólo la hermana mayor de la niña abrigaba una débil esperanza en el fondo de su corazón; había tenido la intención de consagrarse a Dios en un estado religioso y siempre había considerado el nacimiento de esta pequeña como un regalo de la Providencia, enviada para ocupar su lugar en la familia y consolar a sus afligidos padres. Pensó que Dios no la retiraría. En su habitación había un cuadro que representaba la aparición de la Medalla Milagrosa; se arrodilló ante él, suplicando la curación de la niña y renovando sus promesas de abrazar la vida religiosa si se le concedía la petición. Esta generosa ofrenda la mantuvo en secreto. Poco después, llegó el médico y declaró que el caso del niño era irremediable y, además, que su recuperación no era deseable, ya que seguiría siendo imbécil, paralítico o ciego. Propuso, sin embargo, una consulta con M. Blache, médico del hospital Necker, quien prescribió un tratamiento enérgico, pero dijo: "este niño no puede vivir".

La pobre madre, estimando desaconsejable causar a la pequeña criatura sufrimientos innecesarios, la depositó suavemente en la cuna, diciendo con la fe y la resignación que sólo se ven en una madre cristiana: '¡El Señor me lo dio, el Señor quiere llevárselo, que se cumpla su santa voluntad!'. Por la tarde, una de las tías vino a acompañar a la hermana mayor a la iglesia, y mientras sus oraciones ascendían al Altísimo, más por la madre que por el niño, esta madre obedece espontáneamente a un impulso sobrenatural, y tomando la Medalla Milagrosa como última esperanza, la aplica al cuerpo del niño, y repite con confianza la invocación: '¡Oh María, sin pecado concebida, ruega por nosotros que recurrimos a ti!'. Los llantos lastimeros cesaron, y cuando M. Flandrin vino esa noche a ver si el pequeño seguía vivo, se sorprendió mucho al percibir una leve mejoría desde la mañana, todo el cuerpo cubierto de una suave transpiración, y el pequeño brazo paralizado capaz de moverse en cualquier dirección. Pero qué lástima", dijo, "el niño se quedará ciego", lo que de hecho parecía ser ya, pues una luz pasada varias veces ante sus ojos no produjo efecto alguno.

"La madre, que aún no había mencionado su secreto, esperó a que todos hubiesen salido de la habitación y, tomando su querida medalla, la puso sobre los ojos del niño y repitió la invocación. Después de un sueño profundo de cerca de veinticuatro horas, la pequeña Zénobie despertó, reconociendo a todos a su alrededor, y sonriendo a todos, ¡su vista fue restaurada!

El padre de la niña, penetrado de fe y de piedad, dijo: "Ciertamente, sólo Dios nos ha devuelto a nuestra hija; en adelante, se llamará Marie, para que tenga siempre presente a quién debe la vida". Un ataque de sarampión sobrevino y terminó el trabajo, según el doctor, absorbiendo el agua en el cerebro, y arrojando sobre la superficie de la piel la enfermedad hasta entonces interna. Una pequeña cruz de oro, que llevaba grabada la fecha memorable de esta curación milagrosa, fue colgada del cuello de la pequeña Marie, que ahora es Hija de San Vicente de Paúl".

CONVERSIÓN DE UN CAPITÁN DEL EJÉRCITO AUSTRIACO.

Carta de la Superiora de las Hijas de la Caridad, en el Hospital de Gratz (Austria), 1860:

Después de la guerra de Italia, un regimiento polaco pasó por Gratz; el capitán, atacado por una violenta hemorragia, se vio obligado a detenerse en el hospital general, a cargo de las Hijas de la Caridad. Sus constantes e incesantes atenciones no lograron retardar el avance de la enfermedad, y su vida corrió un peligro inminente.

Lleno de consideración, gratitud y cortesía hacia los que le cuidaban, manifestaba, sin embargo, un gran disgusto cada vez que le abordaban el tema de la religión; había pedido que le evitaran las visitas del capellán del regimiento, y en cuanto al capellán del hospital, no se atrevía a presentarse. Era necesario mantener al paciente muy tranquilo y evitarle toda preocupación, ya que la menor excitación podría causarle una hemorragia mortal.

Una Hermana, que una noche había estado velando junto a su camilla, dejó, por error, un librito que contenía una relación de favores obtenidos por intercesión de la Santísima Virgen. El enfermo tomó el libro y leyó algunas páginas; al entrar otra Hermana en su habitación, le mostró un pasaje, y le dijo, llevándose la mano a la frente con gesto significativo "Tome, Hermana, lea esta tontería; en cuanto a mí, no puedo entender cómo alguien puede escribir semejantes libros; si me permite el atrevimiento, permítame rogarle que se lleve esto".

Vanos eran todos los esfuerzos por llegar a su corazón mediante distracciones agradables, captando su atención o su interés; era insensible a todo. Pocos días después del suceso que acabamos de mencionar, una Hermana se aventuró a ofrecerle una medalla de la Santísima Virgen suspendida de un cordón, para que pudiera llevarla si lo deseaba. Fue demasiado cortés para rechazar el regalo, pero dejó que permaneciera donde la Hermana la había puesto. Su criado, aunque devoto cristiano, no se atrevía a hablarle de recibir los Sacramentos, y, aunque el paciente esperaba salir pronto del hospital, era muy evidente para todos los demás que la fiebre iba minando cada día sus fuerzas y llevándole rápidamente a la tumba. Muy afligidas por su estado, y sobre todo por su impenitencia, las Hermanas decidieron hacer un último esfuerzo para salvar esta alma. ¿Y cuál fue? Escribieron a la Santísima Virgen una nota, como sigue: "Haz que, por algún medio, Madre santísima, acepte tu medalla, prepáralo tú misma para recibir los Sacramentos y asístelo en la hora de la muerte. Oh María! concebida sin pecado, perdona nuestra temeridad, atamos esta nota a tu estatua, y la dejamos allí hasta que te dignes oír nuestras oraciones."

El médico jefe del hospital dijo, un día, a la Hermana al salir de la habitación de este paciente: "El capitán morirá sin los Sacramentos, parece inflexible". "¡Oh! en cuanto a eso", respondió ella, "la Santísima Virgen no dejará de vencer su obstinación". Transcurrieron tres o cuatro días; una mañana, el enfermo pidió a la Hermana que le pusiera la medalla al cuello, lo que ella hizo con gran alegría. Por la tarde, volvió a llamarla: "Hermana", le dijo, "os ruego que mandéis llamar al capellán de mi regimiento para que me confiese, a fin de que mañana pueda recibir la Sagrada Eucaristía y la Extremaunción". El digno sacerdote acudió gustoso a la llamada; permaneció largo rato con el enfermo, y a la mañana siguiente, después de celebrar la misa en el altar de la Inmaculada Concepción, le administró el Santo Viático y la Extremaunción. A todos nos edificó la piedad del moribundo. Guardaba su medalla con religiosa fidelidad, la pedía a menudo y la besaba con ternura. Pocos días después de recibir los últimos sacramentos, entregó su alma a Dios, salvada, como tenemos motivos para esperar, por la intercesión de María concebida sin pecado.

CONVERSIÓN DE UN PECADOR EMPEDERNIDO.

Carta de la Superiora de las Hijas de la Caridad de Issoudun, 1862:

En el mes de agosto de 1862, un joven de veintinueve años, casado desde hacía varios años, moría de tisis. Sus amigos se esforzaban inútilmente por orientar sus pensamientos hacia la eternidad; toda idea de religión parecía extinguirse en su corazón, y se negaba rotundamente a ver al sacerdote. Un piadoso conocido informó a las Hermanas de su deplorable estado; una de ellas fue inmediatamente a verle. Le recibió con frialdad, pero no se desconcertó lo más mínimo, y le habló muy amablemente, proponiéndole enviarle un médico, y añadiendo que le suministraría todas las medicinas y alimentos necesarios. "No necesito ni médicos ni medicinas", fue la respuesta, "voy a morir, y sólo os pido que me dejéis morir en paz". Su pobre esposa, que estaba presente, con su hijito en brazos, le dijo con lágrimas: "Acepta la oferta de la Hermana, y tal vez te recuperes", pero él no respondió; y la Hermana, dirigiéndose ahora a su esposa, trató de consolarla, prometiéndole enviar al médico y volver pronto ella misma. El médico vino y no tuvo mejor acogida. A los pocos días la Hermana se presentó de nuevo, y fue recibida como antes, sin que todas sus insinuaciones obtuvieran más respuesta que un frígido silencio; pero sin desanimarse, volvió día tras día, aunque su acogida fue siempre la misma. A medida que el joven empeoraba, las oraciones de la Hermana aumentaban, y ella se sintió inspirada a ofrecerle una medalla de la Inmaculada Concepción, todavía con la esperanza de que el buen Dios llevaría de vuelta al redil, a esta pobre oveja descarriada. "¡Acepto una medalla!", exclamó él con vehemencia, "¿y qué quiere que haga con ella? Le vendría muy bien a mi mujer o a mi hijo, pero en cuanto a mí, ¡no quiero medallas!". La Hermana se retiró del concurso por el momento, pero no desanimada, volvió a la carga a la mañana siguiente. "Ah", dijo agradablemente, "¿vas a llevarte la medalla hoy?". "Ya sabes lo que te dije ayer", contestó él, "además, hermana, temo imbuirme de tus sentimientos en caso de aceptarla, pues percibo que eres mucho más infeliz de lo que me importa ser". Un rayo de felicidad iluminó el semblante de la Hermana, pues sabía que quien teme ya está vencido. Después de atosigarla con preguntas sobre religión, concluyó así: "Después de todo, la muerte será un gran alivio para mí; he intentado suicidarme dos veces sin éxito. Sufro tanto que no deseo otra cosa que morir lo antes posible". Al día siguiente, la Hermana pidió a su Superiora que le visitara y le ofreciera la medalla. Así lo hizo, y él no sólo la aceptó, sino que por fin consintió en ver al sacerdote. Cuando la Hermana le volvió a ver, estaba completamente cambiado, y expresó su alegría por la visita del sacerdote, y su deseo de volver a verle pronto. "Hermana", dijo, "soy demasiado miserable, deseo ser como usted". El sacerdote no demoró su segunda venida, y la pobre y sufrida criatura, habiendo hecho su confesión, pidió la Sagrada Comunión, que no había recibido durante muchos años, pero este favor le fue negado, ya que su garganta estaba tan inflamada que sólo podía tragar unas pocas gotas de líquido. Sus últimos días fueron santificados por la más admirable resignación; nadie le oyó nunca expresar una queja, sólo pedía una cosa, las visitas del sacerdote y de la Hermana, que eran las únicas que parecían proporcionarle algún consuelo. Y el día de Todos los Santos, con todas las señales de una sincera conversión, expiró.

CONVERSIÓN DE UN MALHECHOR.

Carta de la Superiora de las Hijas de la Caridad del Hospital de Beuthen (Polonia prusiana)-1865:

Fue traído a nuestro hospital, un joven de notorio mal carácter. Entró por nuestras puertas blasfemando, y como el médico había dicho a la Hermana que le quedaban pocos días de vida, ella intentó algunas palabras de piedad y consuelo, para volver su atención al estado de su alma; pero él le respondió con maldiciones. Por fin, un día le dijo: "Amigo mío, ya que no me escuchas, pediré a mi Superiora que venga en persona". "Que venga", fue su respuesta, "si me dijera que me ahorcara, la obedecería, pero en cuanto a la confesión, puede hablar de eso cuanto quiera, nunca cederé". A estas palabras siguieron tantas blasfemias, que la pobre Hermana buscó a su Superiora con el corazón encogido. "¿Le habéis dado una medalla?", dijo ésta. "¡Una medalla!" fue la respuesta, "la tiraría". "Ah, bueno, hay que ponerle una bajo la almohada y confiar en la oración, pues es inútil hablarle; dígale solamente que yo digo que no es digno de confesarse y que se lo prohíbo".

En cuanto la Hermana que lo cuidaba abandonó la presencia de su Superiora, ésta se arrodilló y comenzó a repetir aquella hermosa oración, el Acordaos. A los pocos minutos volvió la Hermana, esta vez derramando lágrimas de alegría. "Ah, Hermana", dijo ella, "él desea confesarse; tan pronto como hube puesto la medalla bajo su almohada y recitado el Acuérdate por él, le entregué tu mensaje". "¡En efecto!" dijo él, levantándose de su asiento, "Pues bien, me gustaría ver a la persona que podría impedirlo; dígale a su Superiora que mañana por la mañana, a las ocho, voy a hacer una visita al cura."

Las Hermanas se sintieron un poco turbadas por una confesión aparentemente dictada por el espíritu de contradicción, pero sus temores se disiparon cuando la penitente regresó bañada en lágrimas. Acababa de comulgar; pidiendo perdón a las Hermanas por su mala conducta pasada, les rogó que implorasen a la Santísima Virgen que le dejase vivir ocho días más, para poder llorar sus pecados. Este favor le fue concedido, y diariamente enjabonaba su almohada con lágrimas. Al cabo de los ocho días murió bendiciendo a Dios y llevándose la medalla a los labios.

CONVERSIÓN DE UNA ACTRIZ.

Carta de la Superiora de las Hijas de la Caridad, en el Hospital de Beuthen (Polonia prusiana), 1865:

Hace algunos años, una joven protestante, perteneciente a una compañía de comediantes, llegó a Beuthen con su compañía. El buen Dios permitió que encontrara alojamiento en una familia católica, con la que pronto entabló una polémica. "Mademoiselle", le dijo el dueño de la casa, "sería mejor que fuera a ver a las Hermanas sobre estas cosas; la Santísima Virgen ha obrado maravillas en sus establecimientos, estoy seguro de que volvería completamente ilustrada sobre el tema que ha estado discutiendo." La joven se rió de tal proposición; pero pocos días después, impulsada por la curiosidad, se presentó en el hospital y preguntó por la Hermana Sirvienta. "Invítala a pasar", dijo ésta, que ya había oído hablar de la joven actriz; "sin duda, la Santísima Virgen tiene aquí algo reservado para ella". Después de algunas formalidades de etiqueta, nuestra visitante introdujo el tema de la religión, e intentó entrar en controversia con la Hermana. "¡Ay! Mademoiselle", replicó ésta, "las pobres Hijas de la Caridad no tienen ni el tiempo ni la erudición necesarios para discutir estas sutiles cuestiones, pero tienen otras armas con las que derrotaros"; y, sonriendo, regaló a su contendiente una medallita de la Santísima Virgen. "Prométeme que llevarás este pequeño recuerdo, será un recordatorio constante de que rezamos por ti". Dejó que la Hermana se pusiera la medalla en el cuello, y se retiró bastante satisfecha de su visita.

A partir de ese día, las Hermanas del hospital empezaron a recomendar a la joven actriz a María concebida sin pecado. No muchas semanas después, el cura le dijo a la Hermana Sirvienta: "¿Sabe usted, Hermana, que Mademoiselle M., que pasaba la mayor parte del tiempo paseando con caballeros y fumando puros, ahora viene a mí para recibir instrucción religiosa? Dentro de poco hará su abjuración". Y, en efecto, no tardó mucho en volver al hospital. "Hermana -dijo a la hermana sirvienta-, hoy me confieso y mañana hago la primera comunión. En mi primera visita me enfurecí con usted. Hubiera podido pelearme con usted y lanzar a los vientos esta medalla que ahora beso. Desde el momento en que me la pusiste en el cuello, se produjo en mí un cambio inexplicable". Al día siguiente, la iglesia se llenó de protestantes y judíos, todos ansiosos por presenciar una ceremonia que había suscitado tantos comentarios. Después de su recepción en la Iglesia, la joven conversa, en vísperas de su partida, hizo otra visita a la Hermana Sirviente, y ésta vio por su propio semblante los grandes cambios que la gracia había operado en esta alma. "Bueno", le dijo la Hermana, sólo para probarla, "aquí tienes una medalla de plata para sustituir a la tuya que se ha puesto muy negra". "Oh, no", fue la seria y pronta respuesta, mientras apretaba tiernamente su propia medalla, "no la cambiaría por ninguna otra en el mundo, porque desde que empecé a llevarla mi alma ha despertado a una nueva vida."

Algunos años más tarde, la Hermana recibió una carta fechada en Roma, era de la joven convertida, que le escribía lo siguiente: "Hermana, la Providencia me ha conducido a Roma, y ya no es a la Srta. M. a quien debe dirigirse, sino a la Hermana St.-- del convento B. Tus deseos se han cumplido; ahora pertenezco enteramente a Dios, como antes al mundo; la Santísima Virgen vence a las almas con otras armas que las de la controversia."

Hay que añadir, a los elogios de la joven actriz, que su carácter moral fue siempre irreprochable.

La superiora del hospital de Beuthen, al narrar estos hechos, añade: "Podría mencionar, para mayor gloria de Dios y honor de la Inmaculada María, innumerables incidentes de este tipo, pero la falta de tiempo y mis débiles ojos me impiden dar los detalles. Diré, sin embargo, y sin la menor exageración, que no pasa una semana sin que la Santísima Virgen conceda a nuestros enfermos del hospital alguna nueva prueba de su bondad maternal. La medalla, tan querida para nosotros, es milagrosa, y el instrumento por el que arrancamos de la destrucción almas que tanto han costado a Nuestro Señor. Ah! cuán innumerables son, en esta desdichada tierra, las asechanzas del enemigo de nuestra salvación para atrapar a las almas; pero para vencerlo, hago circular por todas partes la Medalla Milagrosa (ya sabéis qué números conseguimos), y mi confianza en María no se engaña jamás."

CONVERSIÓN DE UN DESTACADO MASÓN LIBRE.

Nueva Orleans (Estados Unidos), 1865.

Entre los pacientes del gran hospital de la Caridad, en Nueva Orleans, había un masón libre muy prominente. Su odio a la religión se manifestaba de mil maneras; no sólo prohibía a la Hermana que lo cuidaba cualquier alusión a su salvación, sino que incluso pagaba habitualmente con palabras ásperas e injuriosas su amabilidad y atención a sus sufrimientos físicos. Si otros se aventuraban a mencionarle el tema de la religión, eran recibidos con burlas y bromas. Varias veces estuvo a punto de morir y, sin embargo, es triste relatarlo, su disposición seguía siendo la misma. Al fin, cuando la Hermana vio que le quedaban pocas horas de vida, deslizó sigilosamente una Medalla Milagrosa bajo su almohada, y dijo interiormente a la Santísima Virgen: "Mi querida Madre, tú sabes que no he escatimado esfuerzos para conmover el corazón de este pobre hombre, pero en vano; ahora te lo abandono a ti, eres tú quien debe salvarlo; lo dejo enteramente en tus manos, y trataré de despojarme de toda ansiedad con respecto a él." Esa noche, al hacer su ronda, le echa un vistazo y se entera por el enfermero de que, desde su última visita (la de la Hermana), había estado muy tranquilo y aparentemente absorto en sus pensamientos. Preguntando al enfermo cómo se encontraba, se asombró de su cortés respuesta, pero recordando que lo había encomendado enteramente a los cuidados de la Santísima Virgen, no aventuró una palabra sobre su alma, y dándole las buenas noches, salió de la habitación.

Hacia las nueve, llamó al enfermero, y pidió un sacerdote; conociendo su antigua amargura, el enfermero pensó que era una broma y lo trató en consecuencia; el paciente repitió su petición, pero sin mejor éxito. Entonces comenzó a llorar y a clamar en voz alta por un sacerdote; todos los demás pacientes se quedaron mudos de asombro, y el enfermero, incapaz de resistir tales súplicas, fue a buscar al capellán y a la Hermana. El moribundo pidió el Bautismo, que le fue administrado inmediatamente, así como la Extremaunción, y antes de la mañana había rendido cuentas al Soberano Juez. Su cuerpo fue inhumado con los ritos masónicos, pero su alma, gracias a la poderosa protección de María Inmaculada, había sido llevada por los ángeles al seno de su Dios.

CONVERSIÓN DE UN ENFERMO PROTESTANTE.

Nueva Orleans (Estados Unidos).

En el mismo hospital de Nueva Orleáns, una Hermana se esforzaba en vano, desde hacía mucho tiempo, en convencer a un protestante de las verdades más esenciales de la religión, para que recibiera el Bautismo, pero él hacía oídos sordos a todas sus persuasiones. Un día le mostró una Medalla Milagrosa y le contó su origen. Él pareció escuchar con cierta atención, pero cuando ella se la ofreció, "Llévatela", dijo él, en un tono de gran desprecio, "esta Virgen no es más que cualquier otra mujer". "Voy a dejarla sobre su mesa", fue la respuesta de la Hermana, "estoy segura de que reflexionará sobre mis palabras". Él no dijo nada, pero para ponerlo fuera de la vista, colocó su biblia sobre él. Cada día, con el pretexto de arreglar y quitar el polvo de su habitación, la Hermana se aseguraba de que la medalla seguía allí. Transcurrieron varios días, durante los cuales el enfermo empeoró; una noche, mientras yacía despierto atormentado por el sufrimiento, percibió una luz brillante alrededor de su cama, aunque el resto de la habitación estaba envuelta en la oscuridad. Muy asombrado, logró, a pesar de su debilidad, levantarse y encender el gas para descubrir, si era posible, la causa de aquella luz misteriosa. Al no encontrar ninguna, volvió a la cama, y pocos minutos después, percibió que los rayos luminosos escapaban de la medalla. Entonces la tomó en sus manos y la mantuvo allí el resto de la noche. En cuanto sonó la campana de levantamiento de las Hermanas (que eran las cuatro), llamó al enfermero y le rogó que dijera a la Hermana que deseaba el Bautismo. El capellán fue informado inmediatamente. "¡Imposible!", exclamó, pues habiendo tenido frecuentes conversaciones con el enfermo, conocía bien sus sentimientos, y difícilmente podía creerle en serio. Sin embargo, acudió a la llamada, y encontrando al paciente realmente dispuesto a beneficiarse de su ministerio, le administró los últimos sacramentos, y poco después de recibirlos el pobre hombre murió, bendiciendo a Dios y a la Santísima Virgen por las gracias que le habían sido concedidas.

CONVERSIÓN DE UNA PROTESTANTE.

Nueva Orleans, (Estados Unidos).

Una pobre joven protestante, traída a nuestro hospital para ser tratada de una grave enfermedad, tenía un horror tan grande a nuestra santa religión, que a la sola vista de un católico cerca de ella, se comportaba como una posesa. La presencia de una Hermana era especialmente irritante, y un día incluso llegó a escupir en la cara de la Hermana, pero ésta, nada consternada, y siempre esperando que el Dios de toda misericordia cambiara a este lobo en cordero, continuó con sus amables atenciones, cuanto más irrespetuosa era su paciente, más gentil y considerada era la Hermana. A ésta se le ocurrió, por fin, deslizar una Medalla Milagrosa entre los dos colchones; la puso en práctica, y la noche siguiente la imagen de la Inmaculada se convirtió en instrumento de salvación y felicidad para un alma culpable. A la mañana siguiente, el asombro de la Hermana al verla estrechándola entre sus manos y cubriéndola de besos, fue sólo comparable al que experimentó al percibir la maravillosa transformación que la gracia había operado en el alma de esta pobre criatura. Una luz sobrenatural le había revelado el triste estado de su conciencia; su vida criminal la llenaba de horror, y penetrada de remordimientos por el pasado, sólo suspiraba por el santo Bautismo. Después de la instrucción necesaria, fue bautizada; y, durante el resto de su enfermedad, que fue larga y tediosa, su paciencia y fervor nunca decayeron. Perseveró en estos sentimientos edificantes, hasta que una muerte feliz selló las gracias que había recibido por intercesión de María Inmaculada.

CONVERSIÓN DE UN PROTESTANTE.

Nueva Orleans (Estados Unidos).

Un caballero protestante había pasado cuatro años en el hospital, unas veces en una sala y otras en otra. Como su mal no había sido muy grave, nadie había considerado necesario hablarle de su alma. Sin embargo, cuando su estado se agravó, la Hermana, después de invocar la asistencia de la Santísima Virgen, le dijo que el médico consideraba peligroso su caso, y que ella creía que debía recibir el Bautismo, sin el cual nadie podía salvarse. Él escuchó atentamente y, volviéndose hacia ella, le dijo: "Hermana, si le pidiera que se hiciera protestante, ¿aceptaría mi petición?". "No", fue la respuesta decidida. "Bien, entonces", continuó, "tenga la seguridad de que es igual de inútil que intente persuadirme para que me convierta en católica".

A pesar de esta negativa rotunda, ella no dejaba pasar ocasión sin ilustrarle, aunque fuera un poco, sobre algunas de las verdades de la religión. Un día, mostrándole una Medalla Milagrosa, le dijo que le haría un gran favor recitando la pequeña invocación: "¡Oh María! sin pecado concebida, ruega por nosotros que recurrimos a ti". "¡Qué, hermana! ¡Una oración católica! ¡Eso es imposible, no puedo!". Ella no dijo nada más, pero deslizó la medalla bajo su almohada, y allí permaneció intacta durante varios días, durante los cuales redobló sus atenciones a las necesidades físicas del pobre paciente, que gradualmente se debilitaba. Por fin, una noche le dijo: "Bueno, Henry, ¿no vas a hacer lo que te pedí?" "Sí, hermana, deseo de todo corazón hacerme católico". El capellán fue llamado inmediatamente; apenas tuvo tiempo de administrar el Bautismo y la Extremaunción, antes de que el alma regenerada del moribundo fuera llevada por los ángeles a la morada de los bienaventurados.

CONVERSIÓN DE UN JOVEN METODISTA.

San Luis (Estados Unidos), 1865.

Un joven metodista llegó al hospital en un estado de extrema debilidad. El médico declaró inmediatamente que su caso no tenía remedio, y dijo que le quedaban pocos días de vida. En consecuencia, la primera preocupación de la Hermana fue por su alma. Al interrogarle, pronto supo que no creía ni en la eficacia ni en la necesidad del Bautismo, y todos sus esfuerzos por inducirle a recibir este Sacramento fueron inútiles. Él no deseaba conversar sobre el tema, y su respuesta invariable a todos sus argumentos era: "Creo en Jesús, eso basta; estoy seguro de salvarme". La Hermana redobló sus oraciones, pues en ellas residía su única esperanza, y el tiempo era precioso. Un buen sacerdote le visitaba todos los días; una vez, después de una visita mucho más larga de lo habitual, dijo a la Hermana al salir de la habitación que era imposible hacer nada con aquel hombre, a menos que Dios obrara un milagro en su favor, y que debían rogarle que lo hiciera. El pobre hombre persistía, en efecto, en rechazar todo socorro espiritual, aunque recibía con gratitud las atenciones que se le dispensaban en el cuerpo. Sus fuerzas disminuían de día en día, y esperaba tranquilamente la muerte; un solo pensamiento le inquietaba, el de no ver nunca a su madre y morir lejos de ella. Percibiéndose al borde de la tumba, llamó a uno de sus compañeros a quien rogó que estuviera con él en aquel temible momento y escribiera los pormenores del mismo a su madre. Mientras él hacía esta petición, la Hermana deslizó una Medalla Milagrosa bajo su almohada, creyendo confiadamente que María no dejaría perecer esta alma a ella confiada; sin embargo, él ya estaba en su agonía. Dos Hermanas velaron junto a su lecho hasta medianoche, cuando, obligadas a retirarse, lo dejaron a cargo de un enfermero y del joven que había prometido estar con él a la hora de la muerte. Al parecer, no le quedaba más de media hora de vida, así que a la mañana siguiente, cuando el enfermero fue a recibir a la Hermana, ésta estaba preparada para la noticia de la muerte del paciente, pero para su asombro el enfermero exclamó: "¡Venga hermana, venga a verlo, ha recobrado la vida!". Entonces le dijo que el paciente, según todas las apariencias, llevaba muerto una hora; que el amigo y él habían hecho todos los últimos deberes al cuerpo, habiéndolo lavado y vestido y preparado para la tumba; entonces el joven se fue a la cama, y él solo se quedó con el cadáver. Después de velar cerca de él algún tiempo, se acercó para vendar las mandíbulas, pero ¡cuál fue su susto, mientras estaba así ocupado, al ver que el muerto abría los ojos! La hermana no oyó nada más, pero se apresuró a ir al lugar y encontró al hombre que aún respiraba. Con un gran esfuerzo dijo: "¡Oh! ¡Qué bendición que hayas venido!" En respuesta, ella le exhortó a recibir el Bautismo, y le dijo que estaba en deuda con la Santísima Virgen por esta prolongación de su vida. "Deseo ser bautizado", dijo, y cuando la Hermana le contestó que vendría el sacerdote, "¡Oh, será demasiado tarde! Los demás enfermos unieron ahora sus súplicas a las suyas, y la Hermana, después de recitar en voz alta los actos de fe, esperanza, caridad y contrición, que el moribundo se esforzaba en repetir, con las manos juntas y los ojos levantados al cielo, lo bautizó. Mientras las aguas regeneradoras fluían sobre su alma, de sus labios escapaban gritos de amor y agradecimiento. Media hora después, cerró los ojos para no volver a abrirlos aquí abajo. Todo lo que el enfermero relató de su primera muerte, fue confirmado de la manera más positiva por el amigo protestante que le había ayudado a prepararse para la tumba.

CONVERSIÓN DE M. F--

San Luis, (Estados Unidos).

Un protestante llamado F-- fue llevado a nuestro hospital en un estado avanzado de tisis. Detestaba de todo corazón la religión católica y recibía los servicios de las Hermanas con extrema repugnancia. Su fuerza física disminuía perceptiblemente, pero su mente conservaba su energía y claridad. Poco a poco, el olor que escapaba de sus pulmones deteriorados se hizo tan intolerable que todos le abandonaron. M. Burke, un sacerdote misionero y las Hermanas, fueron las únicas personas que tuvieron el valor de acercarse a él, y prestar alguna atención a su comodidad. Sin embargo, ni el sacerdote ni las Hermanas se atrevieron a mencionar la religión. Se contentaron con poner una Medalla Milagrosa bajo su almohada e invocarla a Ella, que tan a menudo se digna mostrar su poder en favor de aquellos que lo niegan. Ella no tardó en acceder a su petición. Pocos días después, cuando el ministro protestante abandonaba el pabellón, después de hacer su habitual reparto de folletos, el enfermo dijo a la Hermana: "Hermana, está hecho; me he convertido". "Ah", dijo ésta interiormente, "nuestra buena Madre ha cumplido su obra". Y efectivamente era verdad; pues el enfermo pidió un sacerdote, fue instruido, y en pocos días recibió los Sacramentos del Bautismo, el Santo Viático y la Extremaunción, con inexpresable fervor. La expresión misma de su semblante cambió; la felicidad que inundaba su corazón resplandecía en cada uno de sus rasgos. "¡Ah!", dijo, "mis sufrimientos son grandes, pero siento que voy al Cielo; la verdad me ha hecho libre". En estas felices disposiciones expiró, prometiendo que en el cielo rezaría por todos los que habían sido instrumentos de su conversión.

CONVERSIÓN DE UN ENFERMO NO BAUTIZADO.

San Luis, (Estados Unidos).

Un enfermo llevado al hospital en estado desesperado, manifestó abiertamente su odio al catolicismo. Sin embargo, como estaba en peligro inminente de muerte, la Hermana, aprovechando un momento en que parecía un poco mejor dispuesto que de costumbre, se aventuró a preguntarle si se bautizaría; él contestó bruscamente: "No, que apenas creía en el bautismo, y en absoluto en el bautismo católico, que en caso de recuperarse, tal vez recibiría el bautismo por inmersión, y se haría miembro de alguna iglesia, pero que nunca sería la católica." "En todo caso", añadió él, "no voy a atormentarme ahora por esas cosas". La pobre Hermana, no teniendo otro recurso que la Santísima Virgen, y viendo que el joven se acercaba a su fin, deslizó sigilosamente una medalla bajo su almohada. A la mañana siguiente la recogió el enfermero, quien, pensando que se le había caído accidentalmente a la Hermana, iba a devolvérsela, pero el enfermo se opuso; la pequeña imagen le gustaba y quería quedársela. Para calmarlo, el enfermero se vio obligado a preguntar a la Hermana si el paciente podía quedársela. La petición fue aceptada. Al anochecer, alguien se presentó ante la Hermana con un mensaje del paciente: deseaba verla. "Hermana", le dijo en cuanto se acercó, "usted me ha dicho que no podría salvarme sin el Bautismo; permítame que me bautice, pues deseo salvarme". Llena de alegría por esta noticia, comenzó a instruirle y a prepararle para la ceremonia. Tuvo lugar a la mañana siguiente, y durante el día, esta alma, ahora hija de Dios, fue a reposar en el seno de su Padre celestial, para bendecirle y agradecerle por toda la eternidad sus misericordias.

CONVERSIÓN DE UNA JOVEN.

Buffalo (Estados Unidos).

Una joven protestante de unos veinte años llegó al hospital, cubierta de pies a cabeza de una repugnante picazón, que el médico declaró incurable. La Hermana que le curó las llagas le dijo que la Santísima Virgen podía conseguir su curación, y lo haría, si llevaba la medalla y confiaba en la intercesión de la Santísima Virgen. La pobre muchacha, sabiendo que el médico la consideraba desahuciada, contestó sin rodeos: "No creo en su Santísima Virgen, y no quiero ninguna medalla". "Muy bien", replicó la religiosa, "entonces puedes conservar tus llagas". Pocos días después, ella misma pidió una medalla, se la puso en el cuello, recibió instrucción y fue bautizada, y en poco tiempo abandonó el hospital perfectamente curada, con gran asombro de los médicos, que todos habían declarado incurable su enfermedad.

CONVERSIÓN DE UNA PECADORA.

Hospital de Gratz (Austria).

Un artista cuya vida había estado lejos de ser edificante, estaba internado en nuestro hospital. Una mañana, la hermana se sorprendió mucho de que expresara el deseo de confesarse. Percibiendo su asombro, le dijo: "Esta mañana, Hermana, la puerta de la capilla estaba ligeramente abierta, y desde mi cama pude ver la estatua de la Santísima Virgen". (Era la de la Inmaculada Concepción.) "Apeló tan fuertemente a mi corazón, que no he tenido paz desde entonces. Debo poner en orden mi conciencia". Se confesó, no una, sino varias veces, y a menudo expresó un gran arrepentimiento por su vida pasada. "¡Ah!", decía, "qué vida he llevado, y qué triste el estado de mi alma cuando María vino en mi ayuda". Cuando le preguntaron qué había atraído la compasión de María, respondió: "Estaba simplemente mirando la estatua, ningún pensamiento religioso estaba en mi mente; cuando de repente, recuerdos de mi vida pasada me llenaron de temor, y María al mismo tiempo me inspiró horror por el pecado". En este caso, el arrepentimiento y la reparación fueron las consecuencias inmediatas de la mirada misericordiosa y maternal de la Inmaculada.

CONVERSIÓN DE UN CISMÁTICO GRIEGO.

Hospital de Gratz (Austria).

Un cismático griego, atacado por una enfermedad mortal, fue llevado al hospital. Declaró su intención de permanecer apegado a los errores en los que había sido educado, y las Hermanas, viendo su determinación, lo encomendaron a la Santísima Virgen, consagrándoselo mediante la colocación bajo su almohada de una medalla, que para él resultó verdaderamente milagrosa. Un día, un Padre franciscano visitó al enfermo, y el joven pidió a la Hermana que hiciera venir al buen Padre a verle. Conversó largo rato con éste, pero no manifestó ninguna intención de hacerse católico. Mientras tanto, empeoró y, un día, cuando tuvo una hemorragia, preguntó por este Padre, "porque", dijo, "deseo abrazar la religión católica." La Hermana se sorprendió, pues no había dicho nada para persuadirle, pero la Santísima Virgen había realizado su obra sin ayuda terrena. Se confesó e hizo su abjuración; incluso pidió al Reverendo Padre que anunciara, en voz alta, a los demás pacientes que había entrado en la Iglesia por su propia voluntad. Sus ataques de vómitos hicieron dudar al sacerdote de darle el Santo Viático, pero él insistió tanto, y tenía tan ardiente deseo de recibirlo, que el buen Dios permitió que estos ataques de vómitos fueran menos frecuentes, de modo que pudo hacer su primera y última Comunión al mismo tiempo, lo que hizo con inexpresable fervor y consuelo. Interrogado sobre su conversión, respondió: "Durante mucho tiempo sentí que todo lo terrenal tenía poco valor, y busqué lo verdadero y duradero". Durante el delirio de sus últimos momentos, habló continuamente de una túnica blanca. La gracia del Bautismo había vestido su alma con vestiduras inmaculadas, y a la intercesión de María estaba en deuda por ello.

CONVERSIÓN DE UN APÓSTATA.

Austria, 1866.

En una de las cárceles confiadas al cuidado de las Hijas de la Caridad, se encontraba un joven perteneciente a una respetable familia católica, en cuya vergüenza y desgracia se había convertido. Después de una corta estancia, cayó enfermo, y su estado hizo necesario su traslado a la enfermería; fiel a sus principios de impiedad, rechazó absolutamente todo socorro espiritual, y cada vez que veía pasar a uno de los capellanes, apartaba la cabeza o la ocultaba bajo las sábanas. Todas las Hermanas rogaron a la Superiora que hiciera un último esfuerzo por su alma. Ella le hizo una visita, y fue recibido cortésmente, pero para librarse de su importunidad, él se confesó protestante, y relató cómo llegó a abandonar la Fe, después de conocer a varios personajes muy malos, sus compañeros en el crimen y sus consejeros al aconsejarle que se hiciera protestante. La Hermana le preguntó si no sentía remordimientos por tal conducta, pero él se enfureció y exclamó en voz alta: "¡Soy protestante, y deseo vivir y morir siendo protestante!". Viendo que era imposible hacer nada con aquella miserable criatura, le recomendó interiormente el Refugio de los Pecadores, y se limitó a pedirle que aceptara la medalla que le ofrecía, que se la pusiera y que a veces la besara. Él pareció muy contento de librarse tan fácilmente de ella, y depositando toda su confianza en María, se retiró.

El pobre hombre pasó la noche en vela, la Santísima Virgen le tocó el corazón, y a la mañana siguiente, muy temprano, mandó decir a la Hermana que deseaba que un sacerdote recibiera su profesión solemne de fe, en reparación de su escandalosa apostasía y de sus crímenes. Pero su reputación era tal que el capellán de la prisión dudaba de su sinceridad y no acudía a él si no era a instancias de la Superiora. Se sintió profundamente afectado al presenciar el cambio que la gracia había operado en aquella alma, y la consiguiente compunción con que el pródigo confesó sus pecados. El moribundo hizo entonces pública abjuración de sus errores, y expiró pocos minutos después, en gracia de Dios y bajo la sonrisa protectora de María.

CONVERSIÓN DE UN SOLDADO EN EL HOSPITAL DE CAVA.

Cava (Italia), 1866.

Un joven soldado, enfermo del pecho, fue llevado al Hospital Militar de Cava. Su primera pregunta fue si las Hermanas estaban a cargo de ese hospital; al recibir una respuesta afirmativa, se dijo a sí mismo: "Me molestarán por confesarme, así que me llamaré judío para librarme de ellas", y judío fue designado en la tarjeta de admisión. Percibiendo la gravedad de su enfermedad, las Hermanas a cuyo especial cuidado había sido confiado, le visitaban tan a menudo como les era posible. Una de ellas le ofreció una medalla de la Inmaculada Concepción; mirándola con una sonrisa de piedad, dijo: "La acepto, porque no sería cortés negarme, pero créame, la considero un mero juguete y nada más".

Cada vez que el capellán visitaba la sala, para decir una palabra de consuelo a uno y otro, el pobre judío se cubría la cabeza. A veces la Hermana se atrevía a decirle algunas palabras sobre el buen Dios, pero él nunca respondía, y su aproximación era la señal para que fingiera dormir. Una noche en que parecía estar peor que de costumbre, dos Hermanas fueron a verlo justo antes de que se retiraran a dormir. Al oírlas acercarse, exclamó: "¡Oh Hermana, un sacerdote!" Inmediatamente llamaron al capellán, y el pobre moribundo no cesaba de repetir: "¡Un sacerdote! ¡Un sacerdote!" En cuanto llegó el capellán, el enfermo hizo profesión de fe con voz muy audible; luego se confesó, y en el momento en que el sacerdote, al administrarle la Extremaunción, le ungía las orejas, el penitente entregó su alma a Dios, dejándonos la consoladora esperanza de que había encontrado misericordia a los ojos de su Hacedor.

CONVERSIÓN DE UN SOLDADO HERIDO.

Palermo (Italia), 1866.

En 1866, en el Hospital Militar de Palermo, se encontraba un pobre hombre que acababa de sufrir la amputación de su brazo izquierdo. Su impiedad era tan grande, que la Hermana se sintió obligada a quitarle un gran crucifijo que le habían colocado cerca de la cama, pues lo cubrió de invectivas. Las enfermedades corporales del miserable hombre eran tan desesperadas como las espirituales, pero nadie podía inducirle a prestar atención a su alma, ni siquiera a escuchar una palabra sobre el buen Dios. ¿Qué se podía hacer en una situación tan extrema? La pobre Hermana estaba muy afligida, cuando un día, mientras le curaba las heridas, tuvo la inspiración de deslizar una medalla de la Inmaculada Concepción entre las vendas que rodeaban el muñón del miembro amputado. A la mañana siguiente, al comprobar el gran cambio que se había operado en el estado espiritual de su paciente durante la noche, se sintió menos asombrada que feliz, pues había confiado en la Santísima Virgen. Pidió un sacerdote, que acudió inmediatamente; se confesó, reparó públicamente los escándalos de su vida pasada y recibió con piedad el Santo Viático y la Extremaunción. Los pocos días que le quedaban los pasó bendiciendo a ese Dios que le había mostrado una misericordia sin límites. "¡Oh, qué bueno es Dios!", repetía incesantemente a sus compañeros, "¡He cometido múltiples pecados y Él me los ha perdonado todos!".

CURACIÓN DE UN OFICIAL AUSTRIACO.

Hospital de Gratz (Austria), 1867.

Un oficial de la guarnición de Gratz, sufrió una grave herida en el brazo derecho. Fue llevado al hospital general, para que pudiera estar más convenientemente bajo el tratamiento especial de M. Rzehazeh, un cirujano muy eminente. Rzehazeh, un eminente cirujano, agotó todos sus recursos, pero fue en vano y, al cabo de unas semanas, se vio en la necesidad de amputar el brazo para salvar la vida del oficial. Al conocer la decisión del médico, el paciente se sintió profundamente afligido y su corazón oprimido buscó refugio en la piedad. Él, que nunca había hablado de Dios, que sólo había aceptado una medalla ofrecida por cortesía, pareció experimentar ahora una verdadera satisfacción cuando las Hermanas le dijeron que implorarían a la Santísima Virgen en su favor. Durante los días que precedieron a la operación, sintió una gran confianza en su medalla y repitió con frecuencia la invocación grabada en ella: "Oh María, sin pecado concebida, ruega por nosotros que recurrimos a ti". El peligro era ya inminente, y la amputación, que no debía demorarse, debía tener lugar mañana. Una de las Hermanas, viendo que la confianza del joven oficial se manifestaba en continuas oraciones, le sugirió aquella noche que pusiera la medalla sobre su brazo afligido y la dejara toda la noche, sugerencia que fue acogida con alegría. A la mañana siguiente, se apresuró a comprobar el estado de su paciente y a recoger la medalla. Había pasado una noche tranquila, sus sufrimientos eran menos severos que de costumbre; y la Hermana, aunque atribuía su mejoría a los anodinos prescritos, comprendía perfectamente que la preciosa medalla también había contribuido a procurarle alivio, y que María le había mirado con compasión; pero aún no se daba cuenta de la magnitud de la bendición. El cirujano llegó pocas horas después, y mientras esperaba a sus ayudantes, examinó cuidadosamente el brazo herido, lo tocó, lo palpó y, para su gran asombro, se dio cuenta de que no era necesaria la amputación. Los otros médicos que llegaron confirmaron su opinión sobre este sorprendente cambio. El oficial se quedó mudo de felicidad, y hasta que no se encontró a solas con el cirujano jefe no le comunicó a éste, como un secreto, su opinión sobre la causa de este maravilloso cambio. Al dejarle, el cirujano (a pesar de la orden de guardar el secreto), no pudo evitar decirle a la Hermana: "Creo que las Hermanas de la Caridad han comprometido al buen Dios en este caso".

El brazo del oficial quedó completamente curado; pocas semanas después abandonaba el hospital, llevándose consigo la preciosa medalla como recuerdo de gratitud y amor a María Inmaculada.

CONVERSIÓN DE M. N-- EN LIMA.

Carta de una Hija de la Caridad en Lima (Perú), 1876:

M. N-- sufría desde hacía mucho tiempo de hipertrofia del corazón, los médicos habiendo agotado en vano todos los recursos de su habilidad, se vieron obligados a decir a la familia que estaba más allá del poder de la ayuda humana, y que debían mirar el estado de su alma, tristes noticias para este padre de familia, y hombre desprovisto de religión. En vano sus parientes y amigos, con toda la delicadeza posible, trataron de volver sus pensamientos a la religión e inducirle a recibir los Sacramentos; no quería oír nada sobre el tema; un sacerdote, que era amigo íntimo de la familia, trató de secundar sus esfuerzos, pero no tuvo mejor éxito; el enfermo se exasperó con todas las alusiones a la religión, blasfemaba de todo lo relacionado con ella, sin escatimar ni siquiera a la Santísima Virgen.

Un día, después de escuchar el relato de la conversión de M.--, de Lima, los parientes de nuestro enfermo expresaron el deseo de recurrir a medios semejantes para la conversión de su querido. "Es muy sencillo", dijo la persona a la que se dirigían, "sólo tienen que pedirle una medalla a la hermana N., del Hospital de Santa Ana, ella consiguió una para M. Pierre, no se la negará". Uno de sus sobrinos fue inmediatamente al hospital y regresó con una medalla. Una sobrina se la ofreció; "Mamá", dijo, "te envía esta medalla y te ruega que te la pongas". "Por supuesto", respondió, "la llevaré por ella, pero quiero que todos entiendan que no tengo ninguna intención de confesarme".

Pasó una noche tranquila y a la mañana siguiente se alegró de encontrarse algo mejor. "Euloge", dijo a uno de sus sobrinos, "¿qué preparativos debe hacer una persona que piensa emprender un largo viaje?". Euloge, que pensó que debía de estar soñando al oír hablar así a su tío, preguntó a qué viaje se refería. "¡Ah!" fue la respuesta, "hablo de la Eternidad". El pobre joven, encantado de tan feliz cambio, replicó que la mejor preparación era poner la conciencia en orden haciendo una buena confesión. "Así lo haré, mándame un sacerdote", dijo su tío. En cuanto llegó el clérigo y escuchó su confesión, le administró el Santo Viático. Todos los asistentes se sintieron embargados por la emoción al ver al enfermo, casi en su última agonía, sostenido por sus hijos, recibir de rodillas al Dios que acababa de perdonar todos los pecados de su vida. Unos instantes después, bendijo a sus hijos, les dio su consejo de despedida y murió en sentimientos de piedad que rivalizaban con su pasada irreligión. Su familia quedó profundamente agradecida a María Inmaculada por esta muestra de su favor.

CONVERSIÓN DE UN INFIEL.

Carta de una Hermana de la Caridad en Lima, Perú, 1877:

Una anciana cuya juventud había sido piadosa, habiendo perdido la Fe por la lectura de malos libros, no frecuentaba los Sacramentos desde hacía treinta y cinco años. La Hermana con quien vivía fue llevada a la tumba, después de una enfermedad de sólo cinco días, y era natural suponer que la muerte cristiana de alguien tan querido habría ablandado su corazón; por el contrario, la amargó aún más, y descargó su dolor en blasfemias. Una

Hermana de la Caridad fue testigo de este escándalo, y no pudiendo calmar a la pobre criatura, se inspiró con el pensamiento de darle una medalla de la Santísima Virgen; la anciana aceptó, y la llevó durante varios días, durante los cuales parecía muy preocupada, y algo menos confiada en su escepticismo; Pero habiendo cedido a una sugestión diabólica, que la instaba a dejar la medalla, sin duda porque la gracia atormentaba su conciencia con agudos remordimientos mientras la medalla estaba sobre su persona, volvió a caer en una habitual dureza y melancolía que ella llamaba paz. La Hermana se dio cuenta de esto, y preguntó si todavía llevaba la medalla; al recibir una respuesta negativa, nuestra buena Hermana representó el peligro al que su alma estaba expuesta sin ella, y la anciana prometió ponérsela de nuevo. Se elevaron muchas oraciones por ella, y al cabo de quince días, la Hermana, que se interesaba mucho por el alma de esta pobre mujer, le hizo otra visita; al no percibir ningún cambio en sus sentimientos, preguntó inmediatamente si había vuelto a ponerse la medalla. La pobre mujer, que era muy tosca, no se atrevió a hablar, pero hizo una señal con la cabeza que lo reveló todo. "¿Qué habéis hecho con ella y dónde está?", preguntó la Hermana. La anciana respondió que estaba en su armario, y que había hecho varios esfuerzos inútiles para ponérselo de nuevo. La Hermana comprendió que esta miserable alma estaba bajo alguna influencia diabólica, que la mantenía alejada de todo lo que pudiera reclamarla para Dios; sintió que era el momento de actuar con prontitud, y en un tono de severidad, dijo: "Muy bien, ya que no quieres ponerte la medalla, te abandono por completo". Estas palabras produjeron el efecto deseado; la anciana corrió al armario, y cogiendo la medalla, se la puso al cuello esta vez para quedársela. Pronto experimentó la dulce y poderosa influencia de María Inmaculada, tan justamente llamada la Puerta del Cielo, en pocos días asistió al Santo Sacrificio y escuchó la instrucción, y desde entonces cambió por completo; se confesó e hizo la Comunión Pascual, y la más profunda compunción y gratitud son ahora los sentimientos permanentes de su corazón. Deseaba permanecer a la puerta de la iglesia, sintiéndose indigna de penetrar más allá en el sagrado edificio, y fue con la mayor dificultad que sus amigos pudieron convencerla de que aceptara un lugar más cerca del altar. Nunca deja de dar gracias a Dios y a María; y dijo a la Hermana que, desde el momento en que la medalla estuvo en su cuello, no conoció la paz ni el descanso hasta que hubo vuelto a sus deberes, tan grandes son el poder y el amor de esa Virgen que es el Terror soberano de los demonios.

CONVERSIÓN DE UNA PECADORA ESCANDALOSA.

Moirans, 1877.

La Superiora de las Hermanas de la Caridad de Moirans, relata a continuación una conversión muy consoladora, que redunda en gloria de María Inmaculada:

"El fabricante más importante de nuestro pueblo, que empleaba de cuatrocientos a quinientos hombres y mujeres, acaba de morir y, contra todo pronóstico, su muerte fue penitente y consoladora. Había sido impío e inmoral, y los personajes libertinos de sus talleres eran una maldición para el país circundante. Su rudeza era tal que todo el mundo temblaba ante él. Su mujer y sus dos hijas, cristianas piadosas, se lamentaban en silencio de su mala conducta; y en cuanto a mí, apenas le conocía lo suficiente como para justificar que acudiera a él en caso de necesidad urgente.

"Una mañana recibí un mensaje con mucha prisa; esta persona estaba muy enferma y deseaba verme. Fui inmediatamente, pero la enfermedad era de tal gravedad y su progreso tan rápido, que vi al pobre hombre al borde de la tumba antes de que pudiera encontrar un medio de volver sus pensamientos a la eternidad. Había dicho a su mujer y a sus hijas que le dieran una medalla de la Inmaculada Concepción, pero se negó a aceptarla, y nos vimos en la necesidad de ponérsela a hurtadillas bajo la almohada. Al tercer día, cuando me disponía a marcharme, después de haberle prestado todos los cuidados y atenciones que estaban a mi alcance, quiso, en la efusión de su gratitud, estrecharme la mano. Aproveché la ocasión para decirle cuánto me agradaría que aceptara recibir al cura que acababa de venir a verle. Hizo una señal afirmativa y con una sonrisa que muy raramente separaba sus labios. Salimos de la habitación, dejándole a solas con el cura, al que había recibido cordialmente. Al cabo de media hora, éste volvió bendiciendo a Dios, pues el enfermo se había confesado. Consintió en ponerse la medalla, y aquella noche recibió la Extremaunción, pero no el Santo Viático, pues tenía accesos de asfixia. Le pedí a su esposa que permitiera que sus empleados lo vieran, para que se sintieran edificados por la conducta de su patrón. La petición fue concedida, pero no vinieron muchos, pues los talleres estaban cerrados a esa hora; los que vinieron rezaron unos minutos junto a él. A la mañana siguiente, su familia se alegró mucho de su aparente mejoría física, pero sus esperanzas se vieron defraudadas y muy pronto comenzó su última agonía. Fue encomendado a las oraciones de la parroquia; todo el pueblo manifestó un conmovedor interés por su estado, y todos sus empleados acudieron a verle. La multitud que rodeaba al moribundo se renovaba cada cuarto de hora, y recitábamos en voz alta la Coronilla, devoción muy apropiada para esta ocasión, los últimos momentos de alguien a quien la Santísima Virgen había arrebatado de la miseria eterna. En medio de este concierto de alabanzas a María, expiró. Los Hermanos de las

Escuelas Cristianas, con los que se había mostrado muy hostil, nos ayudaron de buen grado a rendirle los últimos deberes de la religión."

PROGRESO DE LA DEVOCIÓN A MARÍA: CORONADA POR LA DEFINICIÓN DE LA INMACULADA CONCEPCIÓN.-I. NUESTRA SEÑORA DE LA SALETTE.-II. LOS HIJOS DE MARÍA.-III. LA DEFINICIÓN DE LA INMACULADA CONCEPCIÓN

I.-Nuestra Señora de La Salette.-1846.

En su primera manifestación a Sor Catalina, el 19 de julio de 1830, la Virgen Inmaculada anunció los desastres que amenazaban a Francia; el dolor se dibujó en su semblante, las lágrimas ahogaron su voz, recomendó encarecidamente la oración para aplacar la ira de Dios.

Dieciséis años más tarde, esta Madre de misericordia, apareciéndose a dos pastorcillos en una de las cumbres de los Alpes, repitió, de la manera más solemne, las mismas advertencias y los mismos consejos. La primera aparición permanece en la oscuridad, pero el conocimiento de la segunda se ha extendido por todo el mundo, y con resultados muy consoladores. El milagro de La Salette ha incrementado considerablemente la devoción a la Santísima Virgen y ha dado a los cristianos una idea más clara de los importantes deberes de la penitencia y la oración, que, en realidad, son la encarnación de toda piedad práctica.

Citamos el relato mejor autentificado de La Salette, el del abate Rousselot, que lo recibió él mismo de boca de los niños.

"Dos niños campesinos, Mélanie Mathieu, de catorce años, y Maximin Giraud, de once, ambos sencillos e ignorantes, como era de esperar por su edad y condición, se encontraban juntos en la montaña de La Salette, que domina un pueblo donde estaban al servicio de diferentes amos. Se conocían muy poco, pues sólo se habían visto la víspera del suceso que vamos a relatar. Cuando el Ángelus anunció la hora del mediodía, fueron a remojar su pan duro en el agua de un manantial. Después de esta comida campestre, descendieron un poco más, y depositando sus báculos junto a otro manantial, entonces seco, se sentaron a poca distancia unos de otros, sobre unas cuantas piedras que allí se habían amontonado, y se echaron a dormir.

"Era sábado 19 de septiembre de 1846, víspera de la fiesta de los Siete Dolores de Nuestra Señora.

"Después de llevar a las vacas a abrevar y de almorzar -cuenta Maximino-, nos fuimos a dormir junto a un arroyo y muy cerca de una fuente que estaba seca. Mélanie se despertó primero y me despertó para cazar nuestras vacas. Cruzamos el arroyo y, yendo en dirección opuesta, vimos a nuestras vacas tumbadas en la otra orilla, y no muy lejos'.

"'Yo bajé primero', dice Mélanie; 'cuando estaba a cinco o seis pasos del arroyo, percibí una luz como la del sol, pero aún más brillante y no del color de la luz del sol, y le dije a Maximin: Ven rápido a ver la luz brillante aquí abajo'. ¿Dónde está? preguntó Maximin, acercándose a mí. Señalé con el dedo en dirección al manantial, y él se quedó quieto cuando lo vio. Entonces la luz pareció abrirse, y en medio de ella apareció una Señora, estaba sentada, y su cabeza descansaba sobre sus manos'. Los dos nos asustamos", continúa Maximin, "y Mélanie, con una exclamación de terror, dejó caer su báculo". 'Quédate con tu cayado', dije yo, 'en cuanto a mí, voy a quedarme con el mío. Si nos hace algo, le daré un golpe con mi cayado'. Y la Señora se levantó. Se cruzó de brazos y nos dijo: "Venid a mí, hijos míos, no tengáis miedo. Vengo a deciros algo muy importante'. Todos nuestros temores se desvanecieron, fuimos hacia Ella y cruzamos el arroyo, y la Señora avanzando unos pasos, nos encontramos en el lugar donde Mélanie y yo nos habíamos dormido. La Señora estaba entre nosotras, y lloraba todo el tiempo que hablaba. Yo la vi llorar", añade Mélanie.

"Si mi pueblo no se humilla, me veré obligada a hacerle sentir el peso del brazo levantado de mi Hijo. Lo he detenido hasta ahora, pero ahora presiona tan fuertemente que apenas puedo soportarlo mucho más tiempo. Y mientras sufro así por ti, debo rezar sin cesar si quiero evitar que mi Hijo te abandone. Y, además, tú no lo aprecias'.

"'En vano rezarás, en vano te esforzarás, nunca podrás recompensar lo que he sufrido por ti. Os he dado seis días de la semana para trabajar, el séptimo me lo he reservado para mí, ¡y hasta eso me es negado! Esto es lo que pesa sobre el brazo de mi Hijo".

"'Incluso los que conducen carros deben maldecir y mezclar el nombre de mi Hijo con sus juramentos.'

"'Estas son las dos cosas que pesan sobre el brazo de mi Hijo.'

"'Si la cosecha fracasa, no es por otra razón que por vuestros pecados. El año pasado traté de hacerte ver esto en el fracaso de la cosecha de patatas. No lo tuviste en cuenta. Al contrario, cuando visteis que las patatas se habían podrido, jurasteis y mezclasteis el nombre de mi Hijo con vuestras maldiciones. Las patatas seguirán pudriéndose, en Navidad no habrá ninguna'.

"No sabía qué significaba aquello -dijo Mélanie-, pues en nuestra región no las llamamos patatas. Le pregunté a Maximino qué eran, y la Señora me dijo:

"'¡Ah! hijos míos, no me entendéis, usaré otro lenguaje'.

"La Santísima Virgen repitió ahora lo anterior en patois, y el resto de su discurso fue también en patois. Damos la traducción como sigue:

"'Si tenéis trigo, no lo sembréis, los animales devorarán lo que sembréis; y si queda algo, no producirá más que polvo al trillarlo'.

"'Habrá una gran hambruna. Antes de que llegue el hambre, los niños menores de siete años se asustarán y morirán en los brazos de quienes los tengan en brazos. Algunos harán penitencia a causa del hambre. Incluso las nueces se echarán a perder y las uvas se pudrirán".

"Después de estas palabras, la bella Señora continuó hablando en voz alta a Maximino. Aunque ve el movimiento de sus labios, Mélanie no oye nada. Maximin recibe un secreto en francés. Entonces la Santísima Virgen se dirige a la niña, y Maximino deja de oír su voz. También le confía a Mélanie un secreto en francés, pero al parecer más largo que el confiado a Maximin. Continuando su discurso en patois, y para ser oída por ambos, añade: 'Si se apartan de sus malos caminos, las mismas rocas y piedras se convertirán en montones de grano, y se encontrarán patatas esparcidas por los campos'.

"La Reina del Cielo se dirigió entonces más directamente a los niños.

"'¿Recitáis vuestras oraciones con devoción, hijos míos?'

"'Oh, no, Señora', respondieron ambos, 'las decimos con muy poca devoción'.

"Nuestra divina Madre continuó: '¡Ah! hijos míos, debéis rezarlas con fervor tarde y mañana. Cuando no tengáis tiempo y no podáis hacerlo mejor, rezad un Padrenuestro y un Avemaría; y cuando tengáis tiempo, debéis rezar más.

"'Nadie va a misa, excepto algunas ancianas; todos los demás en verano se pasan el domingo trabajando, y en invierno, cuando no tienen qué hacer, van a misa sólo para ridiculizar la religión; y durante la Cuaresma frecuentan los chamizos como si fueran perros.'

"Después de algunas palabras más, recordando a Maximino que ya había visto el fracaso del grano, la augusta Reina terminó en francés de la siguiente manera: '¡Ah! hijos míos, contad esto a todo mi pueblo'. Y antes de dejarlos, repitió la orden.

"Los dos niños añaden: 'Luego subió unos quince escalones, hasta el lugar donde habíamos ido a cuidar nuestras vacas. Sus pies apenas tocaban la superficie de la hierba, que ni siquiera se doblaba bajo ella; se deslizaba como suspendida en el aire, impulsada por una fuerza invisible. La seguimos, Mélanie un poco más adelante y yo a dos o tres pasos de la Señora. La hermosa Señora estaba ahora suavemente elevada a la altura de un metro -dijeron los niños-. Permaneció un momento suspendida en el aire. Miró al cielo y luego a la tierra, su cabeza desapareció de nuestra vista, luego sus brazos y por último sus pies. Parecía desvanecerse. Quedaba una luz brillante que resplandecía en mis manos y en las flores de sus pies, pero eso era todo".

"A las primeras palabras de la narración de su hijo, el padre de Maximino se echó a reír, pero muy pronto, reconociendo las señales de una sinceridad incontestable, se apresuró a cumplir con sus deberes cristianos, tan largamente descuidados. Los habitantes vecinos siguieron su ejemplo, no hubo más blasfemias, no más profanación del domingo, todo el país se transformó pronto, incluso maternalmente. Como las de Jonás a Nínive, las advertencias proféticas del Mensajero divino eran condicionales. Se cumplieron en general, como aún puede recordarse"[23].

La aparición de La Salette, como sucede con todos los acontecimientos extraordinarios, fue apreciada de manera diversa incluso entre los católicos, algunos recibiendo el relato con entusiasta confianza, otros impugnando enérgicamente la realidad. Pero desde hace mucho tiempo cesaron las dudas, pues la Providencia, con innumerables milagros, confirmó la fe de los creyentes; y la montaña santificada por la presencia de María, no ha dejado de ser visitada por [peregrinos de los países más lejanos. Mons. De Bruillard, obispo de Grenoble, deseoso de evitar ilusiones sobre una cuestión tan importante, nombró una comisión compuesta por las personas más competentes, para examinar y emitir un juicio sobre esta aparición. El resultado fue afirmativo. Su Gracia, en una circular del 19 de septiembre de 1851, declaró lo siguiente:

"Afirmamos que la aparición de la Santísima Virgen a dos pequeños campesinos, el 19 de septiembre de 1846, en una de las cumbres de los Alpes, situada en la parroquia de La Salette, del arciprestazgo de Corps, lleva todas las marcas de la verdad, y que los fieles están confirmados en creerla indubitable y cierta.

"Por lo cual, para testimoniar nuestra viva gratitud a Dios y a la gloriosa Virgen María, autorizamos la devoción a Nuestra Señora de La Salette".

La circular, antes de su publicación, fue sometida a la Santa Sede, cuya aprobación recibió, y los dos sucesores de Mons. De Bruillard han refrendado siempre su apreciación de la aparición.

Por consiguiente, esta devoción está revestida de todas las garantías de autenticidad que la crítica más severa podría exigir.

En el monte sagrado, cerca del lugar de la aparición, se erige una iglesia de estilo bizantino y aspecto airoso. El mismo lugar permanece al descubierto, y la hierba sigue creciendo en el suelo santificado por los pasos sagrados de María; una serie de cruces, catorce en número, a las que están unidas las indulgencias del vía crucis, indican el camino que siguió. El manantial, antes intermitente, es inagotable desde la aparición, y sus aguas han obrado milagros. Cerca de la iglesia, se ha construido un convento para acoger a los numerosos peregrinos que acuden diariamente en temporada favorable. Numerosas capillas, dedicadas a Nuestra Señora de La Salette, están esparcidas por toda la cristiandad, y abundantes gracias recompensan la fe de aquellos que en estos sagrados santuarios invocan su intercesión.

II.-Los hijos de María.-1847.

Roma, guardiana de nuestra fe y de nuestras tradiciones católicas, ha concedido privilegios municipales a los Hijos de María, al consagrarles una capilla en una de sus iglesias más célebres, Santa Inés extramuros. Todas las sodalidades italianas están inscritas allí y representadas por un grupo de hijos de María que rodean a esta joven Santa, que en el siglo III fue martirizada por su virginidad. Parecen decirle: "Inés, tú eres nuestra Hermana mayor, la bien amada de Jesucristo y su Madre".

Este lugar de honor, esta representación proclama de la manera más elocuente, que los Hijos de María forman en la Iglesia, una familia tan antigua como la catolicidad misma.

Hace casi diecinueve siglos, Jesús, nuestro Redentor, estaba en la agonía de la muerte sobre el madero de la cruz, que su amor había elegido como instrumento de nuestra redención; "viendo -dice el Evangelista- que todo estaba consumado" para nuestra salvación, quiso poner el sello a su obra, haciendo su última voluntad y testamento.

Mirando primero a María, su Madre, y luego a Juan, el discípulo amado, hizo de Juan un Hijo de María con estas memorables palabras: "Ecce Mater tua, ecce filius tuus: He aquí a tu Madre, he aquí a tu hijo".

Tal es el origen de los Hijos de María. Creemos con la santa Iglesia, que el Verbo eterno, después de encarnarse para hacer a los hombres redimidos con su sangre, Hijos de su Padre celestial, les dio también, en la hora de su muerte, a su propia Madre para que fuese de ellos. Sabemos, asimismo, que entre los hijos de cada familia hay siempre uno más tiernamente unido a la madre, por ejemplo, Jacob y Rebeca; Juan y María.

Así también, en el seno de la gran familia de la catolicidad, encontramos, en todas las épocas, almas celosas de rendir a María la más íntima devoción filial, eligiéndola de un modo especial, por su modelo y protectora.

Tales son las órdenes religiosas particularmente consagradas a su servicio, así como las cofradías establecidas con el mismo fin en muchas parroquias. La Compañía de Jesús, fundada en el siglo XVI, trabajando celosamente para extender la gloria de Dios entre la juventud a su cargo, no encontró medio tan eficaz para formar los corazones a la virtud y a la piedad, como el de ponerlos bajo la protección de María; y la célebre Asociación de la Prima Primaria, erigida canónicamente por el Papa Gregorio XIII, en 1584, se convirtió en la madre de todas las congregaciones, fundadas posteriormente en honor de la Madre de Dios.

Estaba reservado a nuestra época, dar pleno desarrollo a esta fecunda devoción, popularizándola y convirtiéndola así en un poderoso medio de salvación. Al ponerse bajo el patrocinio de la Inmaculada Concepción, los Hijos de María no pueden dejar de obtener de su divina Madre las más abundantes y preciosas bendiciones.

En 1830, la Virgen Inmaculada había pronunciado una profecía que resonó incesantemente en el corazón del misionero, a quien fue confiado el relato de las apariciones de la medalla. "La Santísima Virgen desea que fundes una congregación, de la que serás Superior, una cofradía de Hijos de María; la Santísima Virgen le concederá muchas gracias, así como a ti mismo, se le concederán indulgencias. El mes de María se celebrará con gran solemnidad; María ama estas fiestas; exigirá su observancia con abundantes gracias."

Pero, ¿por qué este mandato y esta predicción de la Reina del Cielo a su sierva, respecto a algo que no era del todo nuevo?

Ya existían sodalidades de los Hijos de María entre los innumerables jóvenes educados por los Padres de la Compañía de Jesús. Y siguiendo su ejemplo, las Damas del Sagrado Corazón habían formado asociaciones análogas entre sus escolares, y en 1832, incluso las habían establecido para las damas del mundo, bajo la advocación de la Inmaculada Concepción. Parecería, pues, que la nueva obra era superflua.

Es cierto que las Asociaciones de los Hijos de María ya existían y realizaban mucho bien, pero estaban confinadas a algunos lugares aislados, y reclutadas entre una clase escogida, no eran populares; Y María concibió como elementos de la obra futura, esa multitud de jovencitas de la vida ordinaria, rodeadas de todas las pruebas, expuestas a todos los peligros del mundo, que hoy forman su bendita familia, cuya inocencia custodia, cuyas modestas virtudes alienta, y de quienes recibe a cambio, un tributo de amor, alabanzas y un servicio visible y aceptable a su corazón. Hablemos de su fundación. Cuando el corazón apostólico de M. Aladel recibió las consoladoras predicciones de Sor Catalina, no comprendía del todo cómo él, simple misionero, debía cumplir los designios de la Reina del Cielo.

Mientras esperaba tranquilamente la hora propicia y los medios previstos por la Providencia, aprovechaba todas las ocasiones para hablar a los niños y a los jóvenes de la bondad de María y de la felicidad de pertenecer a ella. Su sencillez y animación al hablar de su tema favorito atraían a todos los corazones; sus oyentes se quedaban embelesados con las palabras del buen padre; y la unción de la gracia sostenía el ardor que había encendido, las asociaciones se formaban a modo de prueba, en las casas de las Hijas de la Caridad, donde M. Aladel había oficiado.

Tales fueron las del Orfanato de la Providencia de París, de la Casa de la Caridad de San Médard, de la Madeleine; también, las de Santa Harina, Mainsat, Aurillae, establecidas de 1836 a 1846. Las jóvenes, que eran externas, muy pronto rivalizaron con las internas de los establecimientos en la obtención de favores similares; en el año 1846 se iniciaron varias asociaciones nuevas, las de San Vicente de Paúl, San Roque, San Pablo, San Luis, en París, y otras en Toulouse, Bruguière, etc., en la provincia.

Estando en Roma en 1847, M. Étienne, Superior General de los Sacerdotes de la Misión y de las Hijas de la Caridad, obtuvo del Soberano Pontífice un rescripto fechado el 20 de junio, autorizándole a él y a sus sucesores a establecer entre los escolares de las Hijas de la Caridad una piadosa cofradía, bajo el título de la Inmaculada Concepción de la Santísima Virgen, con todas las indulgencias concedidas a la Congregación de la santa Virgen establecida en Roma para los escolares de la Compañía de Jesús.

Tres años más tarde, el Sumo Pontífice extendió un favor similar a los jóvenes educados por los Sacerdotes de la Misión; también, a los pequeños a cargo de las Hijas de la Caridad. La Medalla Milagrosa adoptada como Librea de los Hijos de María.

A partir de este momento, 1847, gracias a la bendición de Pío IX, la Congregación de los Hijos de María se extendió rápidamente por todo el mundo, dondequiera que se establecieran las Hijas de la Caridad. El Sr. Aladel, director de la obra, redactó un manual que contenía las reglas de la Asociación, sus privilegios y obligaciones. La librea naturalmente adoptada por los Hijos de María era la Medalla Milagrosa, suspendida de una cinta azul.

La nueva Asociación, desde su origen, dio un impulso maravilloso a la piedad juvenil; humildes muchachas, ganándose el pan de cada día, practicaban las virtudes más heroicas, bajo la influencia del deseo de llegar a ser fieles Hijos de María; y, sostenidas por el mismo espíritu, las más pobres resistían valerosamente a la tentación y cumplían con esos deberes tan poco estimados en la actualidad: la devoción filial y la abnegación.

A estos preciosos frutos se unen también algunas hermosas flores de devoción; con qué entusiasmo acuden las hijas de María a las reuniones de la Asociación, especialmente en todas las fiestas de su Madre, cantando sus alabanzas y animándose unas a otras a una piedad ferviente.

Pero la muerte de estas jóvenes es aún más admirable que su vida; muchas de ellas, abatidas en la flor de la juventud, fortificadas con su medalla y su cinta como con un talismán precioso, sonríen a la muerte y desafían al infierno.

Treinta años han pasado desde que el grano de mostaza fue confiado a la tierra, y ahora se ha convertido en un árbol inmenso, cuyas ramas cubren los países más distantes. Europa cuenta con cerca de mil de estas Sodalidades, de las cuales unas seiscientas están compuestas por asociados externos o mixtos. En otras partes del mundo hay cerca de doscientas. Esto muestra los efectos visibles de la bendición del Sucesor de San Pedro; las promesas hechas en 1830 no se realizaron hasta que recibieron la aprobación del Vicario de Jesucristo, Pío IX, cuyo nombre será siempre querido por los Hijos de María.

El número de las Asociaciones varía de diez a trescientas congregantes, lo que nos da una media de ochenta mil jóvenes, que se mantienen valientemente alejadas de las trampas y pompas de Satanás, y llevan una vida de pureza y piedad en medio de las seducciones de un mundo corrompido.

Es un milagro de la diestra de Dios y de la generosidad de María.

III.-Definición de la Inmaculada Concepción.

Hemos observado varias veces en el curso de este trabajo, que el fin principal de la aparición de 1830, era popularizar la creencia en la Inmaculada Concepción. Los hechos que hemos relatado prueban de la manera más concluyente que, gracias a la Medalla Milagrosa, este objetivo se ha alcanzado plenamente.

Como preparación para la realización de este gran designio, la Providencia colocó en la cátedra de San Pedro a un Pontífice animado de la más filial ternura hacia María, y le inspiró, desde el principio de su pontificado, el deseo de glorificar a la Santísima Madre de Dios, proclamando la Inmaculada Concepción artículo de fe. Y esta esperanza, este deseo, tuvo Pío IX, en el noveno año de su reinado, la dicha de realizarlo en medio del aplauso universal del mundo católico.

Citamos a continuación, de la bella Historia de Pío IX de M. Villefranche, el relato de este memorable acontecimiento:

"Por una Encíclica fechada en Gaëta, Pío IX había interrogado al Episcopado de la Iglesia Universal, sobre el tema de la creencia en la Inmaculada Concepción. Las respuestas recibidas fueron seiscientas tres. Quinientos cuarenta y seis Obispos pidieron encarecidamente la definición doctrinal, unos pocos dudaron, aunque sólo en cuanto a si era un momento oportuno o no para la decisión, ya que el sentimiento del mundo católico estaba al unísono en cuanto a la creencia en sí misma.

"Para asistir a esta solemnidad, Pío IX convocó a su presencia a todos los Obispos que pudieron acudir a Roma. Acudieron en número de quinientos noventa y dos, procedentes de todos los rincones del globo, excepto de Rusia, donde el sospechoso despotismo del emperador Nicolás los mantenía a raya. Estos prelados pusieron el broche de oro a los trabajos de la comisión encargada de preparar la Bula; pero en el momento mismo de hacer la última pausa en su redacción, se preguntó si los Obispos asistían allí como jueces, para pronunciar la definición simultáneamente con el Sucesor de San Pedro, y si su presencia debía ser mencionada como jueces, o, si el juicio supremo no debía atribuirse a la sola palabra del Soberano Pontífice. El debate terminó de repente, como por inspiración del Espíritu Santo. Era la última sesión", dice Mons. Audisio, un testigo presencial; "acababa de sonar la hora del mediodía, todas las rodillas estaban dobladas para rezar el Ángelus. ¡Entonces cada uno volvió a su sitio, y apenas se había pronunciado una palabra, cuando se levantó una aclamación universal al Santo Padre, un grito de adhesión eterna al Primado de la Sede de San Pedro, y el debate terminó:' 'Petre, doce nos; confirma fratres tuos! (Pedro, enséñanos; confirma a tus hermanos)'. Y la instrucción que estos pastores pidieron al Pastor supremo fue la definición de la Inmaculada Concepción.

"El 8 de diciembre de 1854 fue el gran día, el día triunfal que, según las bellas palabras de la circular de Mons. Dupanloup, 'corona las esperanzas de las edades pasadas, bendice la edad presente, evoca la gratitud de las generaciones futuras y deja un recuerdo imperecedero; el día que fue testigo de la primera definición de la Fe, que no fue precedida por la disensión y seguida por la herejía'. Toda Roma se regocijó. Multitudes inmensas, representantes de todas las lenguas y naciones del globo, se agolpaban en los accesos a la inmensa Basílica de San Pedro, demasiado pequeña para acoger a todos los que acudían. Pronto se vio a los Obispos formando en la línea de marcha, ordenados según su antigüedad, y seguidos por los Cardenales. El Soberano Pontífice, en medio del más brillante ambiente, apareció en último lugar, mientras el canto de las Letanías de los Santos, elevado al Cielo, invitaba a la corte celestial a unirse a la Iglesia militante para honrar a la Reina de los Ángeles y de los hombres. Sentado en su trono, Pío IX recibió la reverencia de los Cardenales y Obispos, tras lo cual comenzó la Misa Pontifical.

"Una vez cantado el Evangelio en griego y en latín, el Cardenal Macchi, Decano del Sacro Colegio, acompañado por el Decano de los Arzobispos, y el Decano de los Obispos presentes, con un Arzobispo de rito griego y uno de rito armenio, se presentaron a los pies del trono, y suplicaron al Santo Padre, en nombre de la Iglesia universal, que alzara su voz apostólica y pronunciara el decreto dogmático de la Inmaculada Concepción. El Papa respondió que accedía de buen grado a esta súplica, pero que antes de hacerlo invocaría una vez más la asistencia del Espíritu Santo, y entonces, todas las voces se unieron en los solemnes acordes del Veni Creator. Cuando cesó el canto, el Papa se levantó y, con aquella voz grave, sonora y majestuosa, de cuyo profundo encanto han dado testimonio millones de fieles, comenzó a leer la Bula.

"Estableció: primero, los motivos teológicos para creer en el privilegio de María; luego adujo las tradiciones antiguas y universales tanto de Oriente como de Occidente, el testimonio de las órdenes religiosas y de las escuelas de teología, de los santos Padres y de los Concilios, y finalmente, las actas pontificias, tanto antiguas como modernas. Su semblante, al pronunciar las palabras inscritas en estos piadosos y magníficos documentos, delataba su emoción. Varias veces se sintió tan abrumado que durante unos instantes le fue imposible continuar. 'Y por consiguiente', añade, 'después de haber ofrecido incesantemente en humildad y ayuno, nuestras propias oraciones y las oraciones públicas de la Iglesia a Dios Padre por medio de su Hijo, para que se dignara dirigir y confirmar nuestros pensamientos por la inspiración del Espíritu Santo, después de haber implorado la asistencia de toda la corte celestial, ... en honor de la santa e indivisible Trinidad, por la gloria de la Virgen Madre de Dios, por la exaltación de la Fe Católica y el incremento de la religión cristiana, por la autoridad de Nuestro Salvador, Jesucristo, de los bienaventurados Apóstoles, Pedro y Pablo, y la nuestra propia. --'

"Aquí su voz se ahogó por la emoción, y se detuvo un instante para enjugar las lágrimas. El asistente, tan afectado como él, pero mudo de respeto y admiración, esperaba en profundo silencio la continuación. Con voz clara y fuerte, ligeramente elevada por el entusiasmo, prosiguió:

"'Declaramos, profesamos y definimos, que la doctrina que afirma que la Santísima Virgen María fue preservada y exenta de toda mancha de pecado original, desde el primer instante de su concepción, en vista de los méritos de Jesucristo, Salvador de los hombres, es una doctrina revelada por Dios, y por esta razón, todos los fieles deben creerla con fe firme e inquebrantable. Por tanto, si alguno tiene la presunción, que Dios no permita, de permitir una creencia contraria a lo que acabamos de definir, sepa que naufraga en su fe y se separa de la unidad de la Iglesia.'

"El Cardenal Decano, postrándose por segunda vez a los pies del Pontífice, le suplicó que publicara las cartas apostólicas que contenían la definición; el Promotor de la Fe, acompañado del Protonotario Apostólico también se presentaron, para rogar que se preparara un proceso verbal del decreto. Y ahora el cañón del castillo de San Angelo y todas las campanas de la Ciudad Eterna, ¡anunciaban la glorificación de la Virgen Inmaculada!

"Por la noche, Roma, envuelta en iluminaciones y coronada de inscripciones y transparencias, resonó con música alegre, y fue imitada en aquel mismo momento por miles de ciudades y pueblos de toda la faz del globo. Si hiciéramos un recuento de las piadosas manifestaciones relacionadas con este acontecimiento, no llenaríamos volúmenes, sino bibliotecas. Las respuestas de los Obispos al Papa antes de la definición se imprimieron en nueve volúmenes; la misma Bula, traducida bajo el cuidado de un erudito sulpiciano francés a todas las lenguas e idiomas del universo, llenó unos diez volúmenes; las instrucciones pastorales, publicando y explicando la Bula, y los artículos sobre el tema en revistas religiosas, requerirían sin duda varios cientos, especialmente si añadimos a ello los poemas, retazos de elocuencia y descripciones de los monumentos y fiestas. No debemos dejar de mencionar aquí las espontáneas e incomparables iluminaciones periódicas de Lyon, cada vez que el curso del año acerca el memorable 8 de diciembre".

Pío IX sabía que el movimiento católico que condujo a la definición de la Inmaculada Concepción se había originado en Francia, y se alegró de ver al pueblo francés acoger con entusiasmo el decreto pontificio del 8 de diciembre y celebrar con una magnificencia sin igual el glorioso privilegio de María. En adelante, el amor que profesaba a ese país estaba firmemente arraigado en su corazón, y sus desgracias no habían hecho más que aumentar su ternura y su compasión. Nos consuela insertar aquí la oración a la Santísima Virgen que compuso y recitaba diariamente para obtener para ella la protección de la Reina del Cielo:

"¡Oh María, sin pecado concebida, mira a Francia, ruega por Francia, salva a Francia! Cuanto mayor es su culpa, tanto más necesita de tu intercesión. Sólo una palabra a Jesús que reposa en tus brazos, y Francia se salvará".

"¡Oh Jesús! obediente a María, ¡salva a Francia!"

LA MEDALLA MILAGROSA Y LA GUERRA

Las guerras que han tenido lugar desde el año 1854, época de la definición de la Inmaculada Concepción, han presentado un espectáculo al que el mundo no estaba acostumbrado. No sólo se pedía a los sacerdotes que atendieran las necesidades espirituales de los soldados en los campamentos y ambulancias, sino que también se encargaba a las Hermanas el cuidado de los enfermos y heridos. La sotana de los sacerdotes y la túnica de las religiosas se hicieron casi tan familiares a la vista como el propio traje militar. Las Hermanas de la Caridad acompañaron a los ejércitos en las guerras de Oriente, en 1854; en Italia, en 1859; en Estados Unidos, en 1861; en México, en 1864; en Austria y Prusia, en 1866; en Francia y Alemania, en 1870; y las encontramos atendiendo al ejército ruso y a la ambulancia turca en 1877. Para ellas no existían enemigos; los campos de ambos beligerantes reclamaban su atención, se dedicaban por igual a todos los que necesitaban su ministerio de caridad.

Durante las penurias y los peligros de la guerra, los capellanes y las Hermanas no podían dejar de invocar a la Santísima Virgen, y la Medalla Milagrosa se convirtió naturalmente en el signo de la devoción del soldado y en la prenda de la protección de nuestra Madre misericordiosa, contra los peligros morales y físicos que la guerra trae consigo. La medalla se distribuyó profusamente; fue aceptada y llevada con confianza; incluso los protestantes y los cismáticos la pedían con avidez; tanto los oficiales como los soldados rasos la ataban a sus uniformes cuando partían para el combate; los enfermos la empleaban para obtener la curación, o al menos, un alivio de sus sufrimientos; los moribundos la besaban con amor; muchos le atribuían su conservación en la batalla, y un número aún mayor le debían su salvación eterna.

Como prueba de lo que antecede, presentaremos algunos hechos, seleccionados de entre los miles relatados en la correspondencia de los misioneros y Hermanas que siguieron a los diversos ejércitos.

guerra en oriente, de 1854 a 1856.

"En la fiesta de la Asunción, tendremos en Varna una hermosa ceremonia religiosa, a la que asistirá todo el ejército. He traído de Constantinopla un estandarte de la Santísima Virgen; lo colocaremos, e invocando confiadamente a María, sabemos que obtendrá el cese del cólera, y el éxito de nuestras armas." [24]

"Los internos de nuestro hospital de Péra, en Constantinopla, son unos mil doscientos, entre ellos sesenta oficiales. Estos señores reciben la Medalla Milagrosa con alegría y gratitud. Esforzaos por encontrar algunas almas buenas que nos envíen una gran provisión de estos piadosos objetos." [25]

"Los tres enfermos cuya confesión oí eran pobres irlandeses. Manifestaban gran resignación en sus sufrimientos; los tres pidieron, y recibieron agradecidos, una medalla de la Inmaculada Concepción. Un oficial inglés (católico), que llevaba con piadosa confianza la medalla de María, me dijo que varios de sus colegas, aunque protestantes, habían aceptado la medalla y la habían conservado respetuosamente, y que el cólera y las pelotas de los rusos, hasta ahora, les habían perdonado la vida." [26]

"Incluso en medio del tumulto de la guerra, y a pesar de la multitud de enfermos y heridos, los católicos de Constantinopla celebraron solemnemente la definición del dogma de la Inmaculada Concepción. El Sr. Boré escribió lo siguiente, el 22 de marzo de 1835: 'El triduo de acción de gracias por la declaración y promulgación del dogma de la Inmaculada Concepción fue fijado para la fiesta de San José. Hemos procurado unirnos, en la expresión de nuestra alegría, a la de los fieles de todo el mundo católico, e imitar, en la medida de nuestras posibilidades, esas magníficas y consoladoras manifestaciones que han tenido lugar en Francia, que en esto ha demostrado un verdadero amor a la Madre de Dios, amor ya correspondido por un nuevo desarrollo de la fuerza y el vigor nacionales. El celo y la habilidad de nuestras queridas Hermanas encargadas del establecimiento contiguo han contribuido grandemente al esplendor de la fiesta. El buen gusto y la experiencia de una de ellas le sugirieron la idea de sustituir el gran cuadro sobre el altar mayor por una figura de la Inmaculada Concepción; la Santísima Virgen estaba coronada de estrellas doradas, su vestido y ropajes eran ricos y radiantes en una gloria de gasa, el conjunto enmarcado en lirios. La cabeza, tomada del retrato de una dama circasiana, y la media luna dorada bajo sus pies, eran felices indicaciones, tanto en color como en emblema, de los acontecimientos que se desarrollaban a nuestro alrededor. Una dama armenia católica prestó un juego de diamantes, que hacían resplandecer las miríadas de llamas de velas y cirios contenidos en candelabros, ocultos en la abundancia de lirios. Esta iluminación, improvisada por nuestros alumnos a imitación de las que ellos sabían que tendrían lugar en toda Francia, fue en verdad un honor a su gusto y a su piedad.'"

"A veces nos encontramos con enfermos que, por respeto humano, ignorancia o indiferencia, se ven impedidos de recibir los socorros de la religión. Les damos una medalla de la Inmaculada Concepción, y la Santísima Virgen se encarga de su conversión. Casi siempre, sin ningún otro aliciente, y, por decirlo así, por sí mismos, preguntan por el sacerdote y se disponen a recibir los Sacramentos, manifestando el más vivo dolor por haber ofendido a Dios y abusado de sus beneficios. Podría citar ejemplos por millares".

"Numerosos soldados llevan la Medalla Milagrosa, el escapulario, un relicario, una cruz, o a veces no uno, sino todos ellos, y los que no poseen estos artículos los reciben con gusto. En una palabra, el ejército es, en gran medida, católico, y sabe rezar."

"Un soldado herido en ambas piernas en la batalla de Alma, recibió durante más de dos meses, la atención incesante de los médicos y de las Hermanas, aunque sin experimentar ningún alivio. Habiendo desesperado de salvar su vida de otra manera, los cirujanos decidieron la amputación. Comenzaron por el miembro que estaba más destrozado. Al día siguiente, el paciente se encontraba en una situación desesperada; ya no se podía proceder a la amputación. Se recurrió entonces a remedios sobrenaturales; se hizo una novena a la Inmaculada, y en pocos días el paciente dio señales de mejoría. Ahora está curado, y su piedad y buen ejemplo son la admiración de sus camaradas." [27]

"Un paciente que fue traído ayer, se negaba a confesarse. Coloqué bajo su almohada una medalla de la Santísima Virgen, y le dejé tranquilo, continuando dándole asiduos cuidados. Esta mañana me llamó, y en tono resuelto, preguntó si aquí la gente moría como perros. Soy cristiano y deseo confesarme'. Ayer le propuse confesarme -le dije-, pero usted se opuso e incluso echó al sacerdote. Es verdad', me contestó, 'pero siento haberlo hecho; ahora deseo verle cuanto antes'. Desde su confesión está completamente cambiado; y espera tranquilamente la llegada de la muerte." [28]

"Entre los prisioneros rusos traídos a Constantinopla después de la batalla de Tchernaïa, muchos llevaban la medalla de la Inmaculada Concepción. Por esto comprendí enseguida que eran católicos y polacos." [29]

"Un joven teniente del ochenta y cinco regimiento, había sido herido en el cráneo, y cuando lo llevaron al hospital, tenía la garganta gangrenada y apenas podía hablar. Una secreta simpatía nos atrajo mutuamente, y él aceptó agradecido los servicios que le presté.

Como era evidente que se estaba hundiendo, le hablé de la Santísima Virgen y aludí a la medalla que llevaba al cuello. Sonrió y respondió apretando mi mano. Cuando terminó su confesión (durante la cual recobró la voz y las fuerzas), dijo: "Señor abate, tengo que pedirle un favor". ¿Qué es, amigo mío? Dígamelo; estoy ansioso por complacerle. Sea tan amable -dijo- de informar al padre Boré de que estoy aquí y muy enfermo". Estas palabras atravesaron mi corazón; sin embargo, pude responderle: "El padre Bore es quien ahora os habla". Levantando sus ojos humedecidos por las lágrimas, y, apretando de nuevo mi mano, añadió: 'Soy cuñado de vuestro querido amigo, el señor Taconet, y también hermano del capitán de zuavos, a quien asististeis hace un año en Varna.' Reconocí entonces en él al señor Ferdinand Lefaivre; me había sido recomendado por una apremiante carta del señor Taconet, pero esta carta sólo me llegó después de la muerte de mi joven amigo. El señor Taconet escribió que, el once de mayo, el teniente había oído misa con su familia en la iglesia de Notre Dame des Victoires, y que no dudaba de que la Santísima Virgen velaría por una vida tan preciosa. Su esperanza no era infundada, pues la Santísima Virgen le llamó a sí, fortificada con los Sacramentos, el día de su triunfo." [30]

"Mientras invocábamos a nuestra Madre Inmaculada, en vísperas de un combate, en el que uno de nuestros jóvenes soldados iba a tomar parte por primera (y tal vez última) vez, se levantó y se dirigió al altar de María; arrodillado un instante, se levantó de nuevo, y colgó del cuello de la estatua un corazón de plata, en el que estaban inscritos su nombre y el de sus padres. Siento, como San Vicente lo ha expresado con fuerza, que no realizó este acto de devoción sin los ojos llorosos y el corazón sollozante"[31]. [31]

"Se había declarado un grave incendio en la ciudad de Salónica. Las llamas aparecieron pronto frente a la casa de las Hermanas, los edificios del otro lado de la calle, a pocos metros de distancia, fueron tomados y devorados por el fuego, que el viento seguía avivando. El tejado de las Hermanas y el de la casa contigua estaban ya cubiertos de un denso humo. Arrojé allí varias Medallas Milagrosas. No había perspectivas de socorro humano, ya que el rumor de que había pólvora en los alrededores había hecho que todo el mundo se pusiera a salvo huyendo. Yo también me retiré, considerando inútil exponerme por más tiempo; además, me vi obligado a socorrer a un pobre hombre que, parcialmente intoxicado, persistía en permanecer cerca del fuego. Volví poco después, esperando ver nuestras casas en llamas; no dudaba de que serían totalmente consumidas. Al acercarme, un joven me detuvo en el camino y me dijo: "Su propiedad está a salvo, señor; la casa de las Hermanas ni siquiera está en peligro". Sólo al llegar al lugar pude convencerme de que había dicho la verdad. Sería imposible expresar la emoción que sentí al verlo. Envié a informar a nuestras queridas Hermanas del hecho y apenas podían dar crédito a esta maravillosa preservación. Basta añadir que toda Salónica es unánime en declararlo un milagro". [32]

"En una ambulancia atestada de rusos iba un joven polaco, gravemente herido y sufriendo dolores intolerables; invocaba fervorosamente a la dulce y misericordiosa Virgen María. A su lado yacía un protestante ruso, también herido y atacado por una violenta disentería. Tan desagradable era el olor de su enfermedad, que tanto los pacientes como las enfermeras se quejaban. Parecía completamente indiferente a todo lo concerniente a la religión. No se fijaba en la Hermana cuando pasaba y volvía a pasar; ni siquiera se dignaba mirarla. La joven polaca, por el contrario, la llamaba con frecuencia y recibía agradecida sus cuidados y consuelos. Una noche nuestro joven católico sufría más que de costumbre; el dolor le arrancaba lágrimas de los ojos; sus gemidos y gritos eran incesantes. Llamó a la Hermana y le rogó que le ayudara, diciendo que su paciencia se había agotado; estaba desesperado; sus sufrimientos eran insoportables. La Hermana polaca, consolándole y animándole, le dijo que tuviera confianza y le dio una medalla para que se la aplicara en el miembro herido. El joven siguió su sugerencia y, apoyando la mano en la medalla para mantenerla en su sitio, no tardó en dormirse. Nuestro protestante parecía inconsciente de lo que ocurría, aunque lo había visto y examinado todo. Algunos días después, llamó a nuestra hermana polaca (era la única que podía entenderle) y le dijo: "Hermana, por favor, dame lo que le diste a este joven que le hizo tanto bien, ¡porque sufro mucho!" "Amigo mío, replicó ella, nada deseo más que aliviarte a ti también; pero te falta lo que efectuó su curación, fe y confianza. Vosotros los protestantes negáis el poder de la Santísima Virgen; no la reconocéis como vuestra Reina, vuestra Abogada, vuestra Madre. Entonces, ¿qué puedo hacer? Fue una medalla de María la que alivió tan rápidamente a vuestro vecino, el joven polaco'. Dame una a mí también, Hermana -respondió él-. Yo creo todo lo que me dices; tú haces el bien a todo el mundo, ¿por qué habrías de engañarme? Yo creo todo lo que usted cree, Hermana; puesto que María escucha las oraciones de los desgraciados y alivia a los que sufren, no puede engañarnos". La Hermana, muy consolada al oír estas palabras, le dio una medalla, y nuestro admirable talismán produjo en su alma los resultados más gratificantes. Pidió ser instruido por un sacerdote, y después de algunos días de estudio de las santas doctrinas de la Iglesia y de asidua oración a María, abjuró de sus errores. Como había sido separado de los otros pacientes, a causa del olor desagradable que hemos mencionado, tenía plena libertad para actuar como quisiera. Después de su bautismo y de la recepción de la Sagrada Eucaristía, no pudiendo contener sus emociones, exclamó: "¡Oh, qué feliz soy! Mi corazón nunca ha conocido tanta alegría. Estoy contento de morir y no lamento haber sido herido en el campo de batalla. A mi herida debo mi salvación. ¡Oh, cómo somos engañados los pobres protestantes! ¡Con qué mentiras nos extraviamos! ¡Qué bueno es Dios al rescatarme del error! Que la dulce y santa Virgen sea conocida y amada siempre y en todas partes". Y en estas bellas disposiciones expiró". [33]

"Un sargento avanzado en años padecía desde hacía tres meses una grave disentería; una mañana la Hermana que visitaba a los enfermos lo encontró llorando. Hermana, exclamó él, préstame paciencia, porque la mía se ha agotado. Estoy desesperado; no puedo soportar más mis sufrimientos; siento que voy a morir, y justo en el momento en que iba a recibir una pensión, justo en el momento en que esperaba volver a mi país con honor y ver a mi familia una vez más. ¿Debo morir lejos de casa y dejar mis huesos en tierra extraña? Los gemidos se mezclaban con sus palabras, y sus gestos tenían toda la violencia de la desesperación. La hermana que relata el hecho dice: 'Me dolía el corazón al presenciar el dolor de este hombre valiente, con sus cabellos blancos y sus numerosas cicatrices. Sin embargo, como mis lágrimas no habrían secado las suyas, traté de infundirle valor por otros medios, y le prometí una curación perfecta si se unía en oración a nuestra pequeña familia del hospital. Le di una Medalla Milagrosa y le encomendé de todo corazón a Dios y a María. Hicimos una novena a la Virgen Inmaculada, y antes de su terminación nuestro sargento estaba completamente curado." [34]

"Todas las noches nuestros soldados se reunían alrededor de las Hermanas encargadas y cantaban cánticos piadosos; incluso componían música y palabras adecuadas para la ocasión. Las entonaban, uniendo sus voces profundas y sonoras a las de las Hermanas. Al unísono y en armonía de mente y voz, repitieron a coro los sagrados nombres de Jesús y María como un grito de esperanza, confianza y triunfo, un canto de amor, un eco unido del cielo y la patria. Entonces sus corazones se estremecieron con una alegría inexpresable, y se llenaron de orgullo y felicidad al pensar que pertenecían a esa Francia que imparte a sus hijos el heroísmo del valor y la virtud del perfecto cristiano. Durante el mes de mayo se multiplicaron nuestros conciertos militares; todos rivalizaban en celo. Los altares fueron adornados con admirable piedad y gusto, a pesar de nuestra extrema pobreza. Se talaron árboles enteros para ayudar a disimular el estado ruinoso de los barracones, convertidos en capillas. Si nuestros soldados hubieran tenido libertad para hacerlo, habrían despojado los jardines de los turcos para adornar el santuario de la Reina del Cielo.

"En las ambulancias de Péra, algunos de los soldados más celosos, tanto oficiales como soldados rasos, quisieron rendir a María un solemne homenaje de su devoción y gratitud. Eligieron un corazón como símbolo de sus sentimientos. Todas las bolas extraídas de sus heridas fueron recogidas para componer la ofrenda. Pero, de repente, un soldado exclamó con entusiasmo: "Camaradas, ¿qué hacemos? ¿Ofreceremos a la Santísima Virgen un corazón cismático? Cierto", replicó otro, "estas bolas son rusas; debemos tener bolas francesas. Pidamos a los rusos las que les enviamos'. Quietos", dijo un tercero, "¡habéis olvidado que estos balones rusos están manchados con nuestra sangre!" "Bien, entonces, usémoslos", sugirió un cuarto, "los balones franceses formarán el centro". Fueron inmedi-atamente a pedir a los rusos los balones franceses. Se las dieron de buena gana. Se preparó el corazón, se inscribieron en él sus nombres con la designación del regimiento, y la ofrenda fue presentada a María en medio de las más vivas aclamaciones y transportes de alegría y gratitud" [35]. [35]

GUERRA DE ITALIA, 1859.

Carta de Sor Coste:

Gaëta, 18 de diciembre de 1860.

Durante el sitio de Gaëta, las Hermanas de la Caridad permanecieron voluntariamente en la ciudad, para asistir a los napolitanos enfermos y heridos. Consideraron que no había mayor seguridad contra los peligros a los que estaban expuestas, que encomendarse a sí mismas y a su morada a la protección de la Santísima Virgen, por medio de la Medalla Milagrosa. Su Superiora, Sor Coste, escribía el 18 de diciembre de 1860: "Con frecuencia el cañón ruge en nuestros oídos; las bombas silban a nuestro alrededor, pero la divina Providencia es nuestro escudo. La primera noche que dormimos en el palacio, fuimos saludados por los piamonteses, que nos enviaron una multitud de bombas; una de ellas estalló justo delante de nuestra habitación, y se hubiera podido suponer que había caído un rayo. Sin embargo, la preciosa medalla de nuestra Madre Inmaculada, que habíamos colocado en todas las puertas y ventanas, nos protegió del peligro. Un gran trozo de hierro se desprendió de la bomba antes mencionada, y permanece en la pared, testimonio visible de la protección de María. Esta circunstancia reanimó nuestra confianza, y no dudamos en no pasar por las calles, a pesar del zumbido de los proyectiles."

ESTADOS UNIDOS.

Extractos de cartas escritas por Hermanas de la Caridad durante la Guerra de Secesión, de 1861 a 1865:

"Hospital Militar (Casa de Refugio),}

"St. Louis, Missouri.}

"Muchos de nuestros pobres soldados apenas conocían la existencia de Dios, y ni siquiera habían oído hablar del bautismo. Pero, cuando las Hermanas les explicaban la necesidad de este Sacramento, y la bondad de Dios, que, por medio de él, nos limpia de la mancha original, y nos adopta como hijos suyos, se llenaban de la más profunda emoción, y a menudo derramaban lágrimas. En una ocasión, una paciente dijo: 'Hermana, no me deje; hábleme más de ese Dios bueno a quien debo amar. ¿Cómo es que he vivido tanto tiempo y nunca he oído hablar de Él como usted acaba de hacerlo? ¿Qué debo hacer para ser hija de Dios? Debes creer y bautizarte", respondió la hermana. Bueno, bautízame", fue su respuesta. La Hermana le convenció de que esperara la llegada del Padre Burke, que estaría allí a la mañana siguiente. El paciente consintió a regañadientes. Si muero sin bautizarme, no iré al cielo". Para aliviar su ansiedad, la Hermana prometió velar cerca de él y administrarle el bautismo, si percibía algún cambio desfavorable en su estado. Ahora -dijo- estoy satisfecho; confío en que usted me abrirá las puertas del Cielo; es por su intervención por donde debo entrar". Pasó una noche tranquila. A la mañana siguiente, el padre Burke lo admitió en la Iglesia católica mediante el sacramento del bautismo, que recibió con admirable piedad. Se le presentó un crucifijo; tomándolo con entusiasmo, lo besó, diciendo al hacerlo: ¡Oh Dios mío! No te conocía ni te amaba antes de venir a este hospital". Luego, dirigiéndose a la Hermana, le dijo: "Hermana, he olvidado la oración que me enseñaste", y repitió después de ella varias veces: "Padre mío, en tus manos encomiendo mi espíritu, dulce Jesús, recibe mi alma". Murió pronunciando estas palabras".

"No se puede precisar el número exacto de bautismos; probablemente hubo setecientos durante los dos o tres años de nuestra residencia en el hospital. Quinientos católicos que habían llevado una vida descuidada o pecaminosa volvieron sinceramente a Dios y reanudaron la práctica de sus deberes religiosos. Un gran número de ellos no había recibido otro Sacramento que el del Bautismo, e hicieron su primera Comunión en el hospital. La mayoría de los recién bautizados murieron; los demás al salir pidieron medallas y catecismos, diciendo que deseaban instruirse a sí mismos y a sus familias."

"Un soldado llamado Nichols cayó peligrosamente enfermo, y en pocos días quedó reducido al último extremo. En vano nos esforzamos por tocar su corazón y despertarle el sentido de la religión. Sus sufrimientos eran terribles; tanto de día como de noche se le negaba el descanso, y apenas podía permanecer un momento en la misma posición. Su estado era muy lamentable. Muchos de sus compañeros, sabiendo que nunca había sido bautizado, y habiendo percibido los efectos beneficiosos del bautismo en otros, rogaron a las Hermanas que le propusieran la recepción de este Sacramento, pensando que podría ser un consuelo para él, y sin ser conscientes de los muchos esfuerzos que ya se habían hecho para inducirle a creer en su necesidad y eficacia. Sin embargo, redoblamos nuestros esfuerzos y colocamos una Medalla Milagrosa bajo su almohada. Sus camaradas consideraron sus sufrimientos como un castigo visible de su impiedad. No pudimos inducirle a pronunciar el nombre de Dios, pero imploró al médico, con los acentos más desgarradores, que no le dejase morir. Pasaron cuatro días sin el menor cambio, cuando uno de sus compañeros, que parecía el más profundamente interesado en su bienestar, le dijo, con los ojos llenos de lágrimas, cuánto lamentaba verle morir así, completamente desprovisto de una esperanza para el futuro. Los otros soldados habían contratado a este hombre para que informara al paciente de su peligro y le persuadiera de hacer las paces con Dios, pues veían que sólo el respeto humano le impedía dar muestras de arrepentimiento. Este último esfuerzo de caridad se vio coronado por el éxito; llamó a la Hermana, y cuando llegó, le dijo: 'Hermana, estoy dispuesto a hacer todo lo que deseéis'. Después de instruirle en lo que era necesario para la salvación, y convencida de la sinceridad de sus disposiciones, le preguntó por quién deseaba ser bautizado. Respondió: "Por quien tú quieras". Pero para estar segura de que no deseaba un ministro protestante, le dijo: "¿Mando a llamar al sacerdote que atiende este pabellón?" "Sí", respondió, "es él quien deseo que me bautice". El sacerdote fue enviado sin demora, y tuvimos el inefable consuelo de ver a este pobre pecador admitido en el número de los hijos de Dios por la misma persona que, unos días antes, había sido objeto de sus burlas. Se tranquilizó perfectamente, y expiró poco después, invocando el santo nombre de Jesús."

"Entre los pacientes había un pobre joven llamado William Hudson, que durante mucho tiempo se negó a recibir el bautismo. Las Hermanas, sin embargo, no desanimadas, le explicaron el Sacramento del Bautismo, y le instruyeron en los misterios de nuestra santa religión, y la Hermana, bajo cuyo inmediato cargo estaba, le colgó una medalla al cuello. Finalmente, pidió hablar con el buen Padre Burke; fue bautizado, y expiró en las más edificantes disposiciones, pronunciando el santo nombre de María. Varios otros siguieron su ejemplo e hicieron las paces con Dios antes de morir."

"El señor Huls, hombre de treinta y cinco años, aunque convencido de la necesidad del bautismo, aplazaba de día en día la recepción del mismo. Sabiendo que sentía poca atracción por nuestra santa religión, me abstuve de mencionar el tema con demasiada frecuencia. Sin embargo, viendo que la muerte se acercaba rápidamente, coloqué una medalla bajo su almohada y rogué a la Santísima Virgen que se encargara de su salvación. Al día siguiente, cuando me retiraba después de darle de beber, me llamó y me dijo: "Hermana, ¿qué debo hacer para prepararme para el otro mundo? Le dije que era necesario arrepentirse de sus pecados, porque el pecado es el mayor de los males, y había causado los sufrimientos y la muerte de nuestro Señor Jesucristo; que la bondad y la misericordia de Dios para con los pecadores son infinitas, y que siempre está dispuesto a perdonarnos, incluso en el último momento, si volvemos sinceramente a Él. Le insté a arrojarse con confianza en los brazos de este Padre misericordioso, que deseaba vivamente abrirle las puertas de la Ciudad Eterna, y añadí que era necesario bautizarse. Me aseguró que creía todo lo que le había dicho; repitió entonces con fervor los actos de fe, esperanza, caridad, contrición y resignación a la voluntad de Dios. Viendo que entraba en su agonía, le bauticé; los Sacramentos parecieron reanimar sus fuerzas. Comenzó a rezar y a hacer tan bellas aspiraciones de amor y gratitud a Dios, que se hubiera podido decir que su ángel bueno se las inspiraba, particularmente el acto de contrición. Permanecí con él hasta el final, rezando por él, cuando no tenía fuerzas para hacerlo por sí mismo; si me detenía un momento por temor a fatigarlo: 'Continúe Hermana', decía con acento moribundo, 'todavía puedo rezar'."

"Otro soldado, William Barrett, de apenas veinte años, estaba casi moribundo cuando lo trajeron al hospital. Después de hacer todo lo que pude para aliviar su pobre cuerpo, pregunté con mucha cautela por el estado de su alma. Era deplorable; no es que hubiera cometido grandes crímenes, sino que ignoraba por completo todo lo relacionado con su salvación. Nunca había rezado una oración y apenas sabía de la existencia de Dios. Mi primera conversación con él sobre el tema de la religión, no le agradó del todo, porque no la entendía; pero cuando le hube explicado brevemente los principales artículos de la Fe, me escuchó con mucha atención, y me rogó que le dijera algo más. Cuando le dije que Nuestro Señor nos había amado tanto como para hacerse hombre y morir en una cruz por nuestra salvación, no pudo contener las lágrimas. ¡Si lo hubiera sabido antes! Cómo he podido vivir tanto tiempo sin conocer y amar a mi Dios". Ahora le preparé para recibir el sacramento del Bautismo y traté de hacerle comprender la gran misericordia de Dios, que le había traído al hospital para que muriera santamente. Comprendió esto y mucho más, porque la gracia había hablado a este pobre corazón, tan verdaderamente penetrado de dolor por el pecado. Quisiera amar a Dios -dijo-, pero soy una criatura tan miserable. Quisiera rezar, pero no sé cómo. Hermana, rece por mí, por favor'. Prometí hacerlo, y ofreciéndole una medalla de la Santísima Virgen, le dije que, llevándola, obtendría la intercesión de la Madre de Dios, siempre poderosa con su divino Hijo. Aceptó gustoso la medalla, se la puso al cuello, y repitió, no sólo la aspiración, ¡Oh María! sin pecado concebida, ruega por nosotros que recurrimos a ti, sino otras oraciones, para obtener la gracia de una muerte feliz. Luego me preguntó cuándo lo llevaría al río, pues tenía la impresión de que no podía ser bautizado sin ser sumergido. Le expliqué la manera en que la Iglesia católica administra este sacramento y las disposiciones necesarias para recibirlo. Escuchando ávidamente cada una de mis palabras, me dijo: "Rece conmigo, hermana, acérquese para que pueda oírla mejor, pues no sé rezar". Repitió con gran fervor todas las oraciones que le recité y sólo pensó en prepararse para su bautismo, que tendría lugar al día siguiente. A partir de ese momento, sólo quiso conversar con las Hermanas. Si sus compañeros o los asistentes se le acercaban, les contestaba con pocas palabras, mostrando evidentemente que deseaba estar a solas con su Dios. Uno de los oficiales le preguntó si deseaba que alguien escribiera a su familia. No me hable ahora de mi familia -dijo-, las hermanas han escrito a mis padres. No deseo otra cosa que rezar y ser bautizado'. Y las palabras que siempre estaban en sus labios, eran estas: "Oh Dios, ten piedad de mí, pecador". Hacia el anochecer se debilitó tanto que pensé que era mejor quedarme con él. A las tres de la mañana, temiendo que estuviera en agonía, le administré el Sacramento de la Regeneración; vivió hasta las siete. El fervor con que se unía a las oraciones era verdaderamente edificante; aun cuando apenas podía hablar, trataba de expresar su gratitud a Dios por su bondad y misericordia para con él. Estaba ansioso por dejar este mundo, para poder ir a aquel Padre, que le había admitido en el número de sus hijos, y a quien tan fervientemente deseaba ver y conocer."

"Un soldado, de edad avanzada, me dijo un día que en su país los prejuicios de la gente eran tan fuertes contra nuestra fe, que negarían hospitalidad a un viajero si supieran que era católico; en cuanto a él, nunca se había encontrado con un católico antes de venir al hospital; pero lo que había visto aquí (nada comparable a lo que había presenciado entre protestantes), era suficiente para convencerle de la verdad de la catolicidad; que había pertenecido a la Iglesia Presbiteriana, pero que no permanecería más en ella, y deseaba ser instruido en nuestra santa religión. Le di un catecismo y algunos otros libros, que leyó con gran atención. Percibiendo que su fin se acercaba, pidió un sacerdote y fue bautizado. Si fuera la voluntad de Dios -dijo hablando de sus bienes, que eran considerables-, me gustaría vivir un poco más y disfrutar de mi fortuna; pero si el Señor quiere otra cosa, estoy dispuesto a dejarlo todo". Siempre repetía estas palabras: No como yo quiera, Señor, sino como Tú quieras'. Desde el momento de su bautismo, se aplicó con la mayor diligencia a disponer provechosamente de lo que le quedaba de vida, a fin de prepararse para su viaje a la eternidad. A veces, cuando se sentía un poco más fuerte, estudiaba el catecismo; y cuando ya no podía sostener un libro, oraba y meditaba en silencio. Un día, mientras le daba de beber, me mostró su medalla. ¡Ah!", dijo, con lágrimas de gratitud cayendo por sus mejillas, "¡he aquí a mi Madre! La beso a todas horas". Rezaba constantemente, incluso cuando no podía comer, beber ni dormir. Una vez, cuando estaba muy débil y los asistentes le habían cambiado de posición, se desmayó y sólo se recuperó con gran dificultad. Al darse cuenta de que yo trataba de reanimarlo, dijo: "Hermana, ¿por qué no me ha dejado marchar?" También comentó a los asistentes que temía que la Hermana le prolongara la vida durante un mes, pero sus temores no se cumplieron; en pocos días durmió el sueño de los justos.

"Uno de los soldados, que llevaba mucho tiempo en el hospital, habiendo caído muy enfermo, traté de persuadirle de que hiciera las paces con Dios, antes de ir al encuentro de ese Dios como su Juez. Mis esfuerzos tuvieron poco éxito; no admitía la necesidad del bautismo y no se preocupaba lo más mínimo por su salvación. Pero aceptó una medalla y, sin darse cuenta, tragó unas gotas de agua bendita. Entonces le encomendé muy encarecidamente a la Santísima Virgen, y a los pocos días pidió ser instruido y se bautizó. No pudimos darle mayor gusto que rezar a su lado. Recibió la Extremaunción con profunda y sincera devoción y expiró en las más felices disposiciones."

"En el hospital había un soldado llamado Sanders, que, aunque no estaba muy enfermo, no pudo unirse a su regimiento. No tenía ni idea de religión. Observé que nos observaba muy de cerca, como si examinara nuestra conducta; no se le escapaba nada. Antes de marcharse, vino a despedirse de mí y a agradecerme las atenciones que le había dispensado. Me quedé algo sorprendido, pues no había tenido ocasión de servirle; pero, al verle tan bien dispuesto, aproveché la ocasión para ofrecerle una medalla y un libro explicativo de la fe católica. Los aceptó con gratitud y regresó a su regimiento. Un año más tarde, vino de nuevo al hospital, apresurándose a informarme de su conversión, y buscando un sacerdote, por quien fue gustosamente instruido y recibido en el redil de la Santa Iglesia. Debo mi conversión -dijo- a la intercesión de la Inmaculada María y a vuestras oraciones, y me ha tocado en suerte llevar otras almas a Dios". Así fue, en efecto; empleado en un hospital militar, donde era el único católico, con su celo y solicitud instruyó a muchos pobres enfermos, llamó a un sacerdote, los hizo bautizar, y gozó del consuelo de procurar la felicidad eterna a muchos de sus compañeros de armas."

"En 1862, una Hermana del hospital de Nueva Orleans regaló una medalla a uno de los asistentes a punto de partir para el ejército, y le aconsejó que la llevara siempre consigo. Algún tiempo después, regresó, habiendo recibido una herida leve en la cabeza. Al ver a la Hermana, exclamó: "Hermana, aquí tiene la medalla que me dio; ¡me ha salvado la vida! Justo en medio de la batalla, el cordón con el que la medalla colgaba de mi cuello se rompió, y mientras los cañones rugían a nuestro alrededor, la sujeté a un botón de mi uniforme; todos mis compañeros cayeron, y yo escapé con esta ligera contusión'".

Hospital Militar de Filadelfia.

"Un soldado fue llevado al hospital gravemente herido. Unas pocas preguntas que la Hermana le hizo sobre el tema de la religión revelaron el hecho de que no sólo no estaba bautizado, sino que además ignoraba las verdades esenciales para la salvación. La Hermana comenzó entonces a instruirle, y con toda la prudencia necesaria, le dio a entender que los médicos desesperaban de su recuperación. Desde este momento escuchó con el más profundo interés las explicaciones del catecismo; y, un día, cuando la Hermana le habló de la necesidad de aquel Sacramento que nos hace hijos de Dios y herederos del cielo, juntó las manos y dijo en el tono más suplicante: "¡Oh! no me dejes morir sin el bautismo". La Hermana le preguntó entonces de qué ministro deseaba recibir este Sacramento y él respondió: 'Del suyo; del que dice misa en la capilla de las Hermanas'. Antes de terminar el día, el Padre MacGrane había satisfecho el piadoso deseo del enfermo, y el nuevo cristiano, lleno de alegría, repetía incesantemente actos de amor y gratitud. El médico, al hacer su visita vespertina, lo encontró tan enfermo que ordenó al asistente que lo vigilara toda la noche, diciéndole que podía morir en cualquier momento. Antes de retirarse, la Hermana le dio una medalla de la Santísima Virgen, y narrándole brevemente cómo esta tierna Madre había obrado a menudo curaciones milagrosas por medio de su bendita imagen, animó al moribundo a dirigirse a María con toda confianza.

A la mañana siguiente, ella se sorprendió de encontrarlo mejor; pero él estaba muy preocupado por "su pieza", que no podía encontrar; temía que se la hubieran llevado. La Hermana la encontró pronto y se la devolvió; recibiéndola con gran alegría, pidió un cordón y se puso la medalla sobre la herida. Cuando llegó el médico, que no tardó en llegar, no se sorprendió menos que la Hermana al percibir el cambio en el estado de su paciente. El paciente, (Duken de nombre), continuó mejorando, y en pocas semanas, podía caminar con la ayuda de muletas. Su primera visita fue a la capilla; desde aquel día, siempre que había misa, se levantaba a las cinco para asistir a ella; y tan ansioso estaba por recibir las instrucciones del padre MacGrane, que el tiempo que transcurría entre un domingo y otro le parecía muy largo. Atribuyó su curación a la Santísima Virgen, y en verdad fue muy notable, pues salió de las manos del médico mucho antes de que muchos otros soldados del mismo pabellón cuyas heridas eran menos peligrosas, y que habían recibido las mismas atenciones, pudieran abandonar sus camas. Pidió un permiso para poder visitar a su esposa, a la que deseaba ver convertida en miembro de la verdadera Iglesia, pero "conociendo sus prejuicios contra los católicos, no se atrevía a esperar tal felicidad". No obstante, le fue concedida; ella consintió en ser bautizada con sus hijos, y Duken regresó al hospital, bendiciendo a Dios y a la santa Virgen por las maravillosas gracias concedidas a su familia.

"Nuestras Hermanas del Sur, como las del Norte, eran muy solicitadas allí donde los sufrimientos y las miserias reclamaban alivio, y respondían a la llamada con santo valor y afán.

"En estas diversas localidades, la Medalla Milagrosa fue el instrumento que Dios empleó con frecuencia para liberar a las almas del yugo de Satanás. ¡Cuántas veces hemos visto besar respetuosamente la imagen de María labios que antes sólo habían proferido blasfemias contra la Madre de Dios! Todos pedían una medalla; algunos, sin duda, urgidos por la curiosidad o el deseo de poseer un recuerdo de las Hermanas, como ellas mismas reconocían; pero, aun así, no podían llevar sobre su persona esta dulce imagen, sin mejorar y experimentar los efectos de la protección de María. En casi todos los casos, lo que hacía aún más notable el triunfo de la gracia era el hecho de que actuaba sobre hombres que no sólo eran ignorantes, sino fanáticos, que odiaban el nombre de católicos y se encolerizaban al ver a un sacerdote. Una Hermana cuenta que un día se aventuró a preguntar a un soldado, que estaba en el umbral de la eternidad, si había sido bautizado. No", fue la respuesta, con voz de trueno; "no, y no tengo ningún deseo de ser sumergido en agua en este momento. Dejadme en paz".

Recomendándoselo a María", dice la Hermana, "lo dejé. Al anochecer, oí ruido en la sala, en dirección a su cama, y la asistenta vino apresuradamente a decirme que el paciente me había mandado llamar". Ah!" dijo éste, en un tono muy diferente al de su discurso matutino; "Me estoy muriendo, bautizadme, os lo ruego. 'Dándole brevemente las instrucciones necesarias, le administré el santo rito, y pocas horas después expiró pacíficamente.'

"Raramente estos pobres soldados se quejaban de su suerte; aunque poco acostumbrados a los rigores de la vida militar, los soportaban con admirable paciencia. Sin embargo, había una excepción a la regla general, la de un viejo soldado, que murmuraba continuamente y acusaba a Dios de afligirle injustamente. Los argumentos eran peor que inútiles, no servían sino para agravar el mal. No consiguiendo por este medio llevarle a un mejor estado de ánimo, le ofrecí una medalla de la Santísima Virgen. Poco a poco, sus quejas cesaron, su semblante se serenó y tuve el consuelo de verle expirar en las más edificantes disposiciones."

LA GUERRA ENTRE PRUSIA Y AUSTRIA, 1866.

Carta del Sr. Stroever, Sacerdote de la Misión, 1 de julio de 1867:

"Los heridos llegan en gran número, y todas nuestras casas están llenas. Todos desean tener una medalla; pregunté a uno, que había suplicado una medalla a cualquier precio, si era católico. La respuesta fue: "No"; "Soy protestante, pero me gustaría tenerla como recuerdo suyo", y la recibió muy agradecido.

"Observamos un cierto grado de piedad entre los soldados, y los enfermos están muy deseosos de recibir los sacramentos. Los protestantes muestran una notable inclinación hacia el catolicismo. No sólo los soldados rasos, sino incluso personas distinguidas, desean tener medallas, escapularios o un crucifijo. No toman ninguna medida para ocultar estos objetos de devoción, y nadie parece sorprenderse al verlos sobre sus personas."

REMINISCENCIAS DE LA COMUNA, PARÍS, 1871.

Notas de una Hermana del Hospital d'Enghien:

"Durante el asedio, habíamos colocado Medallas Milagrosas sobre todas las puertas y ventanas de la casa. Como una de nuestras Hermanas expresó la intención de ocultarlas, Sor Catalina exclamó: 'No, no; deben verse; póngalas en medio de la entrada principal'".

"Durante los días que precedieron inmediatamente a nuestra salida de la casa, los guardias nacionales federales se decían unos a otros: 'Vamos a pedir medallas a la venerable Sor Catalina; ha dado algunas a nuestros camaradas que nos las han mostrado, nos gustaría tenerlas también'. Pero vosotras, pobres criaturas -respondió una Hermana-, no tenéis fe ni religión, ¿de qué os serviría la medalla? Muy cierto, Hermana -respondieron ellas-, no tenemos mucha fe, pero creemos en la medalla; ha protegido a otros, nos protegerá también a nosotras, y cuando vayamos a la batalla, nos ayudará a morir como valientes soldados". La buena hermana Catalina dio medallas a todos los que se presentaron, y muchos, que pertenecían al enemigo, enviaron a sus camaradas a procurárselas.

"Después de que el ejército hubo entrado en París, treinta de los insurgentes heridos, antes de ser llevados a juicio, fueron enviados al Hospital d'Enghien para ser atendidos por las Hermanas. La casa estaba ya transformada en ambulancia, y nos vimos obligadas a tomar uno de los dormitorios de los huérfanos para los pacientes recién llegados. El aspecto de estos hombres era tan espantoso, que Sor Eugenia, que había sido designada para atenderlos, no tuvo el valor durante los dos primeros días de hacerles ninguna sugerencia acerca de la religión; pero finalmente, sintiendo que debía cumplir con su deber, y urgida por el consejo de una compañera, se dirigió a Sor Catalina y le pidió medallas para los insurrectos. La Hermana se las dio alegremente y la animó a utilizar este poderoso medio para inspirar sentimientos cristianos a aquellos desgraciados. Animada por este pensamiento, Sor Eugenia volvió a la sala y, muy afectada, propuso decir las oraciones de la tarde. Sí, hermana", respondieron algunos. Temblando, comenzó; pero en el Credo, vencida por la emoción y el terror, lloró como una niña y se vio obligada a hacer una pausa. Cuando recobró la voz, no fue para continuar las oraciones, sino para decir a las prisioneras cuánto sentía al pensar que al día siguiente serían juzgadas y tal vez condenadas; luego, haciéndoles una breve exhortación, inspirada por las circunstancias, se ofreció a dar a cada una una medalla de la Santísima Virgen, rogándoles que la conservasen sobre su persona, pasase lo que pasase. La proposición fue aceptada inmediatamente, pero Sor Eugenia estaba demasiado asustada para entregar la medalla en sus manos; en mitad de la noche, cuando todos parecían estar dormidos, colocó silenciosamente una medalla bajo la almohada de cada uno. Cuán grande fue su alegría a la mañana siguiente, al ver a todos aquellos pobres insurrectos con la medalla al cuello.

"La Superiora entró en la sala donde estaban reunidos los hombres y les preguntó si deseaban que viniera un sacerdote a confesarse con ellos. Todos consintieron con inequívocas muestras de gratitud. Un buen sacerdote, uno de los rehenes de la Comuna, vino y les confesó. Al dejarlos, pareció muy consolado y dijo que tenía motivos para esperar su salvación. Los desgraciados salieron de la casa a las siete y fueron conducidos a Versalles; estaban tranquilos y resignados, y cuando se disponían a partir, mostraron a las Hermanas la medalla que llevaban. Sin duda, Dios aceptó el sacrificio de su vida en expiación de sus faltas".

Apariciones recientes de la Santísima Virgen en Francia, Italia y Alemania

LA CONFIANZA QUE DEBEN INSPIRARNOS ESTAS APARICIONES.

La definición del dogma de la Inmaculada Concepción, ha llevado, en nuestra época, a su punto culminante, la devoción a la Santísima Virgen. La Divina Providencia empleó veinticuatro años en preparar al mundo para este gran acontecimiento; hemos visto en los capítulos precedentes, cuánto contribuyó a ello la aparición de 1830, y cuán poderosa fue la influencia de la Medalla Milagrosa en la propagación de esta devoción. Desde entonces ha transcurrido un segundo período de veinticuatro años, durante el cual la devoción a la Inmaculada María ha brillado como una estrella radiante en el firmamento de la Iglesia, difundiendo por todas partes la luz de la verdad y el calor de la verdadera piedad; y, por un suave pero eficaz impulso, produciendo unanimidad de mente y corazón en la gran familia católica.

Desde la definición, así como antes de ella, Francia continúa siendo el país privilegiado de María; en ningún otro lugar los milagros son tan numerosos, ni las gracias tan abundantes. De ahí esta gloriosa prerrogativa. En la medida en que se nos permite penetrar en los secretos de Dios, se nos aparece, a nuestro entendimiento: Francia, que tanto mal ha hecho difundiendo doctrinas filosóficas y revolucionarias, debe reparar el pasado propagando la verdad, y María desea prepararla para esta misión. Todo el mundo sabe, además, que el carácter francés posee una fuerza de expansión y un poder de energía que hacen a los franceses eminentemente cualificados para mantener los intereses de la verdad y la justicia. Por otra parte, ¿no es Francia la hija mayor de la Iglesia, puesto que fue bautizada en la persona de Clodoveo, el primero de los Reyes Cristianísimos; y en virtud de este título, no tiene el deber de consagrarse, bajo el patrocinio de su Madre del cielo, a la defensa de su Madre de la tierra?

Sean cuales fueren los motivos de la predilección de María por la nación francesa, el hecho es incontrovertible. Sin embargo, la Santísima Virgen no ha olvidado a los demás países católicos; también ellos han tenido su parte en los singulares favores que tan generosamente ha dispensado en nuestros días.

NUESTRA SEÑORA DE LOURDES.-1858.

Cuatro años después de la definición de la Inmaculada Concepción, María concedió manifestarse de nuevo al mundo, y esta vez, como en prueba de su gratitud, tomó el glorioso nombre que la Iglesia acababa de decretarle: "Yo soy la Inmaculada Concepción". Fue en Francia donde tuvo lugar la visión de la medalla, preparatoria del acto del 8 de diciembre de 1854; fue también en Francia, en Lourdes, en la diócesis de Tarbes, al pie de los Pirineos, donde María vino en persona, para testimoniar y proclamar ese privilegio que apreciaba sobre todos los demás. En 1830, elige como confidente a una Hermana joven e iletrada; en 1846, se dirige a dos pobres niños campesinos; en 1858, elige también como depositaria de sus misericordiosos designios a una persona de las más humildes filas de la vida.

Bernadette Soubirous, nacida en Lourdes en 1844, de padres pobres, era una joven de salud débil y delicada; no sabía leer ni escribir; no conocía más oraciones que su Coronilla, y sólo hablaba el dialecto del país. "El 11 de febrero de 1858 -cuenta- mis padres estaban en gran apuro por falta de leña para la cena. Me puse la capucha y me ofrecí a ir con mi hermana menor Marie y nuestra amiga, la pequeña Jeanne Abadie, a recoger algunas ramas muertas". Los tres niños se dirigieron a la orilla del Gave, frente a la gruta de Masabielle, donde recogieron la arena y las ramas de los árboles que la corriente arrastraba hasta allí. Pero para llegar a la gruta era necesario vadear el lecho poco profundo del río. Marie y Jeanne se descalzaron sin vacilar; Bernadette se demoró y temió cruzar, pues estaba resfriada. Mientras deliberaba, la sorprendió un fuerte viento, que se repitió al instante, aunque los árboles cercanos al río estaban inmóviles. Sólo se agitaba ligeramente una enredadera, una eglantina, que crecía en la parte superior de esta gruta natural. Este nicho y la rosa silvestre que había en su interior reflejaban un brillo extraordinario; una Señora de admirable belleza apareció en el nicho, con los pies apoyados en el eglantino, los brazos graciosamente doblados y las manos juntas; con una dulce sonrisa, saludó a la niña. La primera emoción de Bernadette fue de miedo; instintivamente agarró su coronilla, como si buscara defensa en ella, e intentó levantar la mano para hacer la señal de la cruz, pero su brazo cayó impotente y su terror aumentó. La Señora tenía también una Coronilla suspendida de la muñeca izquierda; tomándola con la mano derecha, se persignó muy claramente y pasó entre sus dedos las cuentas (blancas como gotas de leche); pero sus labios no se movieron. Sonrió a la pastora, que, tranquilizada desde aquel momento, recuperó el uso del brazo, se persignó y rezó la Coronilla. La pequeña Bernadette permaneció de rodillas casi una hora, en éxtasis. Finalmente, la Señora le hizo una señal para que se acercara, pero Bernadette no se movió. La Señora le tendió la mano, sonrió e, inclinándose como si se despidiera, desapareció. Volviendo en sí, Bernadette pensó en reunirse con sus compañeras, que, al no haber visto nada, no comprendían su conducta. Entró en el agua, que encontró, para su sorpresa, suavemente tibia. Al llegar a casa, contó el secreto a su hermana y luego a su madre, que no lo creyó.

Sin embargo, como la niña estaba atormentada por el ferviente deseo de volver a contemplar la aparición, sus padres le concedieron permiso para regresar a la gruta con varias compañeras; se produjo la misma manifestación y el mismo éxtasis. El jueves 18 de febrero, volvió a la gruta; la aparición fue visible por tercera vez, y la Señora pidió a Bernadette que fuera allí diariamente durante quince días. Bernadette lo prometió. "Y yo", respondió la Señora, "prometo hacerte feliz no en este mundo, sino en el otro".

Los días siguientes, la joven fue a la gruta, acompañada de sus padres y de una multitud cada vez más numerosa. Ninguno de ellos vio ni oyó nada. La transfiguración del rostro de Bernadette anunciaba la presencia de un ser sobrenatural, que instaba a la niña a rezar por los pecadores.

El sexto día de la quincena, la augusta Señora reveló a Bernardita tres secretos, prohibiéndole comunicarlos a nadie. Le enseñó una oración y le encargó un mensaje. "Irás", le dijo, "y dirás al sacerdote que aquí debe construirse una capilla y que el pueblo debe venir en procesión".

Bernadette comunicó esta orden al cura, pero éste dudó en creer a la niña, y le dijo que pidiera a la Señora una señal que confirmara sus palabras, por ejemplo, que hiciera florecer la rosa silvestre que el invierno había despojado de sus hojas, entonces el mes de febrero.

La Santísima Virgen no juzgó oportuno conceder el milagro, pero probó la obediencia de Bernardita, mandándole besar el suelo en varias ocasiones, y subir a la roca de rodillas, rezando mientras tanto por los pecadores. Un día le ordenó que fuera a beber a la fuente de la gruta, que se lavara en ella y que comiera de cierta hierba que crecía en aquel lugar. Bernadette no vio ninguna fuente, y nadie había oído hablar de una en la gruta, pero a una señal de la Señora, la dócil niña cavó la tierra con los dedos, y descubrió un agua fangosa que, a pesar de su repugnancia, utilizó como se le había ordenado.

Al cabo de varios días, el hilito de agua turbia se había convertido en un manantial límpido y abundante, y lo que era aún más maravilloso, realizaba innumerables prodigios. El 26 de febrero, utilizando esta agua, un hombre que se había quedado ciego veinte años antes, por la explosión de una mina, recobró la vista, y el último día de la quincena, un niño moribundo, o como se suponía, muerto, recobró la vida y la salud en las aguas de esta fuente.

No nos detendremos aquí en las persecuciones de los magistrados contra Bernadette, ni en las vejaciones de los peregrinos venidos de todas las partes del mundo. Todo el mundo ha leído estos detalles en la obra de M. Lasserre, que tan hábilmente describe la dignidad y firmeza mostradas en el asunto por el párroco, M. Peyramale.

La aparición del 25 de marzo tiene un significado especial. Bernadette preguntó varias veces el nombre de la Señora. A esta pregunta, la visión, el día mencionado, desató sus manos, la coronilla de cadena de oro y granos de alabastro se deslizó sobre su brazo. Abrió los brazos y los dirigió hacia la tierra, como para indicar que sus manos virginales estaban llenas de bendiciones para el género humano; luego, levantándolas hacia el país celestial, de donde descendió ese día la divina mensajera de la Anunciación, las estrechó con fervor, y mirando hacia el cielo con una indescriptible expresión de gratitud, pronunció estas palabras: "Yo soy la Inmaculada Concepción". Dicho esto, desapareció, y la niña se encontró a sí misma y a la multitud en presencia de una roca desnuda.

La Virgen Inmaculada se apareció a Bernadette dos veces más, el lunes de Pascua, 5 de abril, y el 16 de julio, fiesta de Nuestra Señora del Carmen.

El 28 de julio siguiente, el obispo de Tarbes nombró una comisión de investigación, compuesta por eclesiásticos, médicos y sabios. El 18 de julio de 1862, publicó un decreto sobre los acontecimientos de Lourdes, redactado en los siguientes términos:

"Juzgamos que la Inmaculada Madre de Dios se apareció realmente a Bernadette Soubirous, el 11 de febrero de 1858, y en días sucesivos hasta un número de dieciocho veces en la gruta de Masabielle, cerca de la ciudad de Lourdes; que esta aparición tiene todas las características de la verdad, y que los fieles pueden confiar en su realidad."

María había pedido que se construyera una capilla en el lugar. La primera piedra se colocó en el mes de octubre de 1862; la piedad de los peregrinos proporcionó los fondos necesarios para la construcción del edificio, y el 21 de mayo de 1868 se celebró allí por primera vez la Santa Misa, en la cripta que debía albergar el nuevo santuario. La relación existente entre las apariciones de 1858 y 1830 está indicada por dos vidrieras pintadas en el santuario, una de las cuales representa la visión de Bernadette, la otra la de Sor Catalina.

La peregrinación a Lourdes ha adquirido proporciones inmensas; gracias al ferrocarril, los peregrinos se cuentan cada año por centenares de miles, procedentes de todos los rincones del globo, e innumerables milagros recompensan la fe de quienes buscan en este santuario el poder misericordioso de la Inmaculada María.

La gruta de Lourdes, reproducida en mil lugares, se ha convertido en uno de los objetos de devoción más populares.

En cuanto a Bernadette, el interés y la veneración que se le profesan no han afectado en lo más mínimo a su candor y sencillez. Se ha retirado al convento de las Hermanas Hospitalarias de Nevers, y nada la distingue de las más humildes de sus compañeras.

NUESTRA SEÑORA DE PONTMAIN (DIÓCESIS DE LAVAL).-18 71.

"Francia, invadida por los prusianos, fue conquistada; París fue sitiada y sufrió los horrores del hambre, agravados por los rigores de un invierno extremadamente frío. Fue en este período cuando la Santísima Virgen se dignó aparecerse, llevando palabras de esperanza y consuelo al pueblo de su predilección. El lugar favorecido con esta aparición fue el pueblecito de Pontmain, situado a unas cuatro leguas de Fougères, en los confines de las diócesis de Laval y Rennes. Era lunes, 17 de enero de 1871, hacia las seis de la tarde; Eugène Barbedette, un niño de doce años, mirando desde la puerta del granero donde estaba ocupado con su padre y su hermano menor, Joseph, de diez años, percibió en el aire, un poco por encima y por detrás de la casa de la familia de Guidecoq, que estaba enfrente de él, una Señora alta y hermosa, que le sonreía. Llamó a su hermano, a su padre y a una mujer del pueblo que le hablaba en ese momento. Pero su hermano fue el único, excepto él mismo, que vio la visión, y ambos dieron exactamente la misma descripción de aquel ser maravilloso. La Señora estaba vestida con una túnica azul de mangas anchas, bordada con estrellas doradas. Su vestido descendía hasta los zapatos, también azules, sujetos con un broche de cinta dorada. Llevaba un velo negro que le cubría parte de la frente y le caía por detrás de los hombros hasta la faja. Sobre su cabeza había un círculo dorado a modo de diadema, sin más adorno que una línea roja que pasaba por el centro. Su rostro era delicado, muy blanco y de una belleza incomparable.

"Al poco rato, una multitud se había reunido en torno a la puerta del granero: la señora Barbedette, las hermanas encargadas de la escuela parroquial, el venerable cura y más de sesenta personas, pero de todas ellas, sólo dos compartían la felicidad de los niños Barbedette. Estos dos eran también niños, internos en el convento. Frances Richer, de once años, y Jane Mary Lebossé, de nueve y medio. Los demás espectadores sólo fueron testigos de la alegría y felicidad de las cuatro privilegiadas, pero todos estaban convencidos de que era verdaderamente la Santísima Virgen la que se había aparecido.

"La actitud de la Santísima Virgen era, al principio, la que se ve en la Medalla Milagrosa. Después de la llegada del párroco, se formó un círculo azul alrededor de la aparición, y una pequeña cruz roja, como la que llevan los peregrinos, apareció en el corazón de la Santísima Virgen. Todos se pusieron a rezar. De repente, la visión se amplió y, fuera del círculo azul, apareció una larga franja o banda blanca, en la que los niños vieron trazadas sucesivamente letras que formaban aquellas palabras: 'Pero orad, hijos míos. Dios, dentro de poco, os escuchará. Mi Hijo se deja conmover por vuestras súplicas.' Luego, levantando las manos, como al unísono con el canto del cántico: 'Madre de la esperanza', apareció en ellas un crucifijo rojo en cuya cima estaba la inscripción: Jesucristo.

"Este prodigio fue visible durante tres horas. Después de una información jurídica, Mons. Wicart, obispo de Laval, confirmó por un juicio solemne, la realidad de la aparición.

"El 17 de enero de 1872, primer aniversario del acontecimiento, se erigió solemnemente una hermosa estatua que representa la aparición, en presencia de más de ocho mil peregrinos, y se está construyendo una magnífica iglesia en el lugar.

"La Santa Sede ha autorizado al clero de la diócesis de Laval a rezar el Oficio y celebrar la Misa de la Inmaculada Concepción, todos los años, el 17 de enero; y por breve papal, se ha instituido una archicofradía, bajo la advocación de Nuestra Señora de la Esperanza, en la parroquia de Pontmain" [36]. [36]

Podríamos enumerar muchas otras apariciones de la Santísima Virgen en Francia, pero, al no haber sido aprobadas por la autoridad eclesiástica, no nos atrevemos a darlas por auténticas. Mencionaremos solamente las apariciones con las que fue favorecida la señorita Estelle Faguette en Pellevoisin, en la diócesis de Bourges. La curación instantánea de esta señora, afligida por una enfermedad juzgada incurable, puede considerarse como una prueba de la veracidad del relato. Además, el arzobispo de Bourges parece haberlo considerado fiable, ya que ha autorizado la erección de una capilla en memoria del suceso. El 14 de febrero de 1876, la Santísima Virgen se apareció a la señorita Faguette, y la visión se repitió quince veces en el espacio de diez meses. La actitud de María era similar a la representada en la Medalla Milagrosa, salvo que los rayos que salían de sus manos fueron sustituidos por gotas de rocío, símbolos de la gracia. Sobre el pecho lleva un escapulario del Sagrado Corazón de Jesús.

María expresa su amor a Francia, pero se queja de que no se tengan en cuenta sus advertencias. Recomienda la oración ferviente, cuyo cumplimiento permite contar con la misericordia de Dios.

"¿Qué no he hecho yo por Francia? "¡Cuántas advertencias no he dado! Sin embargo, esta desdichada tierra se niega a escuchar. Ya no puedo contener la ira de mi Hijo. Francia sufrirá. Tened valor y confianza. Vengo especialmente para la conversión de los pecadores. Debéis rezar; Yo os doy el ejemplo. El corazón de mi Hijo tiene un amor tan grande que no puede rechazar mis peticiones. Todos debéis rezar y tener confianza". Mostrando el escapulario, dijo: "Me encanta esta devoción".

¿Quién no ha oído hablar de las maravillosas manifestaciones de la Santísima Virgen en Italia en los últimos años? Cuántos millares de personas, movidas por la piedad o por la curiosidad, han visitado las Madonas de Rímini, de San Ginésio, de Vicovaro, de Prosessi, etc., y han presenciado el movimiento de los ojos, el cambio de color y otros signos milagrosos atribuibles sin duda sólo a un poder sobrenatural. No parece, sin embargo, que María se haya presentado en persona en este país, aunque aquí recibe los más sinceros y abundantes homenajes de afecto. Sin duda, considera innecesario cualquier estímulo a la fe de su pueblo. Y además, ¿no podemos decir que ha fijado su morada en Italia, ya que su propia casa, la casa de Nazaret, donde se cumplió el misterio de la Encarnación, y donde moró la Sagrada Familia, ha sido transportada hasta allí por las manos de los ángeles?

Mientras el gobierno prusiano persigue a la Iglesia, la Santísima Virgen se ha dignado aparecerse en las dos provincias más católicas de su reino, y en dos fronteras opuestas, cerca de las orillas del Rin y en el Gran Ducado de Posen. ¿No parece decir a las buenas gentes de estas localidades, que deben tener confianza y que Dios vencerá a sus enemigos? Debemos señalar que, en ambas ocasiones, María se anuncia como la Virgen concebida sin pecado.

Damos un relato abreviado de estas dos apariciones, que tenemos todas las razones para considerar sobrenaturales. La segunda visión había sido aprobada formalmente por el obispo de Ermeland.

El 3 de julio de 1876, en Marpingen, un pueblo insignificante del distrito de Trèves
(Prusia renana), la Santísima Virgen se apareció a tres niñas, en un bosque de pinos, hacia
la hora de la tarde. Las tres niñas tenían cada una unos ocho años de edad, y pertenecían
a familias de campesinos pobres y honrados que residían en el pueblo. Percibieron una
luz brillante, y en medio de ella una hermosa Señora sentada, que sostenía a un niño en
su brazo derecho. La Señora y el niño estaban vestidos de blanco, la Señora coronada de
rosas rojas, y en sus manos juntas, una pequeña cruz.

La visión se repitió varias veces. A las preguntas de los niños sobre su nombre, Ella respondió: "Yo soy la que fue concebida sin pecado"; y cuando le preguntaron qué deseaba,
la respuesta fue: "Que recéis con fervor y que no cometáis pecado". Varios enfermos se
curaron tocando el lugar que los niños señalaban como el que ocupaba la Santísima Virgen. Estos hechos son incontestables; pero aún no han sido examinados por la autoridad
eclesiástica[37].

En el pueblo de Grietzwald, en Varmia, una de las antiguas provincias de Polonia
anexionada a Prusia, cuatro niñas, pobres y de gran inocencia, fueron favorecidas en
varias ocasiones durante dos meses, a partir del 27 de junio de 1877, con apariciones de la
Santísima Virgen, que aparecía unas veces sola, otras llevando al Niño Jesús, que sostenía
en sus manos un globo terráqueo coronado por una cruz. Tanto la Madre como el Niño
estaban vestidos de blanco.

A la pregunta de los niños: "¿Quién eres?", la aparición respondió, en una ocasión: "Soy
la Santísima Virgen María, concebida sin pecado"; y en otra ocasión: "Soy la Inmaculada
Concepción".

En la primera aparición, el semblante de la Virgen era triste, e incluso derramaba
lágrimas; después, denotaba alegría. Pidió que se erigiera una capilla y se colocara en ella
una estatua de la Inmaculada Concepción. En cada aparición bendecía a la multitud, que
siempre era numerosa; bendecía también una fuente, que desde entonces ha suministrado
abundante agua, realizando curaciones milagrosas. Recomendó el rezo del Rosario y
exhortó a todos a la oración ferviente y a la confianza en medio de las pruebas que se
avecinaban[38].

Estas recientes apariciones de la Santísima Virgen han fundado nuevas peregrinaciones,
acudiendo los fieles en masa a los lugares favorecidos en honor de la Madre de Dios, y
pidiendo las gracias que ella concede con una liberalidad verdaderamente real. Al mismo
tiempo, sus antiguos santuarios, lejos de ser descuidados, se han hecho más queridos por
la piedad, y muchos han sido reconstruidos con magnificencia, o al menos embellecidos

con gran belleza; baste mencionar Fourvières, Notre-Dame-de-la-Garde, Rocamadour, Boulogne-sur-mer, Liesse y Buglose.

La coronación de las más célebres estatuas de la Santísima Virgen, en nombre y por munificencia de Pío IX, fue ocasión de imponentes solemnidades y medio de infundir en la devoción del pueblo mayor vigor y fervor.

Los ejercicios del Mes de María se han extendido a las aldeas más humildes, y apenas hay una parroquia sin su cofradía en honor de la Santísima Virgen.

La ciencia, la elocuencia, la poesía, la música, la escultura, la pintura y la arquitectura han rivalizado en la celebración de la gloria de la Virgen Madre.

¿Qué podemos deducir de este maravilloso aumento de la devoción a la Inmaculada?

La impresión que naturalmente produce es la de confianza. Una sociedad que rinde tal homenaje a María, no puede perecer. Si, como dice san Bernardo, es inaudito que se haya desamparado a alguien que recurriera a su intercesión, ¿cómo es posible que las fervientes oraciones de todo un pueblo no lleguen a tocar su corazón? No, el futuro no está sin esperanza; la mediación de María nos salvará.

El venerable Grignion de Montfort, en su Tratado sobre la verdadera devoción a la Santísima Virgen ha escrito estas líneas: "Por la Santísima Virgen María vino Jesucristo al mundo; por ella también ha de reinar en el mundo. Si, pues, como es cierto, vendrá el reinado de Jesucristo, así también es cierto que este reinado será consecuencia necesaria del conocimiento y reinado de la Santísima Virgen. María, por la operación del Espíritu Santo, produjo la más estupenda de todas las creaciones, un Hombre-Dios, y producirá por el poder de este mismo Espíritu Santo, los mayores prodigios en estos últimos tiempos. Por María comenzó la salvación del mundo; por María se consumará la salvación del mundo. María desplegará aún mayor misericordia, poder y gracia en estos días. Misericordia, para resucitar a los pobres pecadores; poder, contra los enemigos de Dios; gracia, para sostener y animar a los valientes soldados y fieles servidores de Jesucristo, que combaten por sus intereses. Ah! ¿cuándo llegará el día que establezca a María señora y soberana de los corazones, para someterlos al imperio de Jesús? ... Entonces se realizarán cosas grandes y maravillosas.... ¿Cuándo llegará esta época gozosa, esta Edad de María, en la que las almas absorbidas en el abismo del interior de María, se convertirán en copias vivientes del sublime, original, amoroso y glorificador Jesucristo?".

El Padre de Montfort añade, dirigiéndose a nuestro Salvador: ¡Ut adveniat regnum tuum, adveniat regnum Mariæ! Que venga el reinado de María para que venga el reinado, ¡oh Jesús!

¿No es ésta la Edad de María? ¿Hubo alguna vez en la Iglesia un período en el que María fuera, si podemos expresarlo así, tan pródiga en favores como en estos días nuestros? ¿Hubo alguna época en la que se apareciera con tanta frecuencia y familiaridad, en la que diera al mundo amonestaciones tan graves y maternales, en la que obrara tantos milagros y derramara gracias con tanta abundancia? El lector de este volumen responderá sin vacilar que ningún período de la historia ofrece nada comparable a lo que hemos presenciado en nuestros días.

Es cierto que el día del triunfo anunciado por el venerado Montfort, parece lejano; se diría que el reino de Dios en la tierra está más comprometido que nunca. Los malvados hacen esfuerzos sin par para demoler el edificio social; son numerosos, poderosos y poseen recursos incalculables. Pero para la Iglesia, cuando todo parece perdido, entonces se acerca su triunfo. Dios permite a veces que la malicia de los hombres sobrepase todos los límites, para que su poder sea más manifiesto cuando llegue el momento de su derrota.

Todos los esfuerzos unidos de los enemigos de la Iglesia en el curso de los siglos, todos sus errores, odio y violencia dirigidos contra ella, la Esposa de Cristo, se concentran ahora en lo que se llama la Revolución, es decir, el anticristianismo reducido a un sistema y propagado por todo el mundo, es Satanás usurpando el lugar de Jesucristo.

Pero Aquel que ha conquistado el mundo, y puesto en fuga al príncipe del mundo, no se permitirá ser destronado. Él reinará, y ya ahora, ante nuestros ojos, se está preparando su reino, por mediación de la Inmaculada María, de quien se hizo la promesa de que aplastaría la cabeza de la serpiente, y a quien sólo pertenece el privilegio de destruir todas las herejías que surjan en la tierra.

EL FIN.

NOTAS A PIE DE PÁGINA

Capítulo I:

[1] San Vicente deseaba que la permanencia de las Hermanas jóvenes en la Casa Madre, para impregnarse e instruirse del espíritu y de los deberes de su vocación, se llamase término Seminario; temía que la palabra "noviciado", aplicable a las Órdenes religiosas, hiciera considerar a las Hijas de la Caridad como tales.

[2] Se ha publicado la Vida del Sr. Aladel; 1 tomo en 12mo. Puede adquirirse en París, rue du Bac, 140.

[3] Proceso verbal de la investigación hecha por orden de Mons. de Quélen en 1836, sobre el origen de la medalla, MS. p. 10.

[4] Proceso verbal de la investigación, p. 5.

[5] Proceso verbal de la investigación.

[6] Las personas favorecidas con comunicaciones sobrenaturales no están por ello preservadas del error. Pueden ser engañadas al malinterpretar lo que ven u oyen, pueden ser embaucadas por las ilusiones del demonio, pueden mezclar involuntariamente sus propias ideas con las que vienen de Dios, y pueden fallar en transmitir con exactitud lo que les ha sido revelado. También debemos observar que las profecías son frecuentemente condicionales, y su cumplimiento depende de la manera en que se cumplan las condiciones; de modo que, cuando la Iglesia aprueba estas revelaciones privadas, no hace más que declarar que, después de un serio examen, pueden ser publicadas para la edificación de los fieles, y que las pruebas dadas son suficientes para asegurar la creencia.

Capítulo 2:

Capítulo 3:

[7] M. Aladel fue nombrado Director de la Comunidad en 1846.

[8] Los anillos eran tres en cada dedo; el más grande junto a la mano, luego el mediano y luego el más pequeño; y cada anillo estaba cubierto de piedras preciosas de tamaño

proporcional; las piedras más grandes emitían los rayos más brillantes, las más pequeñas los menos brillantes.

9] Recordemos que la infancia de Sor Catalina transcurrió en el campo, donde pudo admirar la belleza de ese tinte luminoso que precede al sol y colorea el horizonte al amanecer con su creciente resplandor [10].

[10] El autor de este diseño es M. Letaille, editor de imaginería religiosa.

Capítulo 4:

[11] Quai des Orfevres, número 54. Son de diferentes tamaños, y la invocación está inscrita en varias lenguas.

[12] "Vida de Mons. de Quélen", por el barón Henrion.

[13] Mira la estrella, invoca a María.

[14] En vano, Hyacinthe (de Quélen) es la tempestad desencadenada; bajo los auspicios de la Estrella del Mar, triunfarás sobre su furia.

Capítulo 5:

[15] La Inmaculada Concepción no había sido definida entonces. (Nota del traductor.)

[16] Conc. Trid. sess. V. Decret. de peccato originali.

[17] Prov. viii.

cap. 6:

[Tob. xii, 7.

[19] Offic. Concept. B.V.M.R. viii.

[20] Manual de la Archicofradía, edición de 1853. p. 84.

[21] Manual de la Archicofradía, p. 7.

[22] Manual de la Archicofradía, p. 86.

Capítulo 7:

[23] Varios detalles de este relato han sido tomados de "Ilustres Santuarios Peregrinos".

Capítulo 8:

[24] Carta del Sr. Boré, 13 de agosto de 1854.

[25] Carta de una Hermana, 29 de septiembre.

[26] Carta del Sr. Boré, 25 de octubre.

[27] Informe del Sr. Doumerq, 1855.

[28] Carta de una Hermana, 1855.

[29] Carta del Sr. Boré, 25 de agosto de 1855.

[30] Carta del 25 de agosto de 1855.

[31] Carta de la Hermana M., 1855.

[32] Carta del Sr. Turroque, 16 de julio de 1856.

[33] Carta de la Hermana M--, 9 de julio de 1857.

[34] Carta de la Hermana M--, 9 de julio de 1857.

[35] Carta de la Hermana M., 9 de julio de 1857.

Capítulo 9:

[36] Extracto de una relación aprobada por el Obispo de Laval.

[37] Extracto de los Anales Católicos.

[38] Cartas de Polonia.

www.ingramcontent.com/pod-product-compliance
Lightning Source LLC
Chambersburg PA
CBHW071324120626
46546CB00002B/432